Robert Friedrich • Über Irrationales

AF209799

Für Carsten, Elias,
Eleanor und Avery

Robert Friedrich

Über Irrationales

Ein Brief an meine amerikanischen Enkel

Bibliografische Information der Deutschen Nationalbibliothek
Die Deutsche Nationalbibliothek verzeichnet diese Publikation in der Deutschen
Nationalbibliografie;
detaillierte bibliografische Daten sind im Internet über http://dnb.d-nb.de abrufbar.
© Frieling-Verlag Berlin • Eine Marke der Frieling & Huffmann GmbH & Co. KG
Rheinstraße 46, 12161 Berlin
Telefon: 0 30 / 76 69 99-0
www.frieling.de

Umschlaggestaltung: Michael Beautemps
1. Auflage 2019
ISBN (Print): 978-3-8280-3483-9
ISBN (E-Book): 978-3-8280-3484-6
Printed in Germany

Inhalt

Meine Lieben!

Wie Ihr mir schreibt, habt Ihr schon seit einiger Zeit mit einem gewissen Erstaunen festgestellt, dass mich trotz meines schon ziemlich fortgeschrittenen Alters immer noch etwas zu beschäftigen scheint, was sich – nun über 70 Jahre zurückliegend – in Deutschland abspielte. Da ich zu jener Zeit noch ein Kind war, stehe ich nicht einmal im Verdacht, irgendwie aktiv an dem damaligen Geschehen beteiligt gewesen zu sein, sondern ich war höchstens ein kindlich Betroffener und ein kindlicher Zuschauer. Gemeint habt Ihr meine wiederholten Auslassungen über den sogenannten Zweiten Weltkrieg und die zusätzliche und willkürliche Tötung von Millionen von Menschen, von Zivilpersonen, die an dem Krieg nicht direkt oder sogar überhaupt nicht beteiligt waren. Bei nahezu jedem Besuch bei Euch – so meint Ihr jedenfalls – habe es nur eines kleinen Anstoßes bedurft, um mich auf dieses Thema zu führen, und dann sei ich auch nicht mehr so leicht davon abzubringen gewesen. Zum Teil hättet Ihr in der Vergangenheit dieses Verhalten – wie Ihr mir gesteht – mehr amüsiert zur Kenntnis genommen, doch seit Kurzem habe Euch dieses Thema – der Zweite Weltkrieg und der Holocaust – aufgrund von Unterhaltungen mit Altersgenossen mehr »in den Bann gezogen«. Nun möchtet Ihr nichts weniger von mir als eine schriftliche Darlegung meiner Ansichten zu diesem Thema, damit Ihr gleichsam eine Diskussionshilfe zur Verfügung habt, auf die Ihr gegebenenfalls zurückgreifen könnt.

Ich soll Euch also darlegen, wie ich persönlich die Ursachen jenes Krieges sehe und jener zusätzlich erfolgten Massenvernichtung von Menschen, vor allem Menschen jüdischen Glaubens. Einerseits legt Ihr Wert auf meine Ansicht aufgrund dessen, dass ich sozusagen ein »noch lebender Zeitzeuge« bin, andererseits aufgrund dessen, dass ich mir – wie Ihr meint – so einiges »angelesen« habe, auch wenn ich selbst kein Historiker bin. Natürlich verspüre ich eine gewisse Genugtuung hinsichtlich Eures nun erwachten Interesses, zumal Ihr im Gegensatz zu mir Euch unbelastet fühlen könnt von jeglicher Betroffenheit über das

Geschehene und zumal Ihr zusätzlich in einer Gesellschaft mit einer langen demokratischen Tradition nicht nur aufgewachsen seid, sondern gleichsam in sie »hineingeboren« wurdet.

Obgleich Euer Anliegen eine ziemliche Herausforderung für mich bedeutet, komme ich diesem Anliegen nicht ganz ungern nach; zwingt es mich doch zu dem Versuch, mir selbst einmal schriftlich Klarheit über meine Gedanken zu den Ereignissen zu verschaffen und den möglichen Ursachen jener Katastrophen, Weltkrieg und Holocaust, und auch über die Gedanken, aus welchem menschlichen Verhalten heraus sich das Geschehen verstehen ließe. »Ich schreibe, um herauszufinden, was ich denke!«, soll die amerikanische Autorin Susan Sontag einmal gesagt haben. Das Gleiche könnte für mich gelten – ohne dass ich natürlich in Anspruch nehmen möchte, wie eine Susan Sontag zu schreiben.

Der Versuch, sich Klarheit darüber zu verschaffen, welches menschliche Verhalten letztlich zu den Ereignissen vor und während des Zweiten Weltkrieges in Deutschland führte und dann von Deutschland ausgehend in anderen Ländern Europas, hat natürlich auch Beziehung zu Euerm zweiten Anliegen: Ihr schreibt, dass zusätzlich die Frage unter Euch aufkam, ob sich derartige Ereignisse nicht doch irgendwann und irgendwie wiederholen könnten. Dies ist eine Frage, der ich in Deutschland schon seit meiner Schulzeit immer wieder begegnet bin zusammen mit der Frage, wie man einer Entwicklung wie jener vor 1933 in Deutschland rechtzeitig entgegenwirken könnte, als es damals zur Herrschaft einer einzigen Partei kam, deren Mitglieder sich als eine »Nationalsozialistische Bewegung« aufspielten. (Ein Name, den ich übrigens im Folgenden für diese Gruppierung beibehalten möchte.)

Die Frage, wie man einer derartigen Entwicklung in einem Land zukünftig rechtzeitig entgegentreten könnte, fand ich meistens dahin gehend beantwortet, dass es allein darauf ankäme, die Erinnerung an die Geschehnisse der damaligen Zeit aufrechtzuerhalten. Obgleich ich dieses ebenfalls als wichtig ansehe, denke ich doch, dass es nicht ausreichend ist, um eine Entwicklung zu Derartigem, wie es sich zwischen 1933 und 1945 in Deutschland zugetragen hat, von vornherein unterbinden zu können. Es ließe sich sogar behaupten – worauf ich an dieser Stelle nicht näher eingehen möchte –, dass sich Ähnliches seitdem schon wieder zugetragen hat, mit ähnlicher Absurdität, nur nicht in dem Ausmaß und mit der »Effizienz«, wie es damals unter der Herrschaft der »Nationalsozialistischen Bewegung« geschah. Ich möchte mir in diesem Zusammenhang die Worte des französischen Philosophen Paul Ricoeur zu eigen machen, der in einem Zeitungsinterview einmal sagte: »Ich möchte davor warnen, dass man sich Gedanken hingibt, durch bloß wiederholende Erinnerung könne man unterbinden, dass sich Gräuel wiederholen.« [1]

Wie Ihr sehen werdet, werde ich hier nicht auf die politischen Zusammenhänge eingehen, die unmittelbar zum Zweiten Weltkrieg führten und eben auch zu den Verbrechen der systematischen Vernichtung von Juden, Mitgliedern anderer Volksgruppen und von politischen Gegnern der »Nationalsozialistischen Bewegung«. Dieses alles könnt Ihr besser in historischen Abhandlungen nachlesen – falls Ihr dieses nicht schon getan habt. Ich bin auch der Meinung, dass in dem Bemühen, derartige Verbrechen in der Zukunft abzuwenden, es nicht so bedeutend ist aufzuzählen, was in der Zeit von 1933 bis 1945 diese oder jene »ermächtigte« Person an den großen und kleinen Schalthebeln im damaligen Deutschen Reich getan hat und wohin dieses letztlich führte. Entscheidend dürfte doch sein, wie eine derartige Gruppierung von Leuten wie die »Nationalsozialistische Bewegung« so bedeutsam werden konnte, dass sie die Regierung in einem Staat wie Deutschland übernehmen und diese »Machtübernahme« mehr und mehr in die Herrschaft eines einzelnen Mannes ausbauen konnte, der sich dann »Führer« nannte und als solcher bezeichnet werden musste. Rückblickend – so lässt sich wohl sagen – waren mit der sogenannten »Ermächtigung« 1933 schon sowohl Krieg wie auch Unterdrückung und Vernichtung anderer Menschen vorgezeichnet; denn Krieg und Unterdrückung bestimmter gesellschaftlicher Gruppen sowie deren Ausgrenzung waren ein zentraler Bestandteil im Denken dieses »Führers« und seiner »Bewegung«.

Die von Euch gewünschte »Zusammenfassung meiner Gedanken«

dürfte wohl erheblich umfangreicher ausgefallen sein, als Ihr sie Euch vorgestellt habt. Ich habe ihr den Titel »Über Irrationales« gegeben, da ich zu der Überzeugung gelangt bin, dass sich mit dem Begriff »irrational« bestimmte Aussagen und Verhaltensweisen am besten charakterisieren lassen. Dabei möchte ich einerseits unter diesem Begriff etwas verstehen, was »mit dem Verstande nicht erfassbar« ist und sich deshalb nicht begreifen und beurteilen lässt, wie etwa eine Vorstellung von übernatürlichen Mächten. Anderseits sehe ich aber »irrational« vor allem gerade hier in dem zu besprechenden Zusammenhang auch als etwas, was »in sich selbst widersprüchlich« und »vernunftwidrig« ist. In irrationalen Ausdrucks- und Verhaltensweisen, in irrationalen Vorstellungen und in der anscheinend weit verbreiteten Bereitschaft, Irrationales in der Öffentlichkeit nicht nur zu dulden, sondern es – aus welchen Gründen auch immer – mehr oder weniger bereitwillig aufzunehmen und sich dabei einer vermeintlichen Mehrheit von Menschen anzupassen, würde ich letztlich die »Wurzel des Übels« sehen, welches in der ersten Hälfte des vergangenen Jahrhunderts in so verheerendem Maße über diese Welt kam. Jene besonderen absurden Vorstellungen der »Nationalsozialistischen Bewegung« und ihrer Vordenker sind zwar weitgehend mit dem Ende dieser »Bewegung« verschwunden, grundsätzlich jedoch scheint die Bereitschaft der Menschen, sich irrationalen Vorstellungen hinzugeben und sich denen anderer anzupassen, sich von ihnen leiten zu lassen und sie zu verbreiten, auch in den sogenannten »zivilisierten Staaten« ungebrochen zu sein.

Ich halte es deshalb für wichtig, mich im Folgenden nicht nur mit den Irrationalitäten der Zeit vor und während der Herrschaft der »Nationalsozialistischen Bewegung« auseinanderzusetzen, sondern jene Irrationalitäten zum Anlass zu nehmen, Euch allgemein auf Ungereimtheiten in unserem täglichen Leben hinzuweisen, wie sehr dieses weiterhin von irrationalen Verhaltens- und Denkweisen durchzogen ist, auch wenn sich die heutigen von den damaligen inhaltlich zu einem großen Teil unterscheiden mögen. Irrationale Vorstellungen und ein irrationales Verhalten mögen sich nur auf das Persönliche, Private beziehen – wie etwa religiöse Vorstellungen – und sie mögen keinerlei Auswirkung auf die Allgemeinheit haben und viele der irrationalen Äußerungen und Verhaltensweisen dürften belanglos und harmlos und eher erheiternd sein. Nicht selten aber wird wie selbstverständlich Allgemeingültigkeit für die eigenen irrationalen Vorstellungen verlangt und man fordert die Anerkennung solcher mehr oder weniger nachdrücklich von der Umgebung ein. Ich möchte Euch mithilfe verschiedener Beispiele auch aus »unserer Zeit« – harmlosen und nicht so harmlosen – gewissermaßen sensibilisieren und Euch darauf aufmerksam machen, wie vor allem in unserer Umgangssprache immer wieder irrationale Ausdrucksweisen verwendet werden. Häufig natürlich, wenn es um die Verkündung politischer Vorstellungen oder religiöser Überzeugungen geht, die man der Öffentlichkeit »unbedingt« mitteilen muss. Doch auch in mehr allgemeinen Meldungen und Berichten stößt man immer wieder auf Ungereimtheiten. Bei genauem Hinhören oder Hinsehen könnt Ihr bei Unterhaltungen, in Zeitungen, in Rundfunk und Fernsehen – vom Internet ganz zu schweigen – nahezu täglich diese Erfahrung machen. In der Regel scheint niemand daran Anstoß zu nehmen, und solche Äußerungen bleiben unwidersprochen. Aber lässt sich nicht fragen, ob nicht schon anscheinend mehr harmlose irrationale Formulierungen und Behauptungen unser kritisches Denken korrumpieren? Ob sie nicht eine innere Bereitschaft fördern, auch solche Irrationalitäten zu dulden oder sogar bereitwillig aufzunehmen, die dann nicht mehr so harmlos sind und mehr von der Art, wie sie so folgenschwer von der »Nationalsozialistischen Bewegung« verbreitet wurden? »Bleibe nüchtern und vergiss nicht, skeptisch zu sein!«, rief Mitte des 18. Jahrhunderts der schottische Philosoph David Hume seinen Zeitgenossen zu. Wenn Ihr weite Teile meines Briefes gelesen habt, mögt Ihr Euch die Frage selbst beantworten, wie sehr diese Worte Humes in der Allgemeinheit bisher Berücksichtigung gefunden haben, nicht nur vor, sondern auch nach der Zäsur, die der »Führer« und seine »Nationalsozialistische Bewegung« mit Krieg und industriell effizientem Morden im kollektiven Bewusstsein der Nachwelt hinterlassen haben oder wenigstens hinterlassen haben sollten.

***

Ich habe diesem Schreiben eine Literaturliste angehängt, falls Ihr über die eine oder andere Verhaltens- und sprachliche Ausdrucksweise, die ich als irrational anführe, Näheres nachlesen möchtet. Ich möchte hier aber gleich hinzufügen, dass diese Liste wohl nicht vollständig ist. Von vielem Irrationalen, dem ich so in der Vergangenheit begegnet bin, habe ich mir nur eine kurze Notiz gemacht ohne einen genauen Vermerk hinsichtlich des Autors oder des genauen Datums, an dem ich eine bestimmte Aussage vernommen oder gelesen hatte. Das gilt besonders für solche Irrationalitäten, die ich zufällig im Laufe von Vorträgen, im Radio oder im Fernsehen hörte. Ich glaube, im Allgemeinen ist das auch nicht so wichtig, und es kommt mir auch nicht darauf an, in jedem Fall »mit dem Finger auf jemanden zeigen« zu können, weil der Betreffende eine eigentlich irrationale Aussage gemacht hat.

Irrationale Vorstellungen und irrationale Sprache

Irrationales von der mehr heitereren Seite

Bevor ich auf die meiner Meinung nach nicht so harmlosen Irratio- nalitäten zu sprechen komme und auf die, welche sich in der Ver- gangenheit als folgenschwer erwiesen haben, möchte ich – sozusagen als Einführung – mit einigen Irrationalitäten menschlicher Denk- und Verhaltensweisen beginnen, die Ihr wohl eher amüsant finden dürftet. Michael Shermer hat in seinem Buch »The Believing Brain« einige sol- cher Beispiele erwähnt [2], die auch zeigen, was für gefühlsbetonte Wesen wir Menschen doch sind und wie sehr uns diese Gefühle vielfach davon abhalten, vernünftige, also rationale, Entscheidungen zu treffen. So be- richtet Michael Shermer über Versuche des Psychologen Bruce Hood, in denen dieser einer Gruppe von Erwachsenen Bilder von Personen vorlegte, die neben anderen Besonderheiten auch nach Attraktivität be- urteilt werden sollten. Danach sollte man bewerten, wie bereitwillig man wäre, von den zu beurteilenden Personen ein Herztransplantat zu erhalten, sollte man eines benötigen. Nach dieser Bewertung wurde den Urteilenden mitgeteilt, dass die Hälfte der auf den Bildern dargestellten Personen verurteilte Mörder seien, und es wurde danach eine erneute Bewertung durchgeführt. Bei dieser fiel dann die Attraktivität der Abge- bildeten nicht mehr so hoch aus, aber vor allen Dingen nahm die Bereit- schaft ab, von einer dieser Personen ein Herztransplantat zu empfangen. Man muss wohl das Empfinden gehabt haben, es könnten einem mit dem Herzgewebe so etwas wie Anteile einer mörderischen Gesinnung übertragen werden, und offensichtlich glaubt auch allgemein ein Drittel der wirklichen Tranplantationspatienten, wie Michael Shermer in die- sem Zusammenhang berichtet, dass ihnen mit einem fremden Organ ebenfalls des Donors Wesen mit eingepflanzt wird.

Übertroffen wird diese Art von doch leicht absurdem Denken wohl nur noch durch die Ergebnisse einer anderen Untersuchung von Bruce

Hood, die ergab, dass die Mehrzahl von befragten Personen angewidert den Gedanken von sich wies, jemals den Pullover eines Mörders tragen zu können, als ob hier sogar an dem Material eines Pullovers nach Waschen oder sonstiger Reinigung etwas von der Gesinnung und dem Wesen seines früheren Trägers hängen geblieben sein könnte.

Ein erheiterndes Beispiel menschlicher Irrationalität dürfte auch der »Juliakult« in der italienischen Stadt Verona sein, auf den ich an einer anderen Stelle stieß. [3] An die 5.000 Menschen – offensichtlich aus der ganzen Welt – sollen jährlich Briefe an Julia schreiben, jene Gestalt, die angeblich Luigi da Porto Anfang des 16. Jahrhunderts ersann (wohlgemerkt: ersann!), die Shakespeare mit seinem Drama »Romeo und Julia« dann weltberühmt und somit »unsterblich« machte. Julia ist also eine erfundene Gestalt, die – sofern es überhaupt eine ihr ähnliche Person gegeben hat – seit Jahrhunderten tot sein müsste. Was treibt aber nun Menschen an, und keineswegs nur Menschen jüngeren Alters, Briefe an eine nicht existente Person zu schreiben, adressiert an »Julia, Verona, Italia«, um dann einen Antwortbrief zu erhalten, von jemandem aus einer Gruppe ehrenamtlich tätiger Veroneserinnen, die alle mit »Sekretärin von Julia« unterschreiben?

Wenn auch der erste Drang, einen Brief an Julia zu schreiben, sich als eine momentane Intuition verstehen ließe, dass man in einem Gefühl von »Liebesglück« – oder wie zu lesen ist: sogar häufiger von »Liebesschmerz« – sich einem anderen Menschen gegenüber äußern möchte, so ist doch von außen betrachtet die ganze Ausführung einer solchen Maßnahme wie die des Briefschreibens in diesem Zusammenhang schwer nachvollziehbar. Man muss sein kritisch-analytisches Denken abgeschaltet haben – oder zumindest bestimmte Bereiche dieses Denkens; denn das Formulieren von Sätzen verlangt doch zumindest eine gewisse intellektuelle Leistung. Ob die Antworten der »Sekretärinnen von Julia« dann unter den ursprünglichen Briefschreibern die »Glücklichen« in ihrem Glücksgefühl stärken und die »Unglücklichen« trösten können, wenn die »Glücklichen« wie auch »Unglücklichen« sich letztlich bewusst werden, dass dies alles mit Wirklichkeit nichts zu tun hat? –

Im Übrigen befestigt man auch Zettel mit Nachrichten an Julia an die Juliastatue in Verona, offensichtlich ähnlich wie Gläubige in Jerusalem Zettel in die Ritzen der Klagemauer stecken, welche dann wohl für den Gott der Gläubigen zum Lesen bestimmt sein sollen. Ein wenig erinnert das Ganze an das Briefschreiben kleiner Kinder an den Nikolaus oder Weihnachtsmann, wobei man hier davon ausgehen kann, dass sich trotz der schon vorhandenen Fähigkeit zu schreiben ein analytisch-kritisches Denken noch nicht entwickelt hat.

Manches irrationale Verhalten und manche irrationalen Vorstellungen – und nicht nur religiöse – reichen bis in die Antike zurück und konnten von einer zunehmend wissenschaftlichen Einstellung der Gesellschaft offenbar nicht in nennenswerter Weise zurückgedrängt werden. Zum einen sind das die »alternativen Heilmethoden« – oder angebliche Heilmethoden; Methoden, für die es keinerlei wissenschaftlich nachprüfbare Begründung gibt. Zum anderen erfreut sich die Astrologie einer anscheinend ungebrochenen Popularität. In Zeitungen und Zeitschriften – in Letzteren vielleicht sogar als Sonderbeilage [4] – und natürlich auch in den Internetnachrichten finden sich regelmäßig Horoskope und Artikel über bekannte Leute im Hinblick auf die Sternzeichen, unter denen diese geboren wurden. (Wäre nicht eigentlich die Stellung der Sterne zum Zeitpunkt ihrer Zeugung wichtiger für die spätere Laufbahn?) Man kann auch allgemein gehaltene Artikel über das Thema Astrologie finden, wie etwa »Die erogenen Zonen der Sternzeichen«. [5] Offensichtlich werden solche astrologischen Artikel wie auch Horoskope von vielen Menschen mit Begeisterung aufgenommen, sonst würden sie wohl nicht mit einer derartigen Regelmäßigkeit veröffentlicht werden. Bemerkenswert fand ich auch zu lesen, dass gemäß Konrad Heiden, einem bekannten Journalisten und Gegner des späteren »Führers« in den Zwanzigerjahren des letzten Jahrhunderts in Deutschland, ein Überhandnehmen der Astrologie und Wahrsagerei in jener Zeit zu beobachten war. [6]

Manchmal ist man überrascht zu erfahren, dass offensichtlich intelligente Leute, deren Denkleistung allgemein bewundert wird, sich andererseits als Anhänger irrationaler Ansichten herausstellen. So hat ein berühmter Computerspezialist und Firmengründer seinen Bauchspeicheldrüsenkrebs so lange »alternativmedizinisch« behandelt, bis die operative Behandlung zu spät kam [7] und der Tumor offensichtlich schon Tochtergeschwülste gebildet hatte. Dabei ist die Heilungsrate bei der Art des betreffenden Tumors, einem Insulinom, relativ hoch, sofern der Tumor nach seiner Feststellung schnellstmöglich chirurgisch entfernt wird. – Ich möchte hier jedoch ergänzend hinzufügen, dass ich eine Behandlung, deren Wirksamkeit wissenschaftlich nicht bewiesen ist, nicht grundsätzlich ablehnen würde, solange sie nicht zu einem zusätzlichen Schaden des Patienten führt und eine als erfolgreich erwiesene Therapie verzögert oder sofern es keine andere Behandlungsmöglichkeit gibt oder eine erwiesene Behandlungsmethode nicht eingesetzt werden kann aufgrund einer zusätzlichen Erkrankung des Patienten. Dass »alternative Heilmethoden« – und dazu rechne ich auch die traditionelle chinesische Medizin – in anderer Hinsicht ebenfalls nicht ganz harmlos sind, zeigt das Schicksal des afrikanischen Nashorns. Irgendwie muss die Stellung des Horns über dem Maul des Nashorns alternde Männer im Osten und Südosten Asiens zum Träumen angeregt haben, und so setzte sich in der traditionellen chinesischen Medizin der Glaube fest, dass das Pulver dieses Horns der mit dem Altern nachlassenden männlichen sexuellen Potenz entgegenwirken würde. Diese Illusion hat inzwischen dazu geführt, dass ein Kilogramm Nashornpulver mehr kostet als ein Kilogramm Gold und das Nashorn auf dem afrikanischen Kontinent weitgehend ausgerottet wurde. [8]

Wenn schon dieses Beispiel irrationalen Denkens wegen seines Auswirkens auf den Bestand der afrikanischen Nashörner von einer weniger heiteren Seite ist, so dürfte Euch das nächste Beispiel trotz einer auch leicht erheiternden Note vielleicht noch mehr Grund zum Nachdenken geben hinsichtlich menschlichen Verhaltens, wenn Anschauungen übernommen werden, die eigentlich der eigenen bisherigen Einstellung oder sogar der eigenen Wahrnehmung widersprechen. Wenn Ihr heute den Kopf schüttelt nicht nur über die absonderlichen und eben irrationalen

Vorstellungen in Deutschland vor und während der Herrschaft der »Nationalsozialistischen Bewegung« und Euch vor allem wundert, weshalb diese Vorstellungen eine derartige Verbreitung finden konnten, so mag zu einem großen Teil jenes menschliche Bestreben eine Rolle gespielt haben, sich der Gemeinschaft anzupassen, der man sich zurechnet, und der Gruppe von Menschen, in der man sich gerade befindet; mit diesen Menschen in Übereinstimmung zu sein, mit ihnen konform zu sein: Bereits Anfang des 20. Jahrhunderts hatte man bei entsprechenden Untersuchungen in der Sozialpsychologie festgestellt, dass viele Menschen offensichtlich bereitwillig ihre Meinung änderten, wenn sie hörten, dass eine Mehrheit von Leuten oder bestimmte »Autoritäten« anderer Meinung waren. Man beobachtete sogar, dass dieser Meinungswechsel sich auch vollziehen konnte, ohne dass irgendein neues Argument geliefert worden war. Anscheinend aber blieben derartige Untersuchungen weitgehend unbeachtet und mir ist nicht bekannt, ob die Ergebnisse jemals ein mehr öffentliches Nachdenken, geschweige denn eine breitere Diskussion ausgelöst hätten. In den Fünfzigerjahren des letzten Jahrhunderts wurden diese Untersuchungen von Solomon Asch aufgegriffen und ihm gelang es als Erstem, sie in gewisser Weise zu quantifizieren. [9]

Solomon Asch zeigte College-Studenten zwei Karten mit Linien. Auf der einen Karte war eine einzelne dunkle Linie abgebildet, auf der anderen drei dunkle Linien verschiedener Länge. Die Versuchsperson sollte nun sagen, welche der drei Linien auf der zweiten Karte die gleiche Länge hatte wie die einzelne Linie auf der ersten Karte. Während bei alleiniger Befragung weniger als 1 % der Versuchspersonen eine falsche Linie nannte, konnte sich dieses Fehlurteil in unterschiedlichem Maße bis auf 75 % der Versuchspersonen steigern (durchschnittlich lag der Anteil bei etwa 36 %), wenn die Versuchsperson sich in einer Gruppe von mehr als drei weiteren Personen befand, die zuvor vom Versuchsleiter und ohne Wissen der Versuchsperson dazu angeleitet worden war, ein falsche Linie auf der zweiten Karte als gleichlang mit der Linie auf der ersten Karte zu benennen. Nur eben 25 % der Versuchspersonen in dieser Studie ließen sich nie von der Meinung der Mehrheit beeinflussen und ordneten die richtigen Linien einander zu.

Man darf aus diesen Ergebnissen den Schluss ziehen, dass – wie auch Solomon Asch es ausgedrückt hat – der Hang zur Konformität so stark ist, dass sogar intelligente und gutwillige junge Menschen (wie in seiner Untersuchung eben College-Studenten) bereit sind, »weiß« gegebenenfalls als »schwarz« zu bezeichnen.

Ein derartiger Hang zur Konformität, wie er sich in den Versuchsergebnissen von Solomon Asch zeigt, dürfte wohl auch die »Nationalsozialistische Bewegung« vor der »Machtübernahme« in Deutschland und vielleicht auch noch während der Konsolidierungsphase der Macht, den Jahren 1933/34, begünstigt haben. Viele von denen, die sich in jener Zeit von der »Größe« dieser »Bewegung« »überzeugen« ließen, waren wohl nicht nur von der »Sprachgewalt« des »Führers« beeindruckt, sondern wurden sicherlich auch davon beeinflusst, dass die eine oder andere Person in gesellschaftlich gehobener Stellung oder sogar der persönliche Vorgesetzte sich positiv über die »Völkische Bewegung« und deren »Führer« äußerte. Und im Falle des Vorgesetzten muss es auch nicht immer nur Opportunismus gewesen sein, wenn man sich als Untergeordneter der Meinung des Übergeordneten anschloss.

Rassenlehre und Antisemitismus

Außer einem uns heute als überzogen erscheinenden Nationalismus mit seinem »Deutschland zuerst« war die Rassenlehre eines der zentralen Anliegen der »Nationalsozialistischen Bewegung«. Diese Lehre startete vor etwa 250 bis 300 Jahren und zunächst wohl einfach nur als eine Theorie über »menschliche Rassen« und anfangs aus einem vielleicht gänzlich vorurteilsfreien Bedürfnis heraus, die Menschen – ähnlich wie Tiere und Pflanzen – auf der Basis ihres körperlichen Erscheinungsbildes zu systematisieren. Man hielt sich dabei verständlicherweise an bestimmte äußerliche Merkmale. Das wichtigste Unterscheidungsmerkmal war natürlich die Hautfarbe, mit der man Menschen im Wesentlichen drei Gruppen zuordnen zu können glaubte: Weiß, Schwarz und Gelb. Des Weiteren spielten Haar-, Nasen- und Schädelform bei den Klassifizierungsversuchen eine Rolle. Bei dem letzten Merkmal ging es darum, ob jemand lang- oder kurzschädelig war. Die einzelnen »Rassenforscher« gelangten bei der angestrebten Systematisierung der angeblichen Rassen erwartungsgemäß – würde man heute wohl sagen – zu unterschiedlichen Ergebnissen, was die Zahl menschlicher Rassen betraf. Das allein hätte schon darauf hinweisen müssen, dass sich keine klaren Grenzen zwischen den angeblichen Rassen ziehen ließen und dass eine exakte Systematisierung eigentlich ein nutzloses Unterfangen war. Man hatte eine Anzahl typischer Vertreter für jede Rasse – wie Ihr sie vielleicht schon in fotografischen Zusammenstellungen früherer Jahre gesehen habt –, doch die Mehrheit der Menschen ließ sich erwartungsgemäß einfach nicht mit Bestimmtheit der einen oder anderen Rasse zuordnen. Der französische Anthropologe Paul Topinard hat dieses Problem schon in den Achtzigerjahren des 19. Jahrhunderts folgendermaßen ausgedrückt: »Die Rasse ist eine Abstraktion, eine Kontinuität in der Diskontinuität, eine Einheit in der Mannigfaltigkeit. Rassen existieren; wenn man gedanklich alle Kreuzungen ausschließt, sieht man sie als Folge kollektiver Vererbung mit all ihren anatomischen und physiologischen Merkmalen erscheinen, aber nirgends sind sie wirklich greifbar.« [10] Andere Rassen-forscher räumten ebenfalls ein, dass es im Grunde nur Mischrassen gäbe.

Hatten die Beschreibungen von Rassen wohl anfänglich noch vor-wiegend den Anschein von Wissenschaftlichkeit, da sie sich auf äußere objektive Merkmale bezogen, so änderte sich dieses bald, als man mit be-stimmten Rassen bestimmte charakterliche Eigenschaften und geistige Fähigkeiten verbinden wollte. Dieses Bestreben spiegelt sich beispiels-weise in der Definition von »Rasse« wider, die Hans F. K. Günther, ein zu seiner Zeit bekannter Rassentheoretiker, in seinem Buch »Die Rassen-kunde des deutschen Volkes«, das 1922 erstmals erschien, so formulierte: »Eine Rasse stellt sich dar in einer Menschengruppe, die sich durch die ihr eigene Vereinigung körperlicher und seelischer [sic!] Eigenschaften von jeder anderen Menschengruppe unterscheidet und immer wieder nur ihresgleichen zeugt.« [11]

Ist es nach unserer heutigen Ansicht – und wie sie es bereits vor Gün-ther die des zuvor erwähnten Topinard war – praktisch schon unmög-lich, nach äußeren anatomischen Eigenschaften die Mehrheit der Menschen bestimmten Rassen zuzuordnen vor allem wegen des unter-schiedlichen Auftretens der zu beurteilenden Merkmale, so scheint eine darüber hinausgehende Zuordnung von charakterlichen (»seeli-schen«) Eigenschaften zu bestimmten Rassen geradezu grotesk – oder eben irrational. Wie will man etwa Eigenschaften wie »Urteilsfähig-keit, Wahrhaftigkeit und Tatkraft« messen – nach Günther »Kern-eigenschaften des nordischen Menschen« – und danach entsprechend festlegen, wer mehr und wer weniger davon besitzt? [12] Die sprachli-chen Begriffe, die man zur Beschreibung eines Charakters oder eines Seelenzustandes verwendet, lassen sich – jedenfalls bis jetzt – nicht auf irgendwelche anatomischen oder physiologischen Verhältnisse in einem menschlichen Organismus zurückführen. Im täglichen Umgang miteinander sind wir aber auf solche Begriffe angewiesen. Irgendwie müssen wir uns über bestimmte Gemütszustände von uns selbst oder von anderen verständigen können. Wie schwierig wird es jedoch in besonderen Fällen, wie etwa wenn in Gerichtsverhandlungen objektiv und neutral über die geistige Zurechnungsfähigkeit eines Angeklagten geurteilt werden soll?

Die früheren Beschreibungen der geistigen und charakterlichen Eigenschaften der einzelnen (angeblichen) menschlichen Rassen erinnern lebhaft an die Klassifizierungen der angeblichen Charaktereigenschaften von Menschen gemäß den astrologischen Sternenzeichen, unter denen sie geboren wurden und nach denen sie sich entsprechend unterscheiden sollen. In beiden Klassifizierungen, der astrologischen wie auch der nach Rassen, wird mit vieldeutigen Begriffen gearbeitet, dass ein Großteil der Einzelbeschreibungen untereinander austauschbar erscheint; dennoch bestanden früher viele Rassentheoretiker – wie auch weiterhin die Astrologen – auf der »Wissenschaftlichkeit« ihrer Klassifizierungen, selbst wenn man in Deutschland von der Periode 1933 bis 1945 absieht, in der es nur bedingt eine freie Wissenschaft gab. So schrieb Hans F. K. Günther in seinem schon zitierten Buch »Die Rassenkunde des deutschen Volkes« in dem Kapitel »Die seelischen [!] Eigenschaften der nordischen Rasse«: »Wären die Menschenrassen ungleich nur in Bezug auf ihre leiblichen Erbanlagen, so käme ja der Betrachtung rassischer Erscheinungen eine viel geringere Bedeutung zu.« [13] – Man könnte hinzufügen: »Wie wahr! Wie wahr!« Doch eine Hinzudichtung von Unterschieden in geistigen Eigenschaften wertet diese »Lehre« nicht auf. (Zu Hans F. K. Günther lässt sich vielleicht hier zusätzlich vermerken, dass er 1930 – also noch vor der »Machtübernahme« in Deutschland durch die »Nationalsozialistische Bewegung« – an die Universität Jena auf den ersten Lehrstuhl für Rassenkunde in Deutschland berufen wurde.)

Doch selbst mit einer Klassifizierung nach geistigen und charakterlichen Eigenschaften gaben sich viele der Rassentheoretiker nicht zufrieden. Bereits um die Mitte des 19. Jahrhunderts und offensichtlich gefördert durch die teilweise Verschmelzung der Rassentheorie mit dem Nationalismus gewinnt eine Bewertung der Rassen nach den angeblich vorhandenen oder nicht vorhandenen charakterlichen und geistigen Eigenschaften zunehmend Anhänger. Rassentheorie wurde damit noch mehr zu einer »Rassenideologie«, bei der eine Wissenschaftlichkeit nur dann gefragt war, wenn sie die vorher gefasste Meinung stützte. Man glaubte, wie der Historiker Fritz Stern schreibt, »mehr oder weniger buchstäblich, dass die Rasse Charakter und Geschichte entscheidend bestimme.« [14] Es entwickelte sich ein Rassismus, welcher zur Ausgrenzung sogenannter »minderwertiger Rassen« aufrief. Dabei verwundert es nicht, dass die Rassenideologen diejenige Rasse als die wertvollste ansahen, der sie sich selbst zugehörig fühlten. In der Regel war dieses die sogenannte »nordische Rasse«, die man auch als »Arier« bezeichnete, ein Begriff, der von den Sprachforschern übernommen worden war und unter dem diese eine Reihe verwandter Sprachen zusammengefasst hatten. Es schien bei der Übernahme des Begriffes »Arier« keineswegs zu stören, dass die Volksgruppen, bei denen eine arische Sprache gesprochen wurde, nach den Kriterien der Rassentheoretiker durchaus verschiedenen Rassen angehören mussten. In etwa gleichbedeutend mit dem Begriff »Arier« redeten in entsprechenden Zusammenhängen die Rassentheoretiker in Deutschland einfach von »Germanen« und in England von »Sachsen«. Im letzteren Fall bezogen sich die »Forscher« – wie Euch vielleicht geläufig ist – auf jenen Germanenstamm, der sich zusammen mit dem Stamm der Angeln im 4./5. Jahrhundert unserer Zeitrechnung auf der Britischen Insel niedergelassen hatte. In der Folge dieses Denkens setzte man dann zunehmend »Rasse« mit »Volk« gleich [15]. In Deutschland traten somit bald solche Rassentheoretiker auf, die unverblümt die »Deutschen« an die Spitze der Wertetabelle stellten, sozusagen als die »absolute Spitze« der an und für sich schon »wertvollsten« »nordischen« oder »Germanen-Rasse«. Wurde einer solchen Beurteilung dann noch von einem gebürtigen Nichtdeutschen oder einem Mitglied einer als minderwertig eingestuften Rasse beigepflichtet [16] – aus welchen Gründen auch immer –, dann erhielt eine derartige Vorstellung damit offensichtlich den Stempel der Tatsächlichkeit, d. h., eine derartige Meinung gewann in den Augen vieler die Aussagekraft eines Naturgesetzes und entsprechend häufig wurde auf die Aussage des Nichtdeutschen hingewiesen. Vermutlich geschah das dann noch mit der zusätzlichen Bemerkung: »Wenn der schon sagt, dass …«

Hatte man in der »Rassenforschung« mit der Zuordnung geistiger und charakterlicher Eigenschaften und deren Bewertung bereits den Boden der Rationalität weitestgehend verlassen, so verstärkte sich diese Tendenz dadurch, dass man zur Unterscheidung der Rassen noch ein ästhetisches Kriterium hinzuzog, nämlich die Schönheit. Für die Anhänger der Rassenlehre zeigte sich natürlich auch hier ganz klar, dass die »nordische Rasse« mit ihren großen, blonden, blauäugigen und langschädeligen Exemplaren die schönsten Menschen hervorgebracht hatte.

Weiterhin gesteigert wurde diese Absurdität innerhalb der »Rassenbewegung« mit dem zuvor schon erwähnten Bezug auf eine »Seele« durch die Einführung des Begriffes »Rassenseele«. Da die Rassenideologen feststellten, dass – wie der Historiker George Mosse schreibt – »nicht alle Deutschen so aussahen, wie es sich für einen Arier gehörte, war es wohl am besten, sich auf die Rassenseele zurückzuziehen, die sie ja alle teilten«. [17] Die »großartigen« charakterlichen Eigenschaften traten angeblich besonders bei Reinrassigkeit deutlich hervor. Man definierte offensichtlich Rasse einmal nach bestimmten äußeren Eigenschaften, dann aber auch andererseits wieder nach gewissen charakterlichen Eigenschaften, die man für besonders wertvoll hielt. Jede Mischrassigkeit bedeutete in den Augen dieser Rassenideologen einen Abstieg. Man war sich der Mischrassigkeit des eigenen Volkes durchaus bewusst und sah es durch eine kontinuierliche Mischrassigkeit in geradezu hysterischer Weise dem angeblichen Untergang geweiht. Spätestens zu Beginn des 20. Jahrhunderts sann man nach Methoden, die Reinrassigkeit der »arischen Rasse« zu fördern, was auch die Versklavung und Vernichtung der als minderwertig erachteten Rassen mit einschloss. [18] Mittels Methoden, die man dann offensichtlich zwischen 1933 und 1945 in Deutschland gefunden zu haben glaubte.

Wie bedeutsam die »Rassenseele« für die Rassenzugehörigkeit sein sollte, geht wohl aus den Worten Houston Stewart Chamberlains hervor, einem der vielleicht prominentesten Vertreter einer Rassenideologie: »Unmittelbar überzeugend wie nichts anderes ist der Besitz der ›Rasse‹ im eigenen Bewusstsein. Wer einer ausgesprochen reinen Rasse angehört, empfindet es täglich.« [19] Einer der führenden Vertreter der »Nationalsozialistischen Bewegung« sprach auch von der Rasse als der »mystischen Synthese von Blut und Boden, von Leib und Seele« [20]. Von Wissenschaftlichkeit, die von Rassentheoretikern doch gern in Anspruch genommen wurde, kann bei derartigen Äußerungen wohl keine Rede sein. Chamberlain ging bei seiner Art des Fantasierens so weit, dass er – nach Mosse – Jesus Christus zu einem Arier erklärte; denn Christi Anlagen würden eine arische Seele enthüllen, da er Liebe, Mitleid und Ehre verkörpere und Juden auch niemals in Galiläa gesiedelt hätten, jenem Gebiet, in dem nach neutestamentarischer Überlieferung Jesus geboren wurde. [21]

Der erstaunliche Gedanke, dass Jesus kein Jude gewesen sein soll, führt in gewisser Weise zum Kernpunkt der Rassenideologie der »Nationalsozialistischen Bewegung«, dass nämlich Juden eine besondere Rasse verkörpern würden, die gleichsam eine »Gegenrasse« zur »arischen Rasse« sei, und dass Juden darauf bedacht seien, die »arische Rasse« zu vernichten. Die Vorstellung von einer »jüdischen Rasse« war wohl in den Siebzigerjahren des 19. Jahrhunderts entstanden durch die Verschmelzung von Rassentheorie und dem sich ausbreitenden Antisemitismus. Nach einigen Autoren zu urteilen (z. B. [22]) wählte man den Begriff »Antisemitismus« bewusst, um der Ablehnung der Juden eine mehr wissenschaftliche Note zu verleihen, obgleich der Begriff »Semiten« sich auf Sprecher einer bestimmten Sprachgruppe bezieht, die nach den gängigen anatomischen Kriterien verschiedenen Rassen angehören können, wie dieses ebenfalls bei der Sprachgruppe der »Arier« der Fall ist. Es half nichts, dass der damals bekannte Sprachforscher Friedrich Max Müller spöttisch bemerkte, von einer »arischen« und einer »semitischen Rasse« zu sprechen sei genauso unsinnig, als würde man von einem »langschädeligen Wörterbuch« und einer »kurzschädeligen Grammatik« reden. [23] Der Begriff »Antisemitismus« setzte sich fest und blieb – wie Ihr wisst – bis heute die Bezeichnung für einen Antijudaismus.

Jüdische Intellektuelle und Gelehrte hielten sich in der Rassendebatte weitgehend zurück. Verständlicherweise, könnte man sagen, da erstens die Lehre von den Rassen wenig Wissenschaftlichkeit besaß und zweitens mit ihrer Hilfe Juden als minderwertig hingestellt und damit ausgegrenzt werden sollten. Es gab aber nach Mosse nicht wenige prominente Juden in Europa, die wie die Antisemiten an die Existenz einer »jüdischen Rasse« glaubten. Mosse zitiert den langjährigen Premierminister von Großbritannien Benjamin Disraeli, der gesagt haben soll: »Alles ist Rasse, eine andere Wahrheit gibt es nicht.« [24] In Deutschland veröffentlichte ein Autor mit Namen Max Besser 1911 im Jüdischen Verlag einen Aufsatz, in dem er von »nun einmal nicht hinwegzudisputierenden Unterschieden zwischen Juden und der Bevölkerung ihrer Umgebung« schrieb. [25] An welche Unterschiede er dachte, verriet er dabei nicht. Er kritisierte jedoch seine Glaubensbrüder, da sie angeblich eine »Vogel-Strauß-Politik« gegenüber den europäischen Rassentheoretikern betrieben und nicht unterschieden »zwischen der wohlbegründeten naturwissenschaftlichen Betrachtung der Rassenfrage und den phantastischen Übertreibungen der Rassentheoretiker«. Obgleich Besser eben auch eine »jüdische Rasse« sah, wendete er sich verständlicher- und berechtigterweise dagegen, Juden als Angehörige einer minderwertigen Rasse darzustellen. Aus unserer heutigen Sicht würde man sagen, dass Bessers Glaubensbrüder durchaus recht hatten, wenn sie sich aus der ganzen absurden Debatte heraushielten und stattdessen – wie Besser bedauernd ausführt – »alle Rassenwissenschaft für Humbug und Schwindel erklärten«.

Es gibt wohl gewisse körperliche Merkmale, die bei Juden häufiger zu finden sein mögen als in der übrigen europäischen Bevölkerung in ihrer Umgebung. Jedoch nicht in der Weise, dass man einen jeden Juden von einem jeden Nichtjuden unterscheiden könnte. In den Siebziger- und Achtzigerjahren des 19. Jahrhunderts führte der bekannte Arzt und Wissenschaftler Rudolf Virchow im Auftrag der Deutschen Anthropologischen Gesellschaft an mehr als 6,7 Millionen Schulkindern eine Untersuchung durch, bei der Lehrer auf Fragebögen Auskunft gaben über Augen-, Haar- und Hautfarbe der Kinder. (Ursprünglich gewünschte Schädelmessungen wurden – wie Mosse berichtet – nicht so ernst genommen. Interessanterweise verweigerte auch die Hansestadt Hamburg die Mitarbeit; denn nach ihrer Ansicht verstieß die Untersuchung gegen die persönliche Freiheit.) [26] Nach den 1886 veröffentlichten Ergebnissen zu urteilen ergab die Untersuchung lediglich, dass es unter den christlichen gegenüber den jüdischen Kindern einen höheren Anteil an blondhaarigen gab, während man unter den jüdischen Kindern einen höheren Anteil an dunkel- und schwarzhaarigen feststellte. Der Anteil der Mischtypen machte bei beiden Gruppen ungefähr die Hälfte aus. Virchow urteilte aufgrund dieser Untersuchung, dass die Juden ein Volk, aber keine Rasse seien. [27]

Bemerkenswert dürfte in diesem Zusammenhang auch sein, dass Alfred Ploetz, Arzt und bekannter Mitbegründer der »Deutschen Gesellschaft für Rassenhygiene«, im Jahr 1904 die »germanische Rasse« zwar für den »wichtigsten Kulturträger in der Welt« hielt, aber auch die modernen Juden zu dieser »germanischen Rasse« rechnete, da diese mehr »arisches« als »semitisches Blut« in ihren Adern hätten. [28] Passend hierzu dürfte auch eine Begebenheit sein, die sich zeitlich wohl Ende der Zwanziger- oder Anfang der Dreißigerjahre des vergangenen Jahrhunderts abgespielt haben muss: Nach der Überlieferung soll ein anderes führendes Mitglied der »Deutschen Gesellschaft für Rassenhygiene«, Fritz Lenz, in einer Vorlesung auf einen der anwesenden Studenten gedeutet und ihn als besonders eindrucksvolles Beispiel eines »nordischen Menschen« bezeichnet haben. Der betreffende Student habe darauf gesagt: »Ich bin aber jüdisch!« [29]

Die Antisemiten waren von Berichten über solche Begebenheiten, von Feststellungen wie der von Ploetz oder Untersuchungen wie denen von Virchow offensichtlich nicht beeindruckt, was einen nicht überraschen muss: Wenn wissenschaftliche Ergebnisse das eigene irrationale Gedankengebäude nicht stützen, dann sucht ein Ideologe eben nach anderen Erklärungen, um seine Vorstellungen aufrechtzuerhalten. So wurde beispielsweise Virchow nach der Veröffentlichung seiner Studie an Schulkindern beschuldigt – wie Mosse berichtet –, »ein Sklave der Juden und Teil der jüdischen Weltverschwörung oder gar selbst ein Jude zu sein«. [27]

Ein Merkmal, auf das Nichtjuden immer wieder hinwiesen und das in keiner Karikatur Juden betreffend fehlen durfte, war die Hakennase, die »jüdische Nase«, wie sie auch genannt wurde. Anscheinend wurde schon Anfang des 18. Jahrhunderts auf diese Nase als angebliches Merkmal der Juden hingewiesen, und auch von Winkelmann, dem »Entdecker der Klassik«, als Gegenstück zur Symmetrie der griechischen Nase [(30)] beschrieben. (Man sollte eigentlich sagen: der klassischen griechischen Nase des Altertums.) Die angeblich jüdische Nasenform findet sich aber auch sonst unter den Völkern des Mittelmeerraumes, des Nahen Ostens und ebenfalls bei der sogenannten dinarischen Rasse, die gemäß der Rassenforschung hauptsächlich auf dem Balkan und in Mitteleuropa angesiedelt war. Wie Ihr bemerkt haben dürftet, bin auch ich mit einer solchen Nase »gesegnet«. In meinem Stammbaum finden sich allerdings keine jüdischen Vorfahren, jedenfalls nicht nach dem »Ahnenpass« zu urteilen, den mein Vater in den Dreißigerjahren des vergangenen Jahrhunderts unter der Herrschaft der »nationalsozialistischen Bewegung« vorlegen musste. Natürlich – spitzfindig, wie Ihr seid – könnt Ihr argumentieren, dass ich nicht zu wissen vermag, in wen sich vielleicht eine meiner weiblichen Vorfahren »verguckt« hatte und dann das Resultat dieses »Verguckens« ihrem ahnungslosen »arischen« Ehemann unterschob. Auf diese Weise – so mögt Ihr argumentieren – könnte ich sehr wohl in den Besitz einer »jüdischen Nase« gelangt sein – wenn auch schon nicht in den Besitz »jüdischer Intelligenz«. Ich kann diese Möglichkeit natürlich nicht von der Hand weisen. Außerdem muss ich einräumen, nicht von einem »Gefühl der reinen Rasse« überkommen zu sein, wie von Houston Stewart Chamberlain – ich erwähnte dies zuvor – gefordert.

Nicht alle Rassentheoretiker waren Antisemiten, so wie sich auch nicht alle Antisemiten um Rassentheorie zu kümmern schienen. Zu den Letzteren gehörte ein gewisser Paul de Lagarde, der in der zweiten Hälfte des 19. Jahrhunderts einen hervorragenden Namen als Gelehrter im Bereich der Orientalistik erworben hatte. Neben seinen wissenschaftlichen Artikeln über alte Sprachen des Vorderen Orients verfasste Lagarde aber auch

Aufsätze unter dem Titel »Deutsche Schriften«, die das Nationalgefühl vieler Deutscher ansprachen, und dieses noch lange nach seinem Tod bis weit in die Zeit nach dem Ersten Weltkrieg. Viele Persönlichkeiten des öffentlichen Lebens, darunter die Dichter Christian Morgenstern und Thomas Mann, äußerten sich lobend über ihn. Thomas Mann soll ihn nach Aussage des Historikers Fritz Stern noch 1919 als »Praeceptor Germaniae«, also als »Lehrer Deutschlands« bezeichnet haben. [31] Ich kann mir nicht denken, dass Thomas Mann dabei auch daran dachte, dass Lagarde Juden als »wucherndes Ungeziefer« bezeichnet und weiterhin sich über sie in folgender Weise geäußert hatte: »Mit Trichinen und Bazillen wird nicht verhandelt, Trichinen und Bazillen werden auch nicht erzogen, sie werden so rasch und gründlich wie möglich vernichtet.« [32] Ich möchte davon ausgehen, dass Thomas Mann und andere liberale Persönlichkeiten des öffentlichen Lebens zu jener Zeit diese Zeilen Lagardes nicht kannten oder sie haben in ihrer Begeisterung über das, was Lagardes »Deutsche Schriften« ihnen sonst sagten, diese Zeilen völlig übersehen. Übersehen haben solche Passagen aber nicht Vertreter der »Nationalsozialistischen Bewegung« und deren »Führer« in den Zwanziger- und Dreißigerjahren des letzten Jahrhunderts. Sie griffen derartige Aussagen Lagardes auf und warben damit in der Öffentlichkeit zusammen mit dem anerkennenden Zuspruch, den Lagarde anderweitig bei prominenten Leuten gefunden hatte.

Die Einordnung der Juden in eine eigenständige Rasse erzeugte noch zusätzliche Höhepunkte von Irrationalität. Man verurteilte die Verbindung von »nordischen Menschen«, den »Ariern«, mit Juden als unzulässige »Rassenmischung«, wie etwa in einer Schrift aus dem Jahre 1925 zu lesen ist: »Solche Paarung widerspricht dem Willen der Natur zur Höherzüchtung des Lebens überhaupt.« Begründet wurde dieses angebliche Wissen über den »Willen der Natur« gleichsam damit, dass der biologische Begriff »Rasse« mit dem biologischen Begriff »Art« gleichgesetzt wurde: »Jedes Tier paart sich nur mit einem Genossen der gleichen Art. Meise geht zu Meise, Fink zu Fink, der Storch zur Störchin [...] der Wolf zur Wölfin.« [33] Nun, ein jeder der damaligen Zeitgenossen – selbst mit einer geringer strukturierten Intelligenz – wusste sehr wohl, dass eine Meise sich nicht mit einem Storch paaren kann, auch wenn er vielleicht nicht wusste, dass im wissenschaftlichen Sinne gerade die Zeugungsfähigkeit von Lebewesen miteinander das bestimmende Merkmal ist, sie als Vertreter ein und derselben Art zu sehen. Angehörige der einen Art sind eben nicht zeugungsfähig mit Angehörigen einer anderen Art. (Mit einigen Ausnahmen vielleicht, wie etwa Pferd und Esel, deren Verbindung jedoch dann zu dem zeugungsunfähigen Maultier führt.) Die Mehrzahl der damaligen Zeitgenossen dürfte aber gewusst haben, dass alle Menschen – gleich welcher Hautfarbe, Kopf- oder Haarform – miteinander zeugungsfähig sind. Insofern war dieses ein völlig abwegiger Vergleich tierischer *Arten* mit menschlichen *Rassen* – oder angeblichen menschlichen Rassen. Ein Vergleich, der sich in der zitierten Schrift auch noch wiederholt und wohl nicht gerade der Denkfähigkeit des Autors dieser Schrift schmeichelt. Wozu meinte er sie auch gebrauchen zu können? Hatte er doch schon zwei Jahre zuvor verkündet: »Was weiter notwendig ist, ist eine Änderung unserer Erziehung. Wir leiden heute unter einer Überbildung. Man schätzt nur das Wissen. Die Neunmalweisen aber sind Feinde der Tat. Was wir brauchen, ist [sic!] Instinkt und Wille.« [34]

Sollte ich Euch eine kurze und prägnante Definition von »Rasse« geben, so würde ich die des amerikanischen Anthropologen Hooton aus dem Jahre 1926 wählen: »Eine Rasse stellt eine Gruppe dar, deren Mitglieder trotz individueller Variationen durch gewisse Kombinationen morphologischer Merkmale, die auf gemeinsamer Abstammung beruhen, gekennzeichnet sind.« [35] Was die *Art* »Mensch« betrifft, so dürften wir heute der Feststellung des Berliner Anthropologen Felix von Luschan folgen, der schon vier Jahre zuvor, also 1922, erklärt hatte, dass es nur eine menschliche Rasse gäbe; nämlich den Homo sapiens. Er fügte damals noch hinzu, dass Leute wie Chamberlain keine Wissenschaftler seien, sondern Dichter. [36]

Wenn es notwendig wird, Unterschiede zwischen menschlichen Gruppen aufzuzeigen – vielleicht hinsichtlich eines gehäuften Auftretens

bestimmter Erkrankungen in der einen oder anderen Bevölkerungsgruppe –, sollten wir heute wohl besser von »ethnischen« als von »ras-
sischen« Unterschieden sprechen. Vorsicht ist aber auch hier geboten,
dass man im Deutschen nicht statt »ethnisch« das im Grunde gleich-
bedeutende Wort »völkisch« benutzt; denn an diesem haftet durch die
»Nationalsozialistische Bewegung« ein ähnlich schlechter Ruf wie an
dem Wort »rassisch«, wenn Letzteres in einem Gespräch über Menschen
verwendet wird.

Was wohl auch besonders abstoßend unter den irrationalen Vorstellungen jener »Bewegung« war, die sich »nationalsozialistisch« – aber manchmal eben auch »völkisch« nannte –, war die Einteilung von Menschen
in gleichsam drei Kategorien: In »Herrenmenschen«, die sogenannte
»nordische Rasse«, zu denen selbstverständlich die Mitglieder der »Bewegung« gehörten und bei denen »Reinrassigkeit« angestrebt wurde,
in »Sklavenmenschen«, wie die Mitglieder der slawischen Völker, aber
auch Afrikaner und Chinesen, und schließlich – man könnte sagen – die
»Nichtmenschen«; Menschen, die nämlich in den Augen der Vertreter
der »Nationalsozialistischen Bewegung« eigentlich gar keine Menschen
waren. Diese Vorstellung führte zu einer weiteren: dass es »wertvolles
Leben« gab, das der »nordischen Rasse«, »weniger wertvolles Leben«,
das der »Sklavenvölker«, und »unwertes Leben«, das der Geisteskranken,
das der Sinti und Roma und eben auch das der Juden. Dieses »unwerte
Leben« begann man dann auf möglichst effiziente Weise zu beseitigen
und man hatte es bis zum Ende des Zweiten Weltkriegs auf weit über
sechs Millionen Menschenleben gebracht. Sechs Millionen davon waren
allein Juden.

Verfolgungen von Volksgruppen hatte es auch schon in früheren Zeiten gegeben. Meistens aus religiösen Gründen und meistens handelte es
sich dabei auch um Juden. Häufig – wenn auch längst nicht immer –
hatten die Verfolgten ihr Leben dadurch retten können, dass sie kon-
vertierten. Unter der Regierung der »Nationalsozialistischen Bewegung«
gab es diese Möglichkeit nicht. Wer Jude war, musste sterben, nachdem
man seine Arbeitskraft – soweit das möglich war – in Konzentrations-

lagern noch ausgebeutet hatte. Und Jude war jemand, der drei »rassisch« jüdische Großeltern hatte. Ließ sich das nicht ohne Weiteres feststellen, so galt ein Großelternteil als jüdisch, wenn er der jüdischen Religionsgemeinschaft angehörte oder angehört hatte. Gemäß dem wundersamen Denken der »völkischen Bewegung« wurde also die Religionszugehörigkeit zu einem biologischen Kriterium. Dazu wurde gleichsam die Vorstellung einer Dreiteilung der Menschheit in »Herrenmenschen«, »Sklaven« und »Unwertes Leben« zum »höchsten Wert« erklärt, dem alles andere unterzuordnen war. (Auf dieser Vorstellung oder zumindest teilweise auf ihr gründete sich wohl auch der militärische Überfall auf die damalige Sowjetunion: Gewinnung von Raum für die Ansiedlung von »Herrenmenschen« und Gewinnung von »Sklaven« für die Wirtschaft der »Herrenmenschen«.)

Das Führerprinzip

Abgesehen von dem sich in Europa von der Mitte des 19. Jahrhunderts an mehr und mehr entwickelnden Rassismus und Antisemitismus war noch eine weitere irrationale Vorstellung bestimmend in der bürgerlichen Gesellschaft Europas und besonders wohl in der von Deutschland. Als diese sehe ich den sogenannten »Führergedanken«, die Regierungsform gemäß dem »Führerprinzip«, die Vorstellung, dass es für das Wohlergehen der eigenen Nation oder des eigenen Staates am besten sei, wenn nur eine einzige Person »das Sagen« habe und damit allein alle Entscheidungen in dem Staat und für den Staat treffe. Dieses mag Euch auf den ersten Blick als nicht so bedeutsam erscheinen, und sicher reicht diese Irrationalität – als welche ich diese Regierungsform auch bezeichnen möchte – nicht an die Absurditäten von Rassenwahn und Antisemitismus heran, aber ohne die Durchsetzung des »Führergedankens« innerhalb der Gesellschaft meiner Eltern und Großeltern hätten Rassismus und Antisemitismus wohl kaum die Wirkung entfalten können, wie sie in den Dreißiger- und Vierzigerjahren des letzten Jahrhunderts in Deutschland und Europa zutage trat, mit Krieg und willkürlicher Tötung von Millionen von Menschen. Diese Vernunftwidrigkeit erwies sich insofern viel verhängnisvoller als die rassistische oder antisemitische Einstellung für sich genommen, weil eine Regierung nach dem »Führerprinzip« das ungebremste »Sichaustoben« der letzteren erst ermöglichte. Es war und bleibt eine absurde Vorstellung, dass eine einzige Person imstande sein soll, ein so kompliziertes Gebilde wie einen modernen Staat nach eigenem Wissen – oder meistens auch nur nach eigener Intuition – zu »führen« und die drei getrennten Gewalten einer Demokratie auf sich zu vereinen: Gesetze zu verordnen, sie ausführen zu lassen und außerdem noch oberste richterliche Gewalt zu sein.

Trotz der Erfahrungen mit der »Nationalsozialistischen Bewegung« scheint der »Führergedanke« immer noch nicht ausgestorben zu sein. Das trifft zurzeit auf die meisten Staaten im asiatischen und afrika-

nischen Raum zu, aber auch auf einige im osteuropäischen und süd-
amerikanischen Raum. Offiziell hat man in den meisten dieser Länder
demokratische Strukturen – wohl hauptsächlich des internationalen An-
sehens wegen –, doch die Macht liegt weiterhin in der Hand Einzelner
und weder sind Parlamente noch Gerichte unabhängig. Wie Umfragen
im westlichen Europa zeigen, haben auch hier nicht wenige Menschen
Sehnsucht nach einem »starken Mann« an der Spitze ihres Landes, der
»das Sagen hat« und dem sich alle unterordnen müssen. [37]

Das »Führerprinzip« ist ein im militärischen Bereich angesiedeltes
Prinzip. Der zugrunde liegende Gedanke ist der, dass der kenntnis-
reichste, umsichtigste und erfahrenste Soldat – oder in früherer Zeit:
Krieger – eine Einheit *führen* soll und alle anderen Soldaten oder Krieger
dieser Einheit ihm zu Gehorsam verpflichtet sind, was sich offenbar in
Kampfsituationen, in denen es unmittelbar um Leben und Tod geht, als
die seit Menschengedenken wirksamste Form des Kämpfens erwiesen
hat. Man kann in einer Kampfsituation nicht erst lange diskutieren, wie
man einen gegnerischen Angriff abwehren oder einen eigenen Angriff
ändern soll, wenn dieser nicht so verläuft, wie er vorausgeplant war.

Der Führer einer Einheit wird dabei in der Regel von einem Führer
einer höheren Einheit ernannt, welche die betreffende Einheit als eine
Untereinheit mit einschließt. Der oberste Heerführer, der heutzutage in
»Demokratien nach westlichem Muster« von einem Parlament ernannt
oder bestätigt wird, wurde in früherer Zeit von einem Kaiser oder König
eingesetzt oder einer anderen Art von einem Fürsten, der einem Staat
vorstand, in ihm herrschte. Nicht selten führte in früherer Zeit dieser
Fürst auch selbst das Heer – *sein* Heer – in einen Krieg. Der Fürst selbst
herrschte in der Regel kraft eines ererbten Rechtes, das ihm die oberste
Regierungsgewalt in dem betreffenden Staat übertragen hatte, oder aber
er hatte sich durch einen Staatsstreich oder eine Revolte in die oberste
Machtposition gebracht.

Den ältesten Überlieferungen nach zu urteilen stand an der Spitze der
ersten menschlichen Staatsgebilde immer ein Alleinherrscher, ein Führer,
dessen Befehlen man folgte oder zu folgen hatte. Diese Regierungsform

hatte sich vielleicht in einer noch früheren Zeit entwickelt, als man sich wohl mit der eigenen Sippe, dem eigenen Clan oder Stamm wegen Wasserstellen, Jagdgründen oder Siedlungsgebieten in dauernden kriegerischen Auseinandersetzungen mit anderen Sippen, Clans oder Stämmen befunden hatte und deshalb auch eine ständige Kampfbereitschaft unter einem Führer als notwendig und vorteilhaft erachtete. Ausgeglichen wurde die Macht eines solchen »weltlichen« Führers vielleicht nur durch einen zusätzlichen »religiösen« Führer, dessen Macht wohl hauptsächlich auf der Furcht der übrigen Mitglieder der Gemeinschaft vor übernatürlichen Gewalten beruhte und vor dem sogenannten »Jenseits«, in das sie nach ihrem Tod zu gelangen glaubten. Irgendwie schafften es dann die »weltlichen Führer« auch – wohl manchmal mit Unterstützung der »religiösen Führer« –, ihre Herrschaft an ihre Nachkommen weiterzugeben, und – abgesehen von wenigen zwischenzeitlichen oder lokal begrenzten Demokratien oder Halbdemokratien – blieb diese Regierungsform nach dem Führerprinzip mit einer vererbbaren Herrschaft die weitgehend angenommene Regierungsform bis in die Neuzeit. Es wurde offensichtlich ebenfalls bis in die Neuzeit akzeptiert, dass die Führer – ob sie sich nun »König«, »Kaiser« oder sonst wie nannten – von einer übernatürlichen Macht eingesetzt waren. »Kaiser und König von Gottes Gnaden«, wie es dann in der Regel am Anfang der von ihnen erlassenen Gesetze hieß.

Mit Beginn des 18. Jahrhunderts wurde in europäischen Staaten, von Preußen ausgehend, verstärkt ein Berufsbeamtentum aufgebaut beziehungsweise ausgeweitet, welches nach militärischen Prinzipien durchorganisiert gewesen zu sein scheint. Man darf vermuten, dass zumindest in Deutschland durch das Berufsbeamtentum das militärische Denken von Befehl und Gehorsam verstärkt in die breitere Bevölkerung getragen wurde. Diese Tendenz steigerte sich in Deutschland wohl noch nach Einführung der allgemeinen Wehrpflicht im Zuge der sogenannten Napoleonischen Kriege in den ersten Jahrzehnten des 19. Jahrhunderts. Obgleich Beamte offiziell »Staatsdiener« waren, hatte der jeweilige Herrscher als »Erster Diener des Staates« – als welcher Friedrich II. von Preußen sich schon im 18. Jahrhundert bezeichnet hatte – doch »das absolute

Sagen« und bestimmte eben, wie alle seine *Untertanen* im Staate dem Staat zu »dienen« hatten.

Die Vorstellung von einem absoluten Herrscher, der gesetzgebende, ausführende und richterliche Gewalt in seinen Händen vereinigt und der gleichsam über Leben und Tod eines jeden einzelnen Bürgers des Staates bestimmen kann, dürfte Euch eigentlich nur aus Märchen, Sagen und Legenden bekannt, sonst aber weitgehend fremd sein. Auch in der übrigen »westlichen Welt« steht eine derartige Regierungsform – trotz der zuvor erwähnten Anhänger einer »Starker-Mann-Regierung« – weitgehend außerhalb jeglicher Erwägung, selbst wenn der Unmut über ein parlamentarisches System zeitweise ziemlich groß zu sein scheint. In der Gesellschaft, in der meine Eltern, Groß- und Urgroßeltern lebten, dem Deutschland der Zwanziger- und beginnenden Dreißigerjahre des letzten Jahrhunderts, war die Einstellung zu Regierungsformen noch eine weitgehend andere als die in Eurer heutigen Gesellschaft. Wie fast alle Völker im mittleren und östlichen Europa hatten die Deutschen bis zum Ende des Ersten Weltkrieges unter einem mehr oder weniger absoluten Herrscher gelebt. Das damalige Bürgertum scheint sich mit einem derartigen System abgefunden und arrangiert zu haben und mit ihm weitgehend zufrieden gewesen zu sein. Man war somit in gewisser Weise gewöhnt, dass ein einzelner Mann an der Spitze des Staates stand und über dessen Angelegenheiten letztlich, wenn es darauf ankam, allein bestimmte. Dieser Mann setzte einen anderen Mann als Regierungschef ein – in gewisser Weise als Verwalter *seines* Staates – und er entließ Letzteren auch wieder, wenn ihm dieser nicht mehr gefiel.

Nach der Niederlage im Ersten Weltkrieg empfand man in Deutschland den aufgezwungenen Frieden als große Schmach, wie auch die erzwungene Abdankung des bisherigen Führers, des Kaisers, und man empfand wohl auch mehrheitlich die nachfolgende parlamentarische Demokratie als etwas von den Siegermächten Aufgezwungenes. Man wünschte sich weiterhin gleichsam eine militärische Durchorganisation mit einem Führer an der Spitze. Da der Kaiser abgedankt hatte und die Monarchie abgeschafft war, setzten viele Bürger ihre Hoffnung auf einen militärischen Führer der Kriegs- und Nachkriegszeit oder einen Führer aus der Industrie, der die Staatsangelegenheiten in die Hand nehmen sollte. Gefördert wurde diese Sehnsucht wohl auch durch das erfolgreiche oder angeblich erfolgreiche Auftreten von Diktatoren in anderen europäischen Ländern, die allem Anschein nach ihren Ländern zu Respektabilität verholfen hatten, was man sich auch in Deutschland nach der Niederlage im Krieg und dem demütigenden Frieden so sehr herbeiwünschte. Etwa in dem Sinne, wie es einer der europäischen Diktatoren ausdrückte: »Mehr als je haben die Völker ein Verlangen nach Autorität, Lenkung und Ordnung.« [38]

Man sah damals in Deutschland im Allgemeinen nicht, dass ein solches Regierungssystem mit keiner oder nur geringfügiger Kontrolle der Führung durch ein gewähltes Parlament mitverantwortlich gewesen war für den vorausgegangenen Weltkrieg mit seinen großen Verlusten an Menschenleben für alle beteiligten Staaten. Stattdessen schien man eine Regierungsform mit einem gewählten Präsidenten an der Spitze, einem gewählten Parlament und einem Regierungschef, der dem Parlament gegenüber verantwortlich war, als etwas Minderwertiges zu sehen im Vergleich zu einem System mit einem Monarchen an der Spitze, welches angeblich »ein echterer Ausdruck des Volkswillens« und damit demokratischer sei als die mechanisch Stimmen auszählenden Systeme der westlichen Demokratien. [39] Man verstand in Deutschland anscheinend auch nicht das Prinzip des mühsamen Schließens von Kompromissen in einer parlamentarischen Demokratie und sah solche Maßnahmen nur als ineffizient. (Eine Einstellung, wie sie noch heute in den meisten muslimischen Ländern vorherrschend zu sein scheint.) Schon zwei Jahre nach Einrichtung des parlamentarischen Systems in Deutschland nach dem Ersten Weltkrieg fehlte in dem gewählten Parlament eine Mehrheit, die sich zu eben diesem parlamentarischen System bekannte. [40] Darüber hinaus wurde auch von vielen Seiten in absurder Weise der im Parlament verkörperte demokratische Geist im Nachhinein für die zuvor im Krieg erlittene Niederlage verantwortlich gemacht.

Thomas Mann, der zu jener Zeit schon ein bekannter Romanschriftsteller war und der später die parlamentarische Demokratie in Deutschland nachdrücklich verteidigt hat, schrieb noch 1919, dass jemand, der über Deutschlands Schicksal nachdenke, »kann es den Großen dieses Volkes, einem Nietzsche, Lagarde und Wagner, nur aus tiefster Überzeugung nachsprechen, dass die Demokratie im westlichen Sinn und Geschmack bei uns landfremd ist, ein Übersetztes, ›nur in der Presse vorhanden‹ und niemals deutsches Leben und deutsche Wahrheit werden kann«. [41]

Unter »deutschem Leben« kann man sich vielleicht noch etwas vorstellen, mit dem Ausdruck »deutsche Wahrheit« dürfte es schon erheblich schwieriger werden. Doch auf Irrationalitäten in der Sprache möchte ich erst später eingehen. Der hier von Thomas Mann wiederum positiv hervorgehobene Paul de Lagarde – wie zuvor schon bemerkt, gehe ich davon aus, dass Thomas Mann auch beim Schreiben der oben angeführten Zeilen die antisemitische Seite Lagardes nicht vertraut war – soll kurz vor seinem Tod 1891, wie Fritz Stern berichtet, immer eindringlicher nach einem Führer gerufen haben, »der das Volk so vollkommen vertreten könnte, dass es in ihm geeint und dass sein Befehl des Volkes Wille sein würde«. [42] Abgesehen davon, dass Lagarde offensichtlich mit Kaiser Wilhelm II. als damaligem Führer nicht zufrieden war, verraten seine Zeilen darüber hinaus eine Art mystische Vorstellung, sofern Lagarde sich bei solchen Worten überhaupt etwas vorgestellt hat. (Ein Volk, das *in* einem Mann und nicht *durch* einen Mann geeint ist und das *will*, was der Mann *befiehlt*?) Ähnliche Rufe nach einem Führer für Deutschland wie die von Lagarde finden sich auch in den Schriften anderer, wie etwa bei dem Dichter Stefan George [43] oder auch bei einem gewissen Moeller van den Bruck, eines in den ersten drei Jahrzehnten des letzten Jahrhunderts einflussreichen politischen Schriftstellers. Nach Fritz Stern sprach Letzterer davon, dass »in der Person des Führers die Gegensätze innerhalb des deutschen Volkes ausgeglichen würden«. Er schrieb dieses 1922 in seinem Buch »Das Dritte Reich« [44] und dürfte damit wohl diesen Begriff geprägt haben zu einer Zeit, als der spätere »Führer« dieses »Dritten Reiches« die nationale Bühne in Deutschland noch gar nicht betreten hatte, sondern sein Einfluss sich nur auf die Stadt München und die nähere Umgebung beschränkte.

Die Auslassungen von Lagarde, Moeller van den Bruck und anderer wurden später von Vertretern der »nationalistischen Bewegung« aufgegriffen und die darin erwähnten Eigenschaften und Fähigkeiten eines Führers ihrem »Führer« zugeschrieben. Unwillkürlich dürfte man sich bei den genannten Qualitäten, mit denen eine Person begnadet sein soll, an Märchen, Sagen und Legenden erinnert fühlen und sich fragen, ob nicht die Darstellung von einem mächtigen, aber auch weisen und gütigen König, wie er in Märchen häufig geschildert wird und wie er dort zum Wohle aller seiner Untertanen regiert, bei geistig etwas einfacher strukturierten Gemütern den Wunsch nach einem solchen Regierungssystem förderte. Sicher dürfte aber die romantisierende, wenig kritische Legendenbildung um frühere Kaiser und Könige eine Rolle gespielt haben, besonders wenn diese schon zu Lebzeiten den Beinamen »der Große« erhielten, wie es bei Friedrich II. von Preußen im 18. Jahrhundert der Fall war. Der hatte seine »Größe« wohl zum Teil nur glücklichen Umständen zu verdanken, da sich eines der gegnerischen Länder (Russland) nach einem Regierungswechsel aus der Allianz gegen ihn zurückzog.

Offenbar steht hinter den Vorstellungen von einem »starken Führer« die Sehnsucht nach jemandem, der einen »bei der Hand nimmt und sagt, wo es langgeht«, wie ich es in meinem vorherigen Brief (»Zwischen Denkbarem und Glaubhaftem«) im Hinblick auf religiöse Gruppen mit einem letztentscheidenden »Glaubensführer« angeschnitten habe. (Man hat die »Nationalsozialistische Bewegung« später auch als einen »Katholizismus ohne Christentum« gesehen, wohl weil der »Führer« der »Nationalsozialistischen Bewegung« bei seinen Anhängern als unfehlbar galt. [45] Nur, aus einer Glaubensgemeinschaft – abgesehen vielleicht allein von der muslimischen in verschiedenen Ländern – kann man in der Regel wieder austreten, wenn es auch für manchen innerlich ein schmerzlicher Prozess sein mag. Aus einem Land mit einem »Führer« als absolutem politischem Herrscher, dessen Willkür niemand kontrolliert, kann man nur auswandern, sofern dieses möglich ist und solange es noch möglich ist, und Auswandern aus Deutschland war unter der »Nationalsozialistischen Bewegung« später auch nur noch möglich unter Zurücklassung all dessen, was man nicht unmittelbar tragen konnte.

Der Wunsch nach einem Alleinherrscher, ob nun in Form eines »Kaisers«, eines »Königs«, eines »Präsidenten«, eines »Diktators« oder eines »Führers«, dürfte nicht nur in jener Hinsicht eine irrationale Vorstellung sein, dass eine einzelne Person ein so komplexes Gebilde wie einen modernen Staat zum Wohle des ganzen Volkes regieren könnte, ohne jegliche Kontrollinstanzen und voraussichtlich für den Rest ihres Lebens. Obgleich unausgesprochen liegt die Vernunftwidrigkeit auch in der Annahme, dass der »starke Mann« den Staat sicher ganz in dem Sinne führen wird, wie es sich jeder von denjenigen vorstellt, die zuvor nach ihm gerufen haben. Ein solcher Gedankengang dürfte auch aus den zuvor zitierten Worten Lagardes sprechen, als ihm selbst der damalige »Führer« Deutschlands, Kaiser Wilhelm II., nicht gefiel und er nach einem Führer rief, »dessen Befehl des Volkes Wille« sein würde. Der Traum, einen Führer zu haben, der alles im gewünschten Sinne richtet, dürfte wohl für jeden, der diesen Traum vor der »Machtergreifung« durch die »Nationalsozialistische Bewegung« 1933 geträumt hatte, spätestens 1945 auf wenig angenehme Weise geendet haben.

Obgleich innerhalb der Generationen meiner Eltern, Groß- und Urgroßeltern in einer breiten Mittelschicht der Wunsch nach einem Führer vorherrschte, erstaunt es aus heutiger Sicht immer wieder, wie 1933 ein derartiger Mann, der auf uns heute wie ein Zirkusclown wirkt – wenn wir ihn in Ausschnitten von Dokumentarfilmen sehen und hören, – ein solche Machtfülle erlangen konnte. Zunächst als Erster Vorsitzender einer Partei mit einem recht armseligen Anfang und nebulösem Programm und später als »Führer und Reichskanzler«, wie er sich dann nennen ließ. Oder – wie ein ehemaliger Anhänger sich später wunderte – »wie so eine gewaltige dynamische Kraft aus so geringen und verächtlichen Ursprüngen erwachsen konnte«. [46]

Vielleicht müsst Ihr Euch die Entwicklung dieser »dynamischen Kraft«

so vorstellen, dass zu einer Ansammlung von Leuten, die ihrer Gruppierung zwar schon die Bezeichnung »Partei« gegeben hatte, die aber mehr ein Debattierklub Gleich- oder Ähnlichgesinnter war, ein Mann stieß, der nach allem, was über ihn berichtet wurde, durchaus über eine besondere Begabung verfügte: Er konnte reden. Jedenfalls war er imstande, mit einem lang anhaltenden Schwall von Worten seine Zuhörer in der damaligen Zeit mitzureißen, indem er – ganz allgemein ausgedrückt – wohl das sagte, was sie gern hören wollten, was ihrem damaligen Unwillen eine Richtung gab und ihr dumpf empfundenes Unbehagen in Worte fasste, denen sie ohne Weiteres innerlich folgen konnten und durch die sie sich bestätigt fühlten. Er sprach in etwa davon, wie durch den aufgezwungenen Frieden von 1919 das »so gedemütigte Vaterland« – das sind jetzt meine Worte – wieder zu alter Größe und Achtung zurückkehren müsste und wie die damalige von den Parteien im Parlament praktizierte Politik dieses »Vaterland« angeblich mehr und mehr ruinierte. Und er machte dann als Schuldigen für diese angeblich ruinöse Politik das Judentum verantwortlich und besonders das »internationale Judentum«, in dessen »Zinsknechtschaft« sich Deutschland befände. Es wurde wiederholt berichtet, dass Zuhörer bei seinen Reden zu Tränen gerührt waren. Wenn uns das heute etwas eigenartig vorkommt, so muss man bedenken, dass für die damaligen Menschen in Deutschland ein Wort wie »Vaterland« einen besonderen Klang hatte und schon die Erwähnung dieses Wortes vielen Deutschen Tränen in die Augen trieb.

Aufgrund der hervorstechenden Redebegabung dieses Mannes kamen mehr und mehr Zuhörer zu den Veranstaltungen der kleinen Partei und mehr und mehr Leute traten der Partei auch bei. Der Mann wurde gewissermaßen zum »Zugpferd« für die Partei. Vielleicht könnte man die Situation dieser Partei – wie zuvor schon angedeutet – tatsächlich am besten mit der Situation einer religiösen Sekte vergleichen, wie es sie auch noch immer in unserer heutigen Zeit gibt und bei der ein gewandter Prediger eine ständig wachsende Zahl von Anhängern um sich schart, bis Tausende zu seinen Predigten kommen oder diese vielleicht auch landesweit an den Fernsehschirmen verfolgen. Bei derartigen Großveranstaltungen scheinen sich auch häufig Prediger und Publikum gegenseitig in eine Art Ekstase zu steigern.

In der damals zunächst in München und Umgebung aufstrebenden Partei scheint der Mann, von dem hier die Rede ist, sich seiner herausragenden Rolle zunehmend bewusst geworden zu sein, und er versuchte offensichtlich in diesem Bewusstsein seine Ansichten über Führung und Organisation der Partei innerhalb dieser durchzusetzen. Als ihm ein Teil der Partei darin nicht folgen wollte, trat er kurzerhand aus der Partei aus. Die Mehrzahl der Mitglieder wurde sich anscheinend da seiner Bedeutung für die Partei bewusst, und aus dem Gefühl einer wahrscheinlich kommenden Bedeutungslosigkeit ihrer selbst, wenn ihre Partei ihren größten Aktivposten, ihr »Zugpferd«, verlieren würde, baten sie den Mann wieder zurückzukommen und gestanden ihm auf einer außerordentlichen Mitgliederversammlung am 29. Juli 1921 mit überwältigender Mehrheit (553 von 554 Stimmen) alle seine Forderungen zu. [47] Zu diesen Zugeständnissen gehörte: die Unveränderlichkeit des von ihm im Jahr zuvor aufgestellten Programms der Partei und der Posten des Ersten Vorsitzenden, versehen – und das ist wohl das Wichtigste – mit diktatorischen Vollmachten. Das *einfache Führen* einer Partei durch einen Vorsitzenden, wie in einer demokratischen Partei üblich, in der ein Vorsitzender auch wieder abgewählt werden kann, war in ein *militärisches Führen* umgewandelt worden, und eine Absetzung des Führers war nicht vorgesehen. Von da an musste jede Person, die der Partei beitreten wollte, diese Bestimmungen annehmen. Lehnte jemand diese Bestimmungen später ab oder wollte den Befehlen des Ersten Vorsitzenden nicht Folge leisten, so musste er die Partei wieder verlassen. Anscheinend haben in der Folgezeit nur wenige diese Wahl getroffen. Man muss aus heutiger Sicht aber auch eingestehen, dass der Erste Vorsitzende und »Führer« der »Nationalsozialistischen Bewegung« in den folgenden Jahren in zwei oder drei Krisen, in welche die Partei gestürzt wurde und welche zum Auseinanderbrechen der Partei hätten führen können, durchaus Geschick bewies, Abtrünnige wieder »auf seine Linie zu bringen« und einige davon auch als besonders ergebene Gefolgsleute zu gewinnen, wie etwa den späteren Minister für Propaganda, der ihm bis zum Tod treu ergeben war. Wichtig scheint für die Entwicklung der Partei und ihren »Führer« gewesen zu sein, dass sich schon frühzeitig innerhalb der Partei ein Kreis besonders willfähriger und devoter Anhänger um ihn bildete, die ganz besonders »an seinen Lippen hingen« und für die er ein besonders begnadeter Mensch war. Aus ihrer Mitte wurde schon frühzeitig auf ihn als »unser Führer« verwiesen [48] und nachdem ihm die Partei diktatorische Vollmachten zugestanden hatte, wurde er von diesen besonders ergebenen Anhängern in der Parteizeitung als der »Führer« gepriesen, auf den das Land gleichsam wartete, um es zu neuer Höhe zu führen.

Man darf vermuten, dass diese »Anhimmelei« durch solche »Jünger« schon von der Frühzeit der Partei an zu einem überhöhten Selbstbild des »Meisters« geführt haben muss. Die »Jünger« andererseits haben sich wohl in dem Gefühl »gesonnt«, zum auserwählten Kreis derer zu gehören, die dem doch von so zahlreichen Menschen bewunderten Redner und späteren »Führer« nahe sein konnten. Sie dürften wohl eifersüchtig darüber gewacht haben, dass ihrem »Meister« von den übrigen Parteimitgliedern der »nötige« Respekt entgegengebracht und von Außenstehenden der »gebührende« Abstand gewahrt wurde. Die damit verbundenen Maßnahmen dürften das Selbstbild des »Meisters« noch mehr gesteigert haben. All dieses ist wohl der Anfang des Personenkultes um die Gestalt des »Führers« gewesen. Dieser soll zunächst gar nicht einmal von sich selbst als dem kommenden Diktator Deutschlands gedacht haben, doch nach und nach gewann er wohl die Überzeugung, dass *er* der »Führer« von ganz Deutschland sein müsste. Als er es dann schließlich wurde nach der Regierungsübernahme 1933, der sogenannten »Machtergreifung«, wurde der absurde, zuvor nur innerparteiliche Führerkult auf ganz Deutschland ausgedehnt. Dem »Führer« zu huldigen war dann die Pflicht eines jeden Staatsbürgers.

Verschwörungen

Neben Führerprinzip, Rassismus und Antisemitismus gab es noch eine weitere besondere Erscheinungsform von Irrationalität innerhalb der »Nationalsozialistischen Bewegung« in Deutschland, die – so würde ich es sehen – mitentscheidend für die so weitgehende Vernichtung jüdischer Menschen in Europa war: die Verschwörungstheorie. Aufgrund angedichteter Verschwörungen waren Juden im »christlichen Abendland« immer wieder seit dem Mittelalter verfolgt worden. Vor etwa 100 Jahren erreichten diese Verfolgungen aber einen neuen Höhepunkt aufgrund der »Protokolle der Weisen von Zion«. Diese sogenannten »Protokolle« enthalten derart lächerliche Absurditäten, dass man sich heute nur schwer vorzustellen vermag, wie irgendein Mensch jemals an ihre Echtheit hat glauben können. Vielleicht ist dieses auch der Grund, weshalb diese »Protokolle« heutzutage bei der Beurteilung der »Nationalistischen Bewegung« und ihrer versuchten »Judenvernichtung« nicht die Berücksichtigung finden, die ihnen möglicherweise zukäme.

Die »Protokolle der Weisen von Zion« waren 1903 in Russland zum ersten Mal erschienen. In ihnen legten angeblich Teilnehmer am Zionistenkongress 1897 in Basel Pläne zur Übernahme der »Weltherrschaft« durch die Juden dar. Die »Protokolle« erregten größere Aufmerksamkeit in der Öffentlichkeit eigentlich erst nach Ende des Ersten Weltkriegs, als man gewissermaßen nach Schuldigen suchte für die Kriegskatastrophe, die über die Völker mit so unerwarteten Folgen hereingebrochen war. Man verfiel dabei auf die Juden und sah Beweise für diese Behauptung in der Tatsache, dass eine Reihe von führenden Personen in der Partei der Bolschewisten im damaligen Russland Juden waren. Man sprach deshalb auch später vonseiten der »Nationalsozialistischen Bewegung« gern von »Judobolschewismus«. Juden waren innerhalb der bolschewistischen Partei anfänglich wohl auch deshalb prominent vertreten, weil es eine Tradition jüdischer Intellektueller gewesen zu sein scheint, sich für Unterdrückte einzusetzen. Zu der Vorstellung nach dem Ersten Weltkrieg »Die Juden sind an allem schuld!« passten nun die »Protokolle der Weisen von Zion«, in denen die Rede davon war, die Völker durch Wirtschaftskrisen, Hunger und Seuchen, aber eben auch durch Krieg für eine jüdische Machtübernahme der Welt reif zu machen. Diese Ideen wurden anscheinend zunächst nur von Vertretern der sogenannten Weißen Armeen in die Welt gesetzt, die nach Ende des Ersten Weltkriegs in der neu gegründeten Sowjetunion die Rote Armee bekämpften, fanden dann aber offensichtlich unter den rechtsgerichteten nationalistischen Bewegungen im restlichen Europa ihren Widerhall; selbst in Nordamerika, wo der Autobauer Henry Ford um ihre Verbreitung bemüht war. [49]

Man kann vermuten, dass diesen Gruppen die Finanzkraft und der gesellschaftliche Aufstieg der Juden nach der Emanzipation Anfang des 19. Jahrhunderts zusammen mit den nicht selten familiären Verbindungen über Landesgrenzen hinweg nie ganz »geheuer« gewesen war. In den »Protokollen« glaubte man nun den Beweis für eine Verschwörung des »internationalen Judentums« gefunden zu haben. Für die nationalistischen Gruppen in den verschiedenen Ländern war es allem Anschein nach bedeutungslos, dass die Londoner Zeitung »Times« schon 1921 die »Protokolle« als Fälschung, als ein reines Fantasieprodukt entlarvte. Die nationalistischen Parteien und Bewegungen sahen anscheinend auch nicht die ganze Lächerlichkeit der angeblichen Planung der »Weisen« zur Erlangung der »Weltherrschaft« – oder aber sie wollten sie nicht sehen. Eine angebliche »jüdische Weltverschwörung« passte eben auch gut in die Vorstellungswelt der »Nationalsozialistischen Bewegung« in Deutschland und wurde von deren Führung offenbar ernst genommen. So ist in »Mein Kampf«, der wohl wichtigsten Schrift der »Nationalsozialistischen Bewegung«, zu lesen: »Im russischen Bolschewismus haben wir den im zwanzigsten Jahrhundert unternommenen Versuch des Judentums zu erblicken, sich die Weltherrschaft anzueignen.« [50] Der Führer der »Nationalsozialistischen Bewegung« soll seine Überzeugung von der Echtheit der »Protokolle« auch in der Weise zum Ausdruck gebracht haben, dass er sagte: »Es bleibt also den modernen Völkern nichts anderes übrig, als die Juden auszurotten.« [51] Man wähnte sich offenbar in einer

Art »Kampf auf Leben und Tod«, wie auch in einer Standardschrift für SS-Einheiten zu lesen war, in der dann ebenfalls die »Eliminierung« der Juden als eine »Maßnahme der Notwehr« gefordert wurde. [52]

Der Glaube an die Echtheit der »Protokolle der Weisen von Zion« hat mit dem Ende der »Nationalsozialistischen Bewegung« keineswegs auch sein Ende gefunden. Nach dem arabischstämmigen Autor Hamed Abdel-Samad sollen die »Protokolle« weiterhin in arabischer Sprache auf den Webseiten radikal-islamischer Gruppen zu finden sein und an ihrer Echtheit wird dort anscheinend nicht gezweifelt. [53] Nach Zeitungsberichten soll auch ein früherer polnischer Minister und hauptberuflicher Historiker 2002 in einem Radiointerview von einer »jüdischen Weltverschwörung« gesprochen haben und als Beweis dafür die »Protokolle der Weisen von Zion« herangezogen haben. [54]

Abgesehen von dem offensichtlichen Weiterbestehen dieser wohl bisher folgenschwersten Verschwörungstheorie der Geschichte scheint auch sonst die menschliche Bereitschaft zur Bildung und Weitergabe von Verschwörungstheorien nicht nachgelassen zu haben. In autoritär regierten Ländern sind es häufig gerade die Regierungen, die aus Überzeugung oder Berechnung sofort von einer ausländischen Verschwörung reden, wenn im eigenen Land Protest gegen ihre Herrschaft laut wird. In mehr demokratischen Ländern andererseits scheinen Verschwörungstheorien sich bei nahezu jedem aufsehenerregenden Ereignis zu entwickeln, bei dem gewisse Ungereimtheiten oder auch nur scheinbare Ungereimtheiten bemerkt werden, die sich für bestimmte Personen oder Gruppen als irgendwie nachteilig herausstellen. Sogleich wird eine »finstere« Macht als hinter diesem Ereignis stehend vermutet und in der Regel ist es die Regierung des eigenen Landes oder eine ihrer Behörden, die verdächtigt wird, der wirklich Handelnde bei einer bestimmten Tat gewesen zu sein oder der eigentliche Verursacher eines Ereignisses, ganz gleich, worum es sich handelt, sei es die Ermordung eines Präsidenten, der Unfalltod einer Prinzessin oder ein terroristischer Anschlag auf einen Wolkenkratzer. Innerhalb von Diktaturen hört man weniger von dieser Art von Verschwörungstheorien; wohl deshalb, weil es hier nicht ungefährlich ist, die eigene Regierung oder eine ihrer Behörden öffentlich zu verdächtigen, obgleich natürlich in einer Diktatur ein Verdacht auf eine »Regierungsverschwörung« eher berechtigt wäre.

Bezieht sich die Verschwörungstheorie auf ein einmaliges Ereignis in der Vergangenheit wie etwa den Tod einer Person des öffentlichen Lebens, so darf man diese Theorie als eher harmlos ansehen, obgleich sie zusätzliche Kosten für den Steuerzahler verursachen kann. Wird nämlich die Verschwörungstheorie mit großer Beharrlichkeit vorgetragen und besonders durch einen Teil der Medien verbreitet, sieht eine Regierung sich letztlich zu dem Versuch gezwungen, durch das Einsetzen einer unabhängigen, aber nichtsdestoweniger kostspieligen Untersuchungskommission die Verschwörungstheorie ein und für alle Male zu widerlegen. Letzteres gelingt häufig auch nur in beschränktem Maße; denn viele Verschwörungstheoretiker sind nicht zu überzeugen, wie stark auch die gegenteiligen Beweise sein mögen.

Bedenklicher und »weniger harmlos« als diese Art von Verschwörungstheorie, bei der hinter dem Tod einer Person des öffentlichen Lebens eine Regierungsverschwörung vermutet wird, sind eigentlich solche Theorien, bei denen man eine Regierung oder eine ihrer Behörden verdächtigt, sich zu bestimmten Maßnahmen »verschworen« zu haben, die bei einem Fortdauern schleichend Schaden in weiten Teilen der Bevölkerung anrichten würden. Zunächst mag die angebliche Verschwörung nur als Verdacht ausgesprochen werden, der von wenigen aus einem bestimmten »Bauchgefühl« heraus erhoben wird, dann aber kann dieser Verdacht eine vermeintlich einfache Erklärung für bestimmte Erscheinungen bieten und mehr und mehr Zuspruch erhalten, vor allem, wenn sich prominente Personen »vor diesen Karren spannen lassen«. Als Beispiel mag Euch hier die Kontroverse um das Auftreten von Autismus dienen, das vor einigen Jahren in den USA und einigen anderen Ländern auf Impfungen zurückgeführt wurde, besonders auf solche mit der Vakzine gegen Masern, Mumps und Röteln. Als medizinische und naturwissenschaftliche Fachleute dieses als Unmöglichkeit hinstellten, wurden sie zusammen mit den Regierungen verschiedener Länder von aktiven Vertretern dieser »Autismus-Impfhypothese« bezichtigt, sich »verschworen« zu haben, die pharmazeutische Industrie »auf Kosten der Kinder« des jeweiligen Landes schützen zu wollen. Einer der Aktivisten, ein prominenter Politiker, soll sogar so weit gegangen sein, dass er eine Regierungsbehörde in den USA, die Centers for Disease Control and Prevention, beschuldigte, eine unabhängige Untersuchungskommission vom Institute of Medicine bezahlt zu haben, damit diese die Beziehung des in der Vakzine enthaltenen Konservierungsstoffes Thimerosal zum Autismus »ausschließe«. [55] Auch ein späterer Präsident der USA bezog damals in dieser »Autismus-Vakzine-Kontroverse« eine ähnliche Position und »twitterte« unter anderem von einem »Arzt-verursachten Autismus« (»doktor-inflicted autism«). [56]

Die Anschuldigung, die Impfung gegen Masern, Mumps und Röteln sei die Ursache für den bei Kindern aufgetretenen Autismus, offenbart neben der Verschwörungstheorie noch ein anderes irrationales Verhalten, ähnlich dem, das schon bei Virchows Untersuchungen zu angeblichen Rassenunterschieden jüdischer und nicht jüdischer Kinder hervorgetreten war. Man ist einfach nicht bereit, entkräftende und gegenteilige Argumente zu akzeptieren, die dem eigenen Empfinden, dem eigenen »Bauchgefühl« widersprechen. Im Zusammenhang mit der Kampagne gegen die Impfung gegen Masern, Mumps und Röteln beschuldigte offensichtlich die Mehrzahl der Impfgegner das Konservierungsmittel Thimerosal, den Autismus auszulösen, aufgrund des Quecksilbers, das im Thimerosal in geringen Mengen enthalten ist. Dabei wurde völlig ignoriert, dass dieses Konservierungsmittel Impfstoffen schon seit Jahrzehnten zugefügt worden war und dass die Zahl der Neuerkrankungen an Autismus keineswegs in jenen Ländern zurückgegangen war, die aufgehört hatten, Impfstoffe mit Thimerosal zu konservieren. Die Gefährlichkeit dieser Theorie einer angeblichen Verschwörung zwischen Regierungen, Ärzten, Wissenschaftlern und der Pharmaindustrie im Hinblick auf das Auftreten von Autismus bestand – und besteht vielleicht auch noch – vor allem darin, dass diese Theorie Eltern davon abhielt, ihre Kinder gegen Masern, Mumps und Röteln impfen zu lassen und es dadurch in verschiedenen Ländern zu Krankheitsausbrüchen mit Todesfällen kam.

Zu den Verschwörungstheorien der Gegenwart dürfte auch die Auffassung gehören, die Chemie-, Saatgut- und Nahrungsmittelindustrie würden mit genetisch modifizierten Nahrungsmitteln (GMF = gene modified food) die Gesundheit der Verbraucher »aufs Spiel setzen«, nur um noch höhere Gewinne zu erzielen. Dazu wird häufig auch »*die* Wissenschaft« des Komplizentums mit der Industrie beschuldigt. (Wobei man fragen sollte, wer oder was eigentlich »*die* Wissenschaft« ist.)

Während der Einsatz genetisch veränderter Bakterien in der pharmazeutischen Industrie – etwa zur Herstellung menschlichen Insulins – offensichtlich keine Debatte ausgelöst hat, sind genetisch veränderte Pflanzen als Nahrungsmittel erheblich umstritten. Diese Kontroverse wird in den verschiedenen Ländern mit unterschiedlichen Mehrheiten ausgetragen. In den USA und weiteren Ländern des amerikanischen Kontinents werden genveränderte Nahrungsmittel seit den Neunzigerjahren des vergangenen Jahrhunderts angebaut. In Europa jedoch findet ein solcher Anbau kaum statt. In Deutschland, in dem nach Umfragen mehr als die Hälfte der Bevölkerung gegen genveränderte Nahrungsmittel eingestellt ist, gibt es praktisch überhaupt keinen Anbau. Politiker haben sich vorwiegend gegen den Anbau gentechnisch veränderter Nahrungsmittel ausgesprochen, wie etwa ein Staatssekretär im Umweltministerium mit den Worten: »Der Anbau von gentechnisch veränderten Pflanzen sollte aus *soziokulturellen* Gründen verboten werden.« [57] (Was auch immer das tiefgründig klingende Wort »soziokulturell« bedeuten mag.) Übertroffen wird die Aussage aber wohl noch durch die eines Ministers eines deutschen Bundeslandes, der laut Radiobericht festgestellt hatte, dass die Gentechnik »ein Eingriff in die Schöpfung Gottes« sei. [58]

Auf die Verkaufsmethoden des genveränderten Saatgutes durch die Herstellerfirmen möchte ich nicht eingehen. Diese Methoden sind in der Vergangenheit häufig kritisiert worden. Ich vermag nicht zu beurteilen, inwieweit diese Kritik berechtigt ist. Ich fühle mich auch nicht imstande zu beurteilen, ob wir genveränderte Nahrungsmittel auf der

Welt wirklich benötigen. Von verschiedenen Seiten fand ich das angezweifelt. Studien haben aber gezeigt, dass die Erträge beispielsweise bei
genverändertem Mais höher liegen und dass selbst umliegende Felder
davon profitieren, wenn ein bestimmter Maisschädling von jenem Stoff
abgetötet wird, den das in die Pflanze eingesetzte Gen eines Bakteriums
herstellt. [59]

Bedenken sind in jüngerer Zeit vor allem gegen jene genverändernde
Methode geäußert worden, die in Nutzpflanzen ein Gen einbaut, welches diese dann resistent gegen das Herbizid Glyphosat macht. Mit dem
Auftragen dieses Herbizids auf die Felder lässt sich das Wachstum von
Unkraut eindämmen, ohne das Wachstum der genveränderten Nutzpflanzen damit zu beeinträchtigen. Eine Krebsforschungsagentur hat
Glyphosat als »wahrscheinlich krebserregend« eingestuft. [60] Andere Institutionen haben dem widersprochen und die Ansicht vertreten, dass bei
sachgerechter Anwendung keine Gefahr von Glyphosat ausginge. Mich
erstaunt es etwas, dass Glyphosat nun mit einem Mal in den Verdacht
gerät, Krebs zu verursachen, obgleich es schon seit den Siebzigerjahren
des vergangenen Jahrhunderts als Unkrautvernichtungsmittel verwendet wird. Nach einigen Berichten [61] soll die vor Glyphosat warnende
Agentur in der Vergangenheit auch unter anderem vor Tabletten zur
Empfängnisverhütung (Antibabypillen) und vor Wurst und Kaffee als
»möglicherweise« oder »wahrscheinlich krebserregend« gewarnt haben
und auch vor dem Handygebrauch wurde als »möglicherweise« krebs-
verursachend gewarnt. Diese letzteren Warnungen scheinen aber im
Gegensatz zu Glyphosat auf die Menschen weniger Eindruck gemacht
zu haben und wohl deshalb, weil sie nicht im Zusammenhang mit ge-
zielten Genveränderungen von Pflanzen im Labor stehen, Methoden,
die vielen Menschen unheimlich zu sein scheinen. Letzteres wohl auch
deshalb, weil Genveränderungen häufig artübergreifend sind, wie eben
wenn ein Bakteriengen in eine Pflanze eingebaut wird. Die aus diesen
Pflanzen erzeugten Lebensmittel werden von Gegnern der Gentechnik dann gern als »Frankenfood« verteufelt. (Eine Anspielung auf die
Anfang des 19. Jahrhunderts von der Autorin Mary Shelley erfundene

Monsterfigur »Frankenstein«, die seit Anfang des 20. Jahrhunderts in immer neuen Variationen in der Filmindustrie ihr »Unwesen« treibt.) Die irrationalen Vorstellungen gegenüber genetisch veränderten Nahrungsmitteln gehen dabei so weit, dass man offensichtlich meint, man könne Schaden nehmen, wenn man Milch oder Milchprodukte von Kühen zu sich nimmt, welche mit genetisch verändertem Mais oder genetisch veränderter Soja gefüttert wurden. Was anderes soll sonst der Aufdruck »Ohne Gentechnik« auf Milchtüten und Verpackungen von Milchprodukten beinhalten? Oder der Hinweis einiger der sogenannten Umweltorganisationen, dass genveränderter »Mais und Soja als Tierfutter verarbeitet in die Nahrungskette gelangen« würden. Fleisch, Eier und Milch würden Spuren des gentechnisch veränderten Futters tragen. [62]

Eine bekannte Umweltorganisation wurde noch deutlicher. Sie argumentierte in ihrem Mitteilungsblatt unter der Überschrift »Gensoja im Essen«, dass mit der Verfütterung gentechnisch veränderter Futtermittel »Gentechnik mit Fleisch, Eiern und Käse auf unseren Tellern landen« würden. [63] Ich weiß nicht, welche Vorstellungen der oder die Verfasser des Artikels von der Verdauung hat oder haben, doch alles, was Tiere als Nahrung aufnehmen, wird letztendlich in Kleinstmoleküle zerlegt, aus denen der Körper dann wieder Stoffe zur Aufrechterhaltung bzw. zum Wachstum des Organismus aufbaut. Was in diesem Prozess nicht abgebaut werden kann oder nicht verwertbar ist, wird ausgeschieden. Dabei macht der Körper keinen Unterschied, ob es sich um eine »normale« oder eine genetisch veränderte Pflanze der gleichen Art handelt. Darüber hinaus noch zu argumentieren, dass die Verfütterung von genetisch veränderten Pflanzen, wie Soja und Mais, dazu führt, dass genetisch veränderte Nahrung damit in das menschliche Essen gelange, ist schon recht bizarr. Genauso könnte man argumentieren, dass alles, was so Tiere verzehren, später mit ihrem Fleisch, der Milch oder den Eiern auf unseren Teller gelange. So beispielsweise gerade mit dem Fleisch frei herumlaufender Schweine, die dafür bekannt sind, auch Käfer, Schnecken, Würmer, Mäuse und Aas zu verzehren. [64] Ich habe auch einmal auf einem Bauernhof beobachtet, wie Hühner – also Hühner in Freilandhaltung – sich über menschlichen Auswurf hermachten und von entgegengesetzten Seiten sich schließlich die zusätzliche Eiweißnahrung teilten. Bedeutet dieses nun, dass menschlicher Auswurf in die danach gelegten Eier gelangt? Verwunderlich ist es doch auch, dass die in Europa offensichtlich so verbreitete Angst vor genveränderter Nahrung Europäer nicht davon abhält, die amerikanischen Kontinente zu bereisen, obgleich dort die überwiegende Mehrzahl der Restaurants nicht zwischen gentechnisch veränderten und gentechnisch unveränderten Pflanzen unterscheidet.

Derartige Widersprüche im eigenen Verhalten im Zusammenhang mit GMF scheinen viele Gegner solcher Nahrungsmittel erfolgreich zu verdrängen und stattdessen lieber an eine Verschwörung von Wissenschaftlern und der Nahrungsmittelindustrie zu glauben. Als das Institute of Medicine in den USA und das Europäische Institut für Risikobewertung feststellten, dass von den veränderten Nahrungsmitteln keine Gefahr ausginge, wurden sie umgehend von Mitgliedern von Umweltverbänden beschuldigt, mit der Agrarindustrie »unter einer Decke zu stecken«. In ähnlicher Weise wurden wissenschaftliche Zeitschriften verdächtigt, als in diesen bestimmten Wissenschaftlern unwissenschaftliches Arbeiten vorgeworfen wurde, die in ihren Untersuchungen gezeigt haben wollten, dass von GMF eine Gesundheitsgefährdung ausginge. (Umgekehrt wird Wissenschaftlern von bestimmten Industrieunternehmen und Industrieverbänden vorgeworfen, sich mit Umweltverbänden zum Nachteil der Industrie und der Allgemeinheit »verschworen« zu haben, wenn die Wissenschaftler aufgrund ihrer Messungen und Berechnungen eine Reduktion des Kohlendioxydausstoßes fordern, um der zunehmenden Erderwärmung entgegenzuwirken.)

Zu angeblichen Verschwörungen, welche Regierungsbehörden und/ oder unabhängige wissenschaftliche Institutionen mit einschließen, lässt sich wohl allgemein sagen, dass bei Untersuchungen wie der hinsichtlich der Verträglichkeit von GMF oder der Verträglichkeit von bestimmten Impfungen ein derart gewaltiger Stab von Mitarbeitern benötigt würde, dass es wenigstens in demokratisch regierten Staaten mit einer freien

Presse nahezu unmöglich wäre, Planung und Durchführung einer wie auch immer gearteten Verschwörung lange vor der Öffentlichkeit geheim zu halten.

Irrationale Sprache

Obgleich der zuvor erwähnte »Rassismus« und »Antisemitismus« in jener extremen Erscheinung, wie sie zur Zeit der »Nationalsozialistischen Bewegung« von dieser und ihrem »Führer« vertreten wurden, heute keine oder kaum noch eine nennenswerte Verbreitung finden, so begegnen uns durchaus weiterhin solche irrationalen Verhaltens- und Denkweisen, wie sie zu jener Zeit zu beobachten waren. (Was heute zumindest in Europa als »Rassismus« bezeichnet wird, ist – mit Ausnahmen – wohl mehr eine Art Fremdenfeindlichkeit.) Eine solche irrationale Denkweise ist die Akzeptanz des »Führerprinzips«, das weiterhin in vielen Ländern die bestimmende und bevorzugte Regierungsform zu sein scheint, wenn auch nicht im heutigen westlichen Europa, worauf ich bereits hingewiesen habe. Vielleicht wirkt sich dabei in einigen Ländern Europas ein gewisser Hang zur Konformität auch einmal günstig aus, indem dieser Hang bei einer Mehrheit der Bevölkerung eine demokratische Einstellung fördert anstatt eines Rufes nach einem »starken Mann«. Des Weiteren »blühen« vor allem Verschwörungstheorien bei uns – wie ich Euch an einigen Beispielen aus jüngerer Zeit zu zeigen versuchte –, wenn es auch wohl keine Verschwörungstheorie seither gegeben hat, die so verheerende Folgen nach sich zog, wie die Theorie von einer »jüdischen Weltverschwörung« zu Zeiten der »Nationalsozialistischen Bewegung«, hergeleitet von einer angeblichen »Verschwörung der Weisen von Zion«.

Worauf ich bisher nicht ausdrücklich eingegangen bin, sind Irrationalitäten in der Verwendung der Sprache, wie Aussagen, die keine reale Grundlage haben oder die verschwommen oder innerlich widersprüchlich sind. Einige Beispiele einer »irrationalen Sprache« – wie ich sie bezeichnen möchte – habe ich zuvor schon in anderem Zusammenhang erwähnt, wie etwa, dass ein reinrassiger Mensch seine Reinrassigkeit täglich spüre. [19] Bevor ich aber auf solche und ähnliche Aussagen eingehe, möchte ich es nicht versäumen, an dieser Stelle zu betonen, dass eine »irrationale Sprache« mit irrationalen Begriffen und Sätzen durchaus ihren Platz haben kann und auch haben sollte; nämlich in unserem persönlichen und privaten Bereich, wenn sie als dichterische oder mystische Sprache in Legenden und Märchen, in Romanen, Dramen und Gedichten oder auch in religiösen Schriften sich an unser Gefühl wendet, um uns zu erfreuen oder uns Trost zu spenden in Zeiten, die wir als schwer und belastend empfinden, oder auch um unser Mitgefühl für das Leiden anderer zu wecken. Eine »irrationale Sprache« mag auch ihren Platz im öffentlichen Bereich unserer Gesellschaft haben, etwa bei Festakten oder der Würdigung von Personen, die sich um die Gemeinschaft verdient gemacht haben.

Welchem Zweck aber soll eine »irrationale Sprache«, eine irrationale Ausdrucksweise dienen, wenn es sich um andere Angelegenheiten von öffentlichem Interesse handelt? Um die Darstellung von Ereignissen oder Zuständen, die alle Mitglieder einer Gemeinschaft betreffen und deshalb alle Mitglieder angehen oder zumindest angehen sollten? Wenn es auf zu treffende Maßnahmen ankommt, die von der Gemeinschaft gemeinschaftlich getragen werden müssen? Wenn es um Regeln für das Zusammenleben der Gemeinschaft geht oder sogar um Gesetzesvorhaben? – Von einer »irrationalen Sprache« wird in einem solchen Zusammenhang doch nur deshalb Gebrauch gemacht, um die Gefühle von Zuhörern oder Lesern zu erregen, Zuhörer oder Leser gegebenenfalls dadurch von der eigentlichen Sachlage abzulenken und zur Ansicht des Redners oder Autors hinüberzuziehen oder sie in einer schon zuvor gefassten Meinung zu bestätigen. Man versucht damit gewiss nicht an die Vernunft der Zuhörer oder Leser zu appellieren, um sie zu bedachtsamen Urteilen zu bewegen.

Der Übersicht halber werde ich irrationale Aussagen – oder eben »irrationale Sprache« – grob in fünf Kategorien einteilen. Ich möchte betonen »der Übersicht halber«. Es soll keine strenge Trennung sein, und Ihr mögt vielleicht auch finden, dass die eine oder andere der von mir erwähnten Irrationalitäten besser in eine andere Kategorie gehöre als in die, in welcher ich sie bespreche. Lügen und sogenannte »Fake

News« – um kein Missverständnis aufkommen zu lassen – rechne ich nicht zu »irrationaler Sprache«. Bei diesen handelt es sich um bewusste Falschmeldungen von Tatsachen, obgleich sich einschränkend hinzufügen lässt, dass sich auch bei irrationalen Aussagen manchmal die Frage stellt, ob es sich nur um eine absurde Formulierung handelt oder der Aussage schon die Eigenschaft einer bewussten Unwahrheit zukommt.

In einer ersten Kategorie »irrationaler Sprache« werde ich Aussagen oder Argumente anführen, die – meiner Ansicht nach – einfach nur Behauptungen sind ohne jegliche Begründung oder mit einer absurden Begründung. Als absurd würde ich eine Begründung ansehen, wenn die Schlussfolgerung sich keineswegs von der Voraussetzung ableiten lässt oder die ganze Argumentation in sich widersprüchlich oder zirkulär ist.

Als zweite Kategorie möchte ich Verallgemeinerungen nehmen, genau genommen: unzulässige Verallgemeinerungen, solche, die in der Regel harmlos sind, die aber andererseits innerhalb einer Gesellschaft auch immer wieder zur Ausgrenzung von Menschengruppen führen, von denen man die angeblich höher stehende Gruppe – der man sich natürlich selbst zurechnet – unterscheiden möchte.

In eine dritte Kategorie würden für mich bestimmte unscharfe abstrakte Begriffe fallen, die häufig vieldeutig, nebulös und verschwommen sind, sich aber nichtsdestoweniger – oder vielleicht gerade deshalb – großer Beliebtheit erfreuen. Oftmals haftet diesen Begriffen ein positiver, befürwortender Beiklang an. Dieses sind Begriffe wie »Freiheit«, »Würde«, »Verantwortung«. Mit ihnen wird häufig in politischen Reden und Schriften »jongliert«, ohne eine Erklärung, was eigentlich unter dem Begriff in dem betreffenden Zusammenhang genau verstanden werden soll.

In einer vierten Kategorie »irrationaler Sprache« will ich auf Aussagen hinweisen, in denen Tieren in absurder Weise zielgerichtetes Handeln (Intentionalität) unterstellt wird. Und nicht nur Tieren; häufig findet man Ausdrucksweisen, als verfügten auch Pflanzen, Bakterien, Gegenstände und selbst nicht gegenständliche Begriffe über die Fähigkeit zu bewusstem, zielgerichtetem Handeln. Gerade im letzteren Falle klingt dieses nicht selten pathetisch und soll wohl dadurch Zuhörer oder Leser besonders beeindrucken.

In einer fünften Kategorie möchte ich schließlich Aussagen besprechen, die religiöse Begriffe enthalten oder bei denen der ganze Inhalt als »religiös« anzusehen ist. Streng genommen würden solche Aussagen in die erste Kategorie gehören. Doch wegen ihres Umfangs, ihrer weiten Verbreitung und der Bedeutung, die eine »religiöse Sprache« – wie ich diese Ausdrucksweise nennen möchte – für viele unter uns hat, werde ich ihr einen eigenen Abschnitt widmen.

1. Absurde Behauptungen und Begründungen

In diese Kategorie »irrationaler Sprache« würde der zuvor erwähnte Satz Chamberlains über das »Gefühl der Reinrassigkeit« gehören [19], selbst wenn es einem in gewisser Weise widerstrebt, einen solchen Ausspruch überhaupt irgendwie einzuordnen. Aber die »Vordenker« der »Nationalsozialistischen Bewegung« waren nicht arm an derartigen Aussprüchen und allem Anschein nach – für uns heute schwer verständlich – beeindruckten sie damit eine nicht geringe Anzahl ihrer Zeitgenossen. Von Lagardes zahlreichen Sprüchen, die ich bei Fritz Stern fand, scheint mir folgender hier erwähnenswert: »Ein Volk [...] zur Nation geworden hat nur einen einzigen Willen und damit ist jeder Zwist aus ihm verbannt.« [65] Ganz abgesehen davon, wie man die Begriffe »Volk« und »Nation« voneinander trennt, klingt das Ganze so, als würde ein Zauberstab über dem »Volk« geschwungen und heraus kommt eine »Nation« mit einem »einzigen Willen«. Vielleicht lehnte sich das spätere, ähnlich absurde Schlagwort »Ein Volk, ein Reich, ein Führer!« der »Nationalsozialistischen Bewegung« an diesen Satz Lagardes an; denn Lagarde war – ich wies bereits darauf hin – ein von dieser Bewegung hoch geschätzter »Denker«.

Als der wohl berühmt-berüchtigste Beitrag der »Nationalsozialistischen Bewegung« zu dieser Kategorie »irrationaler Sprache« dürfte der

Satz jenes Redners gelten, der gegen Ende des Krieges aus der angenommenen Notwendigkeit, dass Deutschland den Krieg gewinnen muss, den kühnen Schluss zog, dass Deutschland den Krieg auch gewinnen wird. Seine Worte »Das deutsche Volk wird siegen, weil es siegen muss!« [66] brachten ihm damals jubelnden Beifall seitens seiner Zuhörer ein, als seien diese von der eigenartigen Logik der Aussage überzeugt gewesen. (Vielleicht muss man hier jedoch gerechtigkeitshalber anfügen, dass aus dem Beifall allein nicht zu schließen ist, dass keinem der Jubelnden die Absurdität der Aussage bewusst geworden sei. Die Macht der »Nationalsozialistischen Bewegung« war in Deutschland zu jener Zeit unanfechtbar, und jemand, der in jenem Moment nicht Beifall spendete, musste vielleicht befürchten, des Hochverrats verdächtigt und unter besondere Beobachtung gestellt zu werden.) In den ersten Jahren nach dem Zweiten Weltkrieg habe ich diesen Satz noch vielfach zitiert gehört, begleitet von einem spöttisch resignierenden Lächeln, andeutend wohl, in welche katastrophale Situation man sich als Volk doch gebracht habe.

Eine ebenfalls eigenartige zirkuläre Argumentation stammt von dem »Führer« der »Nationalsozialistischen Bewegung« selbst. Sie ragt meines Erachtens unter all den eigenartigen Äußerungen dieses Mannes insofern heraus, weil sie zusammen mit seinen anderen irrationalen Vorstellungen von Rassen und seinem Antisemitismus so fatale Folgen gehabt hat. Sie soll sich zwar nur in seiner Schrift »Mein Kampf« finden (ein Buch, das die wenigsten gelesen haben dürften), doch man kann wohl davon ausgehen, dass der »Führer« in Gesprächen und Reden in ähnlicher Weise argumentierte. Er begründet seine Überzeugung von der Echtheit der »Protokolle der Weisen von Zion« auf folgende Weise: »Sie sollen auf einer Fälschung beruhen, stöhnt immer wieder die ›Frankfurter Zeitung‹ in die Welt hinaus (eine zu jener Zeit liberale Zeitung mit mehreren jüdischen Mitarbeitern): der beste Beweis, dass sie echt sind. Was viele Juden unbewusst tun mögen, ist hier bewusst klargelegt.« [67] Wenn das hier zum Ausdruck gebrachte Denken nicht so folgenschwer gewesen wäre, könnte man es amüsant finden, wie auch das Wortspiel »unbewusst« – »bewusst«: Viele Juden arbeiten angeblich »unbewusst«

für die Weltherrschaft der Juden und erst die »Protokolle« legen dies für alle »bewusst« dar. Insgesamt zeigt die Aussage auch eine Argumentationsweise, bei der man auf jeden Fall recht behält: Schweigt der Beschuldigte, dürfte man dieses als Eingeständnis seiner Schuld werten. Verteidigt er sich, beweist dieses seine Schuld. Nur gut, dass in der Regel die Gerichte – wenigstens in demokratischen Ländern – ein derartiges Schlussfolgern sich nicht zu eigen gemacht haben.

Die Betonung muss hier allerdings auf »in der Regel« liegen; denn in westlich demokratischen Ländern lassen sich ebenfalls irrational argumentierende Personen in öffentlichen Positionen finden, wenn auch deren Irrationalität auf andere Weise zum Ausdruck kommen mag als in dem vorherigen Beispiel mit dem »Führer« der »Nationalsozialistischen Bewegung« in Deutschland. Als vor mehreren Jahren ein vierzehnjähriger Junge einen bizarren Mord an einem achtjährigen Mädchen beging, wurde er von dem Richter zu lebenslanger Haft mit den begleitenden Worten verurteilt: »Ich sehe dich nicht als Kind an. Deine monströse Tat machte dich zu einem Erwachsenen.« [68] Als ob nicht Alter und geistige Reife Kindheit, Jugend und Erwachsensein festlegen würden, sondern die Art eines Verbrechens. Unwillkürlich fühlt man sich auch bei einer derartigen Argumentation wie der dieses Richters an Berichte erinnert, dass junge Bandenmitglieder in jugendlichen Verbrecherbanden besonders brutale Taten begehen, um damit die Anerkennung älterer Bandenmitglieder zu erlangen.

Ich fand nicht nur die Argumentation dieses Richters bedauerlich, sondern auch, dass zu jener Zeit nirgendwo in den Medien kritische Äußerungen zu dieser Art von Urteilsbegründung zu lesen oder zu hören waren. Sie wurde offensichtlich wie eine Selbstverständlichkeit hingenommen. Eine solche Haltung hätte ich eher in einem totalitären Staat erwartet, in dem die Medien eigenartige Aussprüche der »Obrigkeit« nicht negativ kommentieren dürfen, wie etwa den oben erwähnten Ausspruch des deutschen Propagandaministers gegen Ende des Zweiten Weltkrieges über den »selbstverständlichen Sieg« des deutschen Volkes. Ein ähnlich absurder und seinerzeit öffentlich nicht kommentierter

Spruch wie der des Propagandaministers der »Nationalsozialistischen Bewegung« ist auch aus der kommunistischen Diktatur überliefert, die nach dem Zweiten Weltkrieg im östlichen Teil Deutschlands etabliert wurde: Im Hinblick auf die Wirtschaftsentwicklung im Vergleich zu dem damaligen »kapitalistischen« westlichen Teil Deutschlands, der anerkanntermaßen als wirtschaftlich weiter entwickelt galt, wurde die Parole ausgegeben: »Überholen, ohne einzuholen!« Wie das geschehen sollte, wie man jemanden überholt, ohne dass man ihn einholt, wurde nicht erklärt. Unter den damals für die Prägung dieser Parole Verantwortlichen hat man sich wohl irgendwie von dem Märchen über den Wettlauf zwischen Hasen und Igel inspirieren lassen.

Aussagen mit einem derartigen inneren Widerspruch wie »Überholen, ohne einzuholen« dürften zu den leichter durchschaubaren Irrationalitäten gehören und – soviel ich weiß – hat dieser Satz auch schon damals im kommunistischen Ostdeutschland Kopfschütteln ausgelöst. Sätze jedoch, bei welchen in ihrem zweiten Teil eine Schlussfolgerung gezogen wird, die sich nicht aus dem ersten Teil des Satzes ergibt, scheinen in der Öffentlichkeit ohne Weiteres durchzugehen und nicht selten sogar Anklang zu finden. Als vor ein paar Jahren ein Parlamentarier in einer Debatte die Worte sprach »Jeder von uns und jede von uns ist einmalig, deshalb gehören wir zusammen!« [69], waren die Zuhörer offensichtlich so begeistert, dass er Beifall von allen Seiten erhielt, wie berichtet wurde. Auch eine ganze Reihe von Berichterstattern waren offensichtlich von diesen Worten so beeindruckt, dass sie gerade diese in ihren Zeitungen und Zeitschriften wiedergaben. Nun lässt sich nichts dagegen sagen, dass jeder und jede irgendwie *einmalig* ist. Es lässt sich auch nichts dagegen sagen, dass Menschen – zumal die von einer Nation – *zusammengehören*. Doch dass sich die Zusammengehörigkeit aus der Einmaligkeit ergeben sollte, erscheint mir etwas schleierhaft. Mich haben diese Worte an die Worte eines gewissen Jules Rose erinnert, die ich einmal auf einem Handzettel fand, der mir übergeben wurde: »Die genauen Worte, die du benutzt, sind weniger wichtig als die Energie, die Intensität, die Verbundenheit, mit denen du sie benutzt.«

Auf eine irrationale Ausdrucksweise stößt man nicht nur in politischen Reden, sondern auch in wissenschaftlichen – oder vorgeblich – wissenschaftlichen Abhandlungen. Die mangelnde Folgerichtigkeit mag manchem Zuhörer oder Leser zunächst entgehen, wohl auch aufgrund einer Vielzahl von abstrakten Begriffen, der Länge der Sätze und einer vielleicht gelehrt klingenden Sprache. Es lohnt sich gegebenenfalls die unanschaulichen Begriffe durch anschaulichere zu ersetzen, um die Ungereimtheiten einer Aussage hervortreten zu lassen. Ich möchte Euch dieses anhand eines Satzes aus einer seinerzeit bekannten Veröffentlichung vorführen, wobei ich zunächst den Hauptbegriff des Originals gegen einen anderen austausche und den Satz nur an einer anderen Stelle entsprechend anpasse (beides durch Kursivschrift verdeutlicht): »Wer es heutzutage unternimmt, öffentlich von einer *fliegenden Hexe* zu sprechen, der sieht sich einem größeren Teil der abendländischen Bevölkerungen gegenüber öfters in der Lage, überhaupt erst nachweisen zu müssen, dass es die *fliegende Hexe* gibt, eine Lage, die den Urteilsfähigeren an sich schon auf das *Vorhandensein eines solchen Wesens* aufmerksam machen kann.«

Abgesehen von der Heiterkeit, die dieser Satz jetzt bei Euch hervorrufen dürfte, seht Ihr, wie in ihm so argumentiert wird, dass das Zweifeln »bei einem größeren Teil der abendländischen Bevölkerungen« hinsichtlich einer angeblichen Tatsache – hier hinsichtlich der angeblichen Existenz einer fliegenden Hexe – bei anderen, den betont »Urteilsfähigeren«, dieses als Tatsache gleichsam bestätigt. – Der ursprüngliche Satz findet sich in der »Rassenkunde des jüdischen Volkes« aus dem Jahre 1930, von dem schon zuvor erwähnten Hans F. K. Günther, und er leitet das Kapitel »Die Judenfrage« ein. Er lautet in unveränderter Form (die ausgetauschten Wörter kursiv): »Wer es heutzutage unternimmt, öffentlich von einer *Judenfrage* zu sprechen, der sieht sich einem größeren Teil der abendländischen Bevölkerungen gegenüber öfters in der Lage, überhaupt erst einmal nachweisen zu müssen, dass es eine *Judenfrage* gibt, eine Lage, die den Urteilfähigeren an sich schon auf das *Bestehen einer solchen Frage* aufmerksam machen kann.« [70]

Wenn man bedenkt, welche Rolle der Begriff »Judenfrage« oder auch

»jüdische Frage« aller Überlieferung nach in jener Zeit gespielt hat, darf man sich wohl wundern, wenn dieses eine oder gar die einzige Begründung für die Verwendung dieses Begriffes sein sollte. Unwillkürlich wird man bei dieser Art von Begründung wohl auch an die zuvor erwähnte »Beweisführung« des »Führers« der »Nationalistischen Bewegung« für die Echtheit der »Protokolle der Weisen von Zion« erinnert. Während dort der Hinweis der indirekt oder direkt Beschuldigten der »Frankfurter Zeitung« auf die Fälschung jener »Protokolle« ihm beweist, dass sie echt sind, dient Günther der Zweifel am Bestehen einer »Judenfrage« als Begründung dafür, dass es eine solche Frage tatsächlich gibt.

Wenn man auch – zumindest heutzutage – der vorherigen Schrift ihre Wissenschaftlichkeit absprechen dürfte, so sind doch wissenschaftliche Veröffentlichungen und sogar solche in naturwissenschaftlichen Zeitschriften nicht frei von einer irrationalen Ausdrucksweise. Das ist eigentlich umso erstaunlicher, da für diese Abhandlungen häufig mehrere Autoren verantwortlich sind und die Artikel vor ihrer Veröffentlichung von anderen Wissenschaftlern zur Begutachtung kritisch gelesen werden – oder gelesen werden sollten. Dennoch finden sich dann beispielsweise Sätze, die von der »Fähigkeit« von Zellen sprechen, einem bestimmten Gewebebereich zu »entstammen«, oder dass Mäuse »befähigt werden«, mit einem bestimmten Merkmal »geboren zu werden«, wenn an den Genen der Eizellen, denen sie entstammen, eine bestimmte Manipulation vorgenommen wurde. Was man doch sagen will, ist, dass die Zellen, auf die verwiesen wird, einem bestimmten Gewebebereich entstammen – oder auch entstammen können – und dass man mit einer bestimmten Manipulation an Mauseizellen bei den sich nachfolgend daraus entwickelnden Mäusen ein besonderes Merkmal erhält. Das hat doch aber nichts mit einer »Fähigkeit« der noch nicht entstandenen Zellen oder der noch nicht geborenen Mäuse zu tun. In beiden Fällen waren die betreffenden Zellen wie auch die betreffenden Mäuse nur das Ergebnis dessen, was mit ihren Vorstufen geschah, bevor sie überhaupt zu den beschriebenen Zellen beziehungsweise Mäusen werden konnten. Es gab sie doch zum Zeitpunkt ihrer »Befähigung« noch gar nicht. »Fähigkeit«

drückt eine Anlage aus, aktiv in der einen oder anderen Weise zu handeln. Es ist also absurd, in den beiden beschriebenen Zusammenhängen von »Fähigkeit« zu sprechen. Will man zum Beispiel auch sagen, eine bestimmte Person sei durch In-vitro-Fertilisation »befähigt worden«, geboren zu werden? Oder ein Prinz verdanke seine Stellung seiner »Fähigkeit«, von einem König abzustammen?

Abschließen möchte ich diesen Abschnitt über absurde Behauptungen und absurde Ausdrucksweisen mit einem Beispiel, das auch gleichzeitig zu meinem nächsten Abschnitt »irrationaler Sprache«, den Verallgemeinerungen, überleitet. Ich bemerkte dieses Beispiel beim Lesen eines Zeitungsberichtes über die Misshandlung eines Mädchens durch seine Stiefmutter. Der Bericht wurde mit den Worten kommentiert: »Wir wissen von ›Aschenputtel‹, dass Stiefmütter ihre eigenen Töchter bevorzugen.« [71] So? Wirklich?! Können wir es von daher *wissen*? Mir ist nicht bekannt, dass es irgendwelche wissenschaftlichen Untersuchungen über die Benachteiligung von Kindern durch ihre Stiefmütter gibt. Denkbar wäre es schon, dass die Mehrzahl der Stiefmütter ihre eigenen Töchter oder Söhne bevorzugt, aber wir können dieses nicht *wissen* aufgrund eines Fantasieproduktes, welches nun einmal ein Märchen wie »Aschenputtel« ist. Richtiger wäre wohl gewesen zu sagen, dass Märchen wie »Aschenputtel« darauf *hinweisen*, dass Menschen seit langer Zeit – oder auch: immer schon – den Eindruck haben, dass Stiefmütter ihre eigenen Töchter bevorzugen. Wenn Märchen zur Begründung von *Wissen* herangezogen werden, *wissen* wir dann auch von »Hänsel und Gretel«, dass Hexen in Wäldern Kindern auflauern, um sie zu verspeisen, und *wissen* wir von »Rotkäppchen«, dass Wölfe menschenfressende Ungeheuer sind?

2. Verallgemeinerungen

In seiner Form beinhaltet der zuvor zitierte Satz »Wir wissen von ›Aschenputtel‹, dass Stiefmütter ihre eigenen Töchter bevorzugen«, auch die Verallgemeinerung, dass eben *alle* Stiefmütter so sind wie die Stiefmutter in dem Zeitungsbericht und die Stiefmutter in dem Märchen »Aschenputtel«. Ich bezweifele, dass eine derartige Verallgemeinerung zutreffend ist. Solange man das nicht in entsprechenden Untersuchungen an Stiefmüttern und ihren Kindern und Stiefkindern nachgewiesen hat, sehe ich eine solche Verallgemeinerung eher als eine Verunglimpfung jener Mütter, die sich aufrichtig bemühen, in der Versorgung und Erziehung ihrer Kinder keinen Unterschied zwischen eigenen Kindern und Stiefkindern zu machen.

Abgesehen von diesem vielleicht eher besonderen Fall von Verallgemeinerung Stiefmütter betreffend begegnen wir Verallgemeinerungen in der Regel wohl mehr im Zusammenhang von Äußerungen über Verhaltensweisen und Charaktereigenschaften von Völkern oder bestimmten gesellschaftlichen Gruppen oder in früheren Jahren – wie zuvor schon erwähnt – angeblichen Rassen. Der Häufigkeit ihrer Anwendung nach zu urteilen, scheint die Verallgemeinerung auf einer uns innewohnenden Neigung zu beruhen, die trotz aller Bemühungen sich vielleicht nie ganz unterdrücken lassen wird. Wohl auch deshalb, weil wir als »Herdentiere« über Verallgemeinerungen eine Bestätigung für uns selbst und gegenüber anderen zu finden suchen. Gleichsam: *Wir* mit unserer Gruppe hier, *die* mit ihrer Gruppe dort. *Wir* hier mit unseren doch im Allgemeinen wertvollen Eigenschaften, *die* dort mit Eigenschaften, die nicht an die unseren heranreichen oder sogar tief unter den unseren stehen. So dehnte etwa der schon mehrfach von mir erwähnte Lagarde Eigenschaften, die er glaubte an Vertretern seines Volkes gesehen zu haben, auf das ganze Volk aus: »Die Vorsehung hat – wer wollte es leugnen – den Deutschen das Streben nach Wahrheit und Wissenschaft in die Wiege gelegt.« [72] Heute wird man wohl nicht mehr in einer derart überheblichen Weise im Hinblick auf das eigene Volk verallgemeinern, jedenfalls würde ich das für Deutschland so sehen. Dies dürfte Euch nicht überraschen in Anbetracht dessen, was von Deutschland ausgehend vor 1945 geschehen ist. Bemerkenswert ist an Lagardes Satz vielleicht auch der Begriff »Vorsehung«. Dieser Begriff scheint ebenfalls ein Lieblingswort des späteren »Führers« gewesen zu sein, der sich in seinen Reden wiederholt auf die »Vorsehung« berufen haben soll.

Wenn man auch heute nicht mehr in so selbstgefälliger, verallgemeinernder Weise über sein eigenes Volk spricht wie seinerzeit Lagarde über die Deutschen, so fühlen sich nichtsdestoweniger viele, die von einer Reise ins Ausland zurückkehren, bewogen, über die »typischen« Charaktereigenschaften der Bewohner des besuchten Landes zu urteilen oder auch über die Bewohner weiterer Länder, wenn sie Vertreter dieser Länder auf ihrer Reise kennenlernten. Solange dieses mehr in einem Unterhaltungston geschieht und nicht allzu sehr Ernsthaftigkeit für sich in Anspruch nimmt, als handele es sich um das Ergebnis einer wissenschaftlichen Untersuchung, und man auch nicht meint, sich das Recht nehmen zu können, Verachtung oder sogar Hass gegen bestimmte Völker oder Volksgruppen zu schüren, lässt sich wohl über solche Verallgemeinerungen hinwegsehen. (Das dürfte auch für den Ausspruch »Typisch deutsch!« gelten, den ich in den letzten Jahrzehnten in Deutschland verstärkt gehört habe und der anscheinend eine besonders kritische Haltung gegenüber dem eigenen Volk zum Ausdruck bringen soll.)

Aufgrund der Verschiedenheit der Sprachen und der unterschiedlichen kulturellen Entwicklung über Jahrhunderte hinweg sollten sich durchaus unterschiedliche Verhaltensweisen bei Bewohnern verschiedener Länder und sogar verschiedener Gegenden desselben Landes entwickelt haben. So wird beispielsweise immer wieder berichtet, dass die Korruptionsanfälligkeit skandinavischer Länder sehr gering ist, während sie in afrikanischen und muslimischen Ländern vergleichsweise hoch ist. (Deutschland und die USA liegen dazwischen.) Im Allgemeinen dürften Unterschiede in Verhaltensweisen von Bewohnern verschiedener Länder oder Gegenden wissenschaftlich schwer nachweisbar sein. Ich fand es deshalb bemerkenswert, dass ein Unterschied in Denk- und Verhaltensweisen zwischen den Bewohnern von Reis und Weizen anbauenden Gegenden in China in einer systematischen Untersuchung nachgewiesen werden konnte. [73] Nach dieser Untersuchung waren Menschen in den Reis anbauenden Gebieten Chinas durchschnittlich kooperativer eingestellt als Menschen in den Weizen anbauenden Gebieten. Derartige Nachweise dürften aber die Ausnahme sein, und Bemühungen, bedeutsame Unterschiede in den Charaktereigenschaften von Völkern nach einer einzigen (Urlaubs-)Reise aufzeigen zu wollen, erscheinen doch wenig glaubwürdig. Beim Lesen oder Hören von diesbezüglichen Berichten wird man nicht selten an die absonderlichen Kategorisierungen erinnert, wie sie vor 100 bis 150 Jahren zur Differenzierung angeblicher Charaktereigenschaften von Menschen mit angeblich verschiedener Rassenzugehörigkeit unternommen wurden oder wie man sie immer noch bei – offensichtlich ernsthaft gemeinten – Differenzierungen angeblicher Charaktereigenschaften von Menschen lesen kann, die unter verschiedenen Sternzeichen geboren wurden.

Häufig entsteht eine verallgemeinernde negative Einstellung gegenüber einer anderen Nation oder Bevölkerungsgruppe nur aufgrund einer einmaligen, aber als unangenehm empfundenen Begegnung mit einem Angehörigen dieser Nation oder Gruppe. Da vielleicht das Einzige, was einem von dieser Person sonst in Erinnerung geblieben ist, deren Zugehörigkeit zu einer bestimmten Nation oder Gruppe war – der man selbst natürlich nicht angehört –, wird, häufig auch unwillkürlich, der abwegige oder eben irrationale Schluss gezogen, dass alle Angehörigen der betreffenden Nation oder Gruppe die gleichen als negativ empfundenen Eigenschaften haben müssen. Eine andere Ursache, eine unterschiedslose Abneigung gegen Menschen einer bestimmten Bevölkerungsgruppe oder einer Nation zu entwickeln, mag in einer unkritischen Übernahme von Urteilen aus dem eigenen Umfeld liegen. Urteilen, die vielleicht zusätzlich mit einem abfällig geäußerten »Die sind alle gleich!« zusammenfassend zum Ausdruck gebracht wurden. Die negative Verallgemeinerung wird verschiedentlich bekräftigt durch den Gebrauch einer abwertender Bezeichnung für die betreffende Volksgruppe, wie »die Amis«, »die Krauts«, »die Polacken«, »die Schweinefleischfresser«. Die größte Steigerung der Irrationalität dieser Art dürfte aber der Gebrauch des Singulars, der Einzahl sein, so als gäbe es von der Gruppe oder Nation, von der die Rede ist, nur einen einzigen Typ von Menschen mit einem festgelegten Charakterbild, das all die zu- oder abgesprochenen Eigenschaften auf sich vereint. So wurde beispielsweise in der Propaganda der »Nationalsozialistischen Bewegung« letztlich nur noch von *dem* Juden gesprochen, höchstens zusätzlich versehen – vorwiegend in abfälligen Karikaturen – mit einem wenig schmeichelnden Beiwort wie »der wandernde Jude« oder »der schachernde Jude«.

Es ist nicht überraschend, dass in Kriegszeiten sich die Ansicht verstärkt, auf der gegnerischen Seite seien »alle gleich«, alle gleich abstoßend und alle gleich verdammungswürdig. Eine differenziertere Sicht scheint es nicht mehr zu geben. So soll auch aufseiten der Alliierten das Wort verbreitet gewesen sein »Ein guter Deutscher ist nur ein toter Deutscher!«, und ein bekannter General soll gesagt haben: »Der Deutsche ist eine Bestie!« [74] – Von der israelischen Schriftstellerin Batya Gur stammt das treffende Wort: »Die Verallgemeinerung ist die Mutter der Feindschaft, Differenzierung die Mutter des Friedens!«

Manchmal erlebt man es, dass Journalisten und Politiker sich über eine eher harmlose Verallgemeinerung entrüsten, wenn diese von jemandem kommt, der sonst als ein »Grob-Verallgemeinerer« angesehen wird. Das musste vor einiger Zeit ein rechtsgerichteter Politiker erfahren, als er sich über einen deutschen Fußballspieler mit dunkler Hautfarbe äußerte: »Die Leute finden ihn als Fußballspieler gut, möchten ihn aber nicht als Nachbarn haben.« [75] – Ich denke auch, dass diese Bemerkung unpassend war, empfand aber die nachfolgenden Reaktionen von anderen Politikern und in der Presse als übertrieben und auch nicht gerade rational. So wurde über die Aussage des Politikers unter einer Überschrift berichtet, die besagte, der Politiker habe den Fußballspieler »beleidigt«. Wo soll in der Aussage die Beleidigung liegen? Wenn A über B sagt, dass C nicht neben B wohnen möchte, inwiefern hat dann Person A Person B »beleidigt«? – Wenn irgendjemand hört, dass ich nicht neben ihm wohnen möchte oder auch nur nicht mit ihm zusammen sein möchte, könnte er gekränkt sein (vielleicht wäre er auch froh), aber ich spreche damit doch keine Beleidigung aus. Man hätte den betreffenden Politiker fragen können, wen er eigentlich mit seiner Verallgemeinerung »die Leute« meine; denn es könne sich doch nicht um alle Menschen in der Welt handeln, nicht einmal um alle in Deutschland. Man hätte ihn weiter fragen können, ob sein Eindruck, dass »die Leute« es ablehnten, neben dem Spieler zu wohnen, vielleicht allein von Unterhaltungen mit Parteifreunden innerhalb seiner rechtsgerichteten Partei stammt und ob er sich damit auch einschließt. – Das alles wurde offensichtlich nicht gefragt. Stattdessen glaubte man etwas gefunden zu haben, womit man diesem Politiker »etwas am Zeuge flicken konnte«, und schoss dabei – meiner Ansicht nach – in unglaubwürdiger Weise über das Ziel hinaus, wie etwa auch mit weiteren Kommentaren von verschiedenen Seiten wie »rassistisch« und »niederträchtig«. [76] Wertete man nicht durch derartige Bemerkungen den Politiker und seine Partei in den Augen vieler Unbeteiligter auf, die in dieser Art von Kritik unter Umständen eine ungerechtfertigte Übertreibung sahen? Passender reagierten wohl diejenigen, die sich im Internet sinngemäß äußerten, dass der Politiker doch nur für sich sprechen könne. Sie selbst würden gern neben dem Fußballspieler wohnen.

3. Unscharfe Begriffe

Bei dieser Kategorie geht es mir um abstrakte Begriffe mit einer ausgedehnten Interpretationsbreite. Bei ihrem Gebrauch in öffentlichen Aussprachen oder Wortmeldungen schenken es sich die Redner und Autoren meistens, zu erläutern, was sie eigentlich genau unter diesen Begriffen verstehen. Sicherlich fallen Euch bei einiger Überlegung mehrere solcher Begriffe ein. Ich selbst will mich hier jedoch auf die Begriffe »Freiheit«, »Würde« und »Verantwortung« beschränken, die mir eine bevorzugte und wiederkehrende Rolle bei vielen öffentlichen Aussprachen zu spielen scheinen. Zweifellos haben diese Begriffe eine große Bedeutung zur Verständigung innerhalb einer jeden Gesellschaft. Ihnen gemeinsam dürfte sein, dass sie einen positiven, einen bejahenden und befürwortenden Beiklang haben. Sie stehen für etwas, wofür wohl ein jeder eintreten möchte und was ein jeder für sich in Anspruch nehmen möchte. Sie sind stark gefühlsbetont und werden wohl gerade deshalb und wegen

ihres positiven Beiklangs in politischen Reden und Artikeln gern verwendet. In den diesbezüglichen Argumentationen vermisst man aber in
der Regel, was unter einem Begriff wie »Würde« verstanden werden soll
oder welche Art von »Freiheit« gemeint ist und was »Verantwortung«
eigentlich beinhalten soll. Ich möchte versuchen, Euch an Beispielen zu
zeigen, wie einige der genannten Begriffe in den verschiedensten Zusammenhängen verwendet werden und in den meisten Fällen offensichtlich
nur dazu dienen, eben bestimmte Gefühle bei Zuhörern oder Lesern zu
wecken, sonst aber eigentlich nichts besagen.

Ein Begriff, der auch zu dieser Gruppe emotionsgeladener Begriffe
zählt – oder genauer: zählte –, ist der Begriff »*Vaterland*«. Für die Generationen meiner Eltern, Groß- und Urgroßeltern scheint das Wort
»Vaterland« eine große Rolle gespielt zu haben. Zu ihrer Zeit – ich wies
bereits darauf hin – trieb die Erwähnung dieses Wortes häufig Tränen
in die Augen der Zuhörer und die Bezeichnung »vaterlandsloser Ge-
selle« galt als üble Beschimpfung. Heutzutage ruft die Erwähnung des
Begriffes »Vaterland« häufig nur ein gequältes Lächeln bei Zuhörern
hervor. Einerseits wohl deshalb, weil unter diesem Begriff und seiner
Gleichsetzung mit einem »Führer« – also »für Führer und Vaterland«
ähnlich wie ein Vierteljahrhundert davor »für Gott, Kaiser und Vaterland« – Millionen von Menschen im Krieg ihr Leben opfern mussten.
Andererseits hat der Begriff »Vaterland« heute noch zusätzlich an Bedeutung verloren durch die anhaltenden Bevölkerungsverschiebungen über
Grenzen hinweg und die zunehmende Vermischung der Völker. Darüber
hinaus wird der Begriff »Vaterland« auch als anstößig empfunden, weil
er die Mütter, die doch auch zu einem Volk und Land gehören, unbe-
rücksichtigt lässt. Deshalb möchte man auch das Wort »Vaterland« in der
deutschen Nationalhymne gegen das Wort »Heimatland« austauschen.

Anders als um den veraltet klingenden Begriff »Vaterland« steht es
um den Begriff »*Freiheit*«. Vielleicht könnte man sagen, dass heutzutage
»Freiheit« wohl gleich hinter »Leben« als das höchste zu verteidigende
Gut angesehen wird und in der breiten Öffentlichkeit die Stelle ein-
genommen hat, die früher vielleicht einmal »Vaterland« besetzt hielt.

Jedenfalls scheint dieses auf Demokratien westlicher Prägung zuzutreffen. Aber gerade weil das Wort »Freiheit« so vielfach in Anspruch genommen wird, sollte man – mit Humes Worten – »nüchtern und skeptisch bleiben« und darauf achten, in welchem Zusammenhang das Wort »Freiheit« verwendet wird. »Extremismus ist keine Schande, wenn man die Freiheit verteidigt. Und lassen Sie mich daran erinnern, dass Mäßigung keine Tugend ist im Streben nach Gerechtigkeit.« Dieses sind nicht die Worte des Norwegers Anders Behring Breivik, der 2011 »für die Freiheit Europas« – wie er behauptete – 76 seiner Landsleute tötete. [77] Die Worte stammen von Barry Goldwater, die dieser in einer Rede als Präsidentschaftskandidat auf einer Wahlveranstaltung 1964 seinen Anhängern zurief und dafür viel Beifall erntete. Noch 1998 wurden in verschiedenen Nachrufen zu seinem Tod diese Worte in Zeitungen achtungsvoll erwähnt. Ich möchte Barry Goldwater und denen, die ihm für diese Worte Beifall spendeten, keineswegs unterstellen, dass sie Taten wie die des Norwegers nicht auch abscheulich gefunden hätten, doch hätte der Norweger Goldwaters Worte in ihrer Allgemeinheit nicht auch für seine »Verteidigung der Freiheit« in Anspruch nehmen können? Für eine »Freiheit«, die – wie er zuvor in einem Pamphlet im Internet geschrieben hatte – durch einen »politischen und kulturellen Marxismus und durch den Einfluss des Islam« bedroht sei. An »Extremismus« hat er es bei der »Verteidigung der Freiheit«, wie er sie offensichtlich verstand, wahrlich nicht fehlen lassen.

Kann man Sätze wie die Barry Goldwaters als rational bezeichnen, wenn die in ihnen verwendeten Schlüsselwörter, wie eben »Extremismus, Freiheit, Gerechtigkeit, Mäßigung«, ohne Erläuterung bleiben, wie sie zu verstehen und in welchem genaueren Zusammenhang sie zu sehen seien? Hat nicht nahezu jeder politische Gewalttäter seine Tat sinngemäß mit Aussagen wie der Barry Goldwaters zu rechtfertigen versucht? Schließt »Extremismus« nach allgemeinem Verständnis des Wortes nicht aber Gewalt mit ein? Wann und in welchem Maße sollte Gewalt zur »Verteidigung der Freiheit« erlaubt sein? Und was bedeutet eigentlich »Verteidigung der Freiheit«? Man darf wohl davon ausgehen, dass Goldwater und die Mehrheit derer, die seinen Worten Beifall spendeten, unter »Freiheit« Werte verstanden, die Ihr und ich auch weiterhin als Merkmale von »Freiheit« ansehen, wie sie etwa in den Verfassungen demokratischer Staaten westlicher Prägung festgehalten ist, darunter freie Meinungsäußerung, freie Berufswahl, Bewegungs- bzw. Reisefreiheit, Versammlungsfreiheit, Koalitionsfreiheit, Religionsfreiheit. Doch »Freiheit« wurde und wird von vielen anders definiert und häufig keineswegs wie etwa von der früheren deutschen Politikerin Rosa Luxemburg als »die Freiheit des Andersdenkenden« oder wie von dem Philosophen Immanuel Kant als »Unabhängigkeit von dem nötigenden Willen eines anderen«. Ich habe zuvor schon den »antidemokratischen Vordenker« – als den ich ihn bezeichnen möchte – Moeller van den Bruck erwähnt und seine Schrift »Das dritte Reich«. In Letzterer behauptete er, dass »der Liberalismus die wahre Freiheit des Mittelalters zerstört und mit dem Parlamentarismus eine Scheinform der Freiheit geschaffen« habe. [78] Wenn dieser Satz auch eine weitgehend unverständliche Phrase ist, eine antidemokratische Einstellung dürfte herauszulesen sein. Nach dem Erfolg der Schriften Moeller van den Brucks zu jener Zeit zu urteilen – in den Zwanzigerjahren des letzten Jahrhunderts –, darf man davon ausgehen, dass viele in Deutschland sich durch sie in ihrer antidemokratischen Einstellung bestärkt fühlten.

»Extremismus« in der »Verteidigung der Freiheit« bewies seinerzeit auch Chomeini, das geistliche und weltliche Oberhaupt der Iraner, der 1979 nach seiner Rückkehr aus dem Exil »Freiheit für alle Iraner« verkündete. Damit meinte er offensichtlich nur jene Iraner, die mit seinen Glaubensvorstellungen übereinstimmten. Die anderen hatten sich entweder zu fügen, oder sie mussten das Land verlassen oder sie wurden gerichtlich abgeurteilt mit anschließender Einkerkerung oder Hinrichtung. [79]

Eine nicht weniger eigenwillige und wohl auch nicht weniger absurde Vorstellung von dem Begriff »Freiheit« hörte ich von einem bosnischen Serben in einem Radiointerview während des Bosnienkrieges Ende des letzten Jahrhunderts. In Anbetracht dessen, dass dann Tausende muslimisch-bosnische Kämpfer, die sich ergeben hatten, von Serben erschossen wurden, war die Bemerkung des serbischen Kämpfers nicht weniger »extremistisch«. Natürlich kämpfte auch er für die »Freiheit«; denn, so sagte er, solange er in seinem Heimatort auf eine Moschee blicken müsste, sei er nicht »frei«.

Eine ebenfalls eigenwillige, aber eher amüsante Vorstellung von »Freiheit« offenbarten einige US-amerikanische Sportler und Trainer während der Olympiade in Sydney im Jahre 2000. Als die einen wegen ihres offensichtlich kindischen Feierns nach einem Staffelsieg in der Leichtathletik kritisiert wurden und die anderen wegen unsportlichen Verhaltens ihrer Athleten nach verlorenen Ringkämpfen, rechtfertigten sie sich damit, dass es in den USA eben »Freiheit« gäbe. Das klang ganz so, als ob außerhalb den USA nirgendwo sonst Freiheit existiere und als ob der Besitz einer solchen Freiheit den Besitzer zu läppischem bzw. unsportlichem Verhalten berechtigte.

Abraham Lincoln hat wohl das Dilemma und die ganze Bandbreite des Gebrauchs des Begriffes »Freiheit« am treffendsten zusammengefasst, wenn er sagte: »Alle Welt will sie. Alle Welt braucht sie. Aber welche? Die persönliche, die politische, die unternehmerische, die künstlerische? Die Freiheit des Einzelnen, des anderen? Die Freiheit der Meinung? Die Freiheit zu etwas? Die Freiheit von etwas?« [80]

Es sollte Euch nicht überraschen, dass die »Nationalsozialistische Bewegung« in ihrer Propaganda im Zuge der »Machtergreifung« neben dem Begriff »Vaterland« auch auf ein die Gefühle gleichermaßen so ansprechendes Wort wie »Freiheit« nicht verzichten wollte, obgleich sie dann nach und nach ein Regime aufbaute, das mehr und mehr das eigentliche Gegenteil von dem war, was wir heutzutage unter »Freiheit« verstehen. So wird in einem Wahlaufruf von 1932 von der »nationalsozialistischen Freiheitsbewegung« gesprochen und etwas später von der »Führung Deutschlands in die Freiheit«. [81] Im Allgemeinen schien es der »Bewegung« in ihrem Verständnis von »Freiheit« um die angebliche Befreiung von der »Zinsknechtschaft« zu gehen, wie man die damalige Abhängigkeit Deutschlands von ausländischem Kapital nannte. In diesem Sinne äußerte sich auch der Führer der »Nationalsozialistischen Bewegung« an einer Stelle seines Buches »Mein Kampf«: »Der Kampf gegen das internationale Finanz- und Leihkapital ist zum wichtigsten Programmpunkt der deutschen Nation und ihrer Unabhängigkeit und *Freiheit* geworden.« [82] Wenn Euch bei genauer Betrachtung dieses Satzes schon nicht ganz klar geworden ist, was man unter »Freiheit« im Sinne dieses »Führers« zu verstehen hat, wie wäre es mit dem folgenden Ausspruch, den dieser »Führer« schon 1922 von sich gegeben hatte? »Das germanische Blut auf dieser Erde geht allmählich seiner Erschöpfung entgegen, außer wir raffen uns auf und machen uns *frei*.« [83]

Nach der »Machtergreifung« und dem Überfall auf die Sowjetunion wurde von Vertretern der »Nationalsozialistischen Bewegung« behauptet – ganz im Sinne des zuvor erwähnten Hirngespinsts von der »Verschwörung der Weisen von Zion« –, man führe Krieg um »die *Befreiung* und Erhaltung der Menschheit gegen alle Versuche einer jüdischen Weltherrschaft«. [84] An »Extremismus in der Verteidigung der Freiheit«, den Barry Goldwater später forderte, hat es die »Nationalsozialistische Bewegung« in Deutschland gemäß ihrem Verständnis von »Freiheit« und ihrer Art der »Verteidigung« dieser »Freiheit« schon damals nicht fehlen lassen.

Ein Begriff, der anscheinend im Vergleich zu früheren Zeiten eine weitgehende Umdeutung erfahren hat, ist der Begriff *»Würde«.* Dieser Begriff erfährt in jüngerer Zeit eine vermehrte Anwendung im Zusammenhang mit Sterbehilfe, Stammzellforschung und Präimplantationsdiagnostik. »Würde« findet sich im ersten Satz des ersten Artikels der »Allgemeinen Erklärung der Menschenrechte«, wie sie 1948 von der Generalversammlung der Vereinten Nationen verkündet wurde: »Alle Menschen sind frei und gleich an Würde und Rechten geboren.« Ich nehme an, dass »Würde« von dort in den ebenfalls ersten Satz des ersten Artikel des Grundgesetzes der Bundesrepublik Deutschland gelangte, welches in dem darauffolgenden Jahr verabschiedet wurde. Dieser Satz lautet: »Die Würde des Menschen ist unantastbar. Sie zu achten und zu schützen ist Verpflichtung aller staatlichen Gewalt.«

Dabei ist der erste Teil wohl als ein Gebot zu verstehen, weniger als Beschreibung einer Sachlage, als welche ein solcher oder ähnlicher Satz zu verstehen wäre, würde er an anderer Stelle als in einem grundlegenden Gesetzestext auftreten. Anscheinend klang aber eine Ausdrucksweise wie »die Würde soll nicht angetastet werden« oder »darf nicht angetastet werden« den Autoren des Textes nicht »würdig« genug, und die meines Erachtens klarere und weniger pathetische Ausdrucksweise im ersten Artikel der »Allgemeinen Erklärung der Menschenrechte« wollte man wohl nicht einfach übernehmen. (Diese Ausdrucksweise ist – so würde ich sagen – auch nur klarer in ihrer Gesamtheit, dass alle Menschen *gleich geboren* seien, eben an Freiheit, Rechten und Würde, was in der Wirklichkeit bisher natürlich auch nur ein »frommer Wunsch« geblieben ist.)

Es lässt sich vermuten, dass hauptsächlich die Geschehnisse in den von der »Nationalsozialistischen Bewegung« errichteten Konzentrationslagern, bei denen Demütigungen von Insassen an der Tagesordnung waren, der Anlass gewesen sind, »Würde« zu einer Art Menschenrecht zu erklären. (Zu sagen »kein Mensch darf gedemütigt werden«, hätte eben auch nicht so »würdig« geklungen.) Damit dürfte man aber dem Begriff »Würde« eine weitgehend andere Deutung gegeben haben als diejenige, die er zuvor in der Umgangssprache erhielt und die man ihm – ich würde sagen – auch andererseits noch in unserer Umgangssprache beimisst, wie sie in den Bezeichnungen »würdig« und »würdevoll« zum Ausdruck kommt oder deren Gegenteil »unwürdig« und »würdelos«. In diesem Sinne ist »Würde« keineswegs etwas Angeborenes, sondern mehr oder weniger etwas Erlerntes, das auch mehr oder weniger aktiv fortwährend unter Beweis gestellt werden muss. Dem wohl ursprünglichen, umgangssprachlichen Gebrauch zu folgen, zeigt jemand »Würde«, der unserem Empfinden nach seine Emotionen unter Kontrolle hält, sie nicht durch seine Handlungen und seine Körperhaltung offenbart – mit Ausnahme vielleicht seines Gesichtsausdrucks – und bei dem auch Rede oder Schrift einer gegebenen Situation – wiederum: unserem Empfinden nach – angemessen erscheinen. Vom Verständnis unserer Umgangssprache her – so möchte ich behaupten – kann niemand die »Würde« von irgendjemandem »antasten«. Die »Würde« eines Menschen kann nur dieser Mensch selbst beschädigen.

Es dürfte sich auch von selbst verstehen, dass in der Beurteilung von »würdig« und »unwürdig«, besonders im Hinblick auf Handlungen, ein großer Ermessensspielraum besteht, was ich zuvor mit den Worten »unserem Empfinden nach« zum Ausdruck zu bringen versuchte. Der Autor Hartmut Wewetzer zitiert in einem Zeitungsbeitrag den Ethiker Leon Kass und den Linguisten Steven Pinker. Der eine findet es schamlos und unwürdig, in der Öffentlichkeit an einer Eistüte zu lecken, der andere hat kein Problem damit. [85] Ich möchte dem Letzteren zustimmen, mit der Einschränkung, dass es dabei vielleicht doch noch etwas darauf ankommt – ähnlich wie überhaupt beim Essen –, wie man an der Eistüte leckt. Wewetzer erwähnt einen Artikel, den Pinker in dem Politmagazin »The New Republic« geschrieben hat, in dem dieser »Würde« (oder eben das englische Wort »dignity«) als einen »schwammigen Begriff« bezeichnet, »der seinem schwerwiegenden moralischen Anspruch nicht gerecht wird«. Meiner Ansicht nach kann man dem nur zustimmen. »Würde« ist ein abwegiger – oder eben irrationaler – Begriff, der in einer offiziellen Sprache, in der es um Recht und Gesetz geht, nichts zu suchen haben sollte.

Vor einigen Jahren wurde in Frankfurt am Main bei einem Fall von Kindesentführung dem Hauptverdächtigen während der Vernehmung rechtswidrig Folter angedroht. Die Polizei ging davon aus, dass der Mann das Kind entführt hatte, um von den Eltern Lösegeld zu erpressen, und das Kind zu dem Zeitpunkt der Vernehmung noch lebte, möglicherweise jedoch in dem von dem Verdächtigen gewählten Versteck sich in Lebensgefahr befände. Deshalb – so waren die Überlegungen – müsste das Kind schnellstmöglich befreit werden und darum drohte man dem Verdächtigen Folter an, wenn er das Versteck nicht umgehend verrate. Der Verdächtige hatte das Kind aber schon vor seiner Verhaftung getötet. Nach seiner Verurteilung wegen Mordes klagte der Täter auf Entschädigung für die Androhung von Folter. Das Gericht sah diesen Anspruch als gerechtfertigt an, gewährte eine Entschädigung und begründete das Urteil damit, dass das Recht auf Achtung der Menschenwürde auch einem Straftäter nicht abgesprochen werden könne. [86] In ähnlicher Weise las sich auch der Kommentar eines Journalisten in der »Berliner Zeitung«, der von einem »in seiner Würde verletzten Mörder« sprach. [87] – »Wie bitte?«, muss man sich doch beim Lesen solcher Worte fragen. Es ist wohl nichts dagegen einzuwenden, dass Folter grundsätzlich verboten ist und niemandem Folter auch nur angedroht werden darf. Geschieht dieses trotzdem, sollte der Betroffene entschädigt und der Verstoß gegen das Gesetz – die Folter oder die Androhung von Folter – disziplinarisch und juristisch geahndet werden. Doch muss das unbedingt mit »Würde« begründet werden? Wie viel *Würde* besitzt jemand, der aus Geldgier einen kleinen Jungen, der ihn kannte und der ihm vertraute, im Verlauf einer Entführung ermordet und anschließend von den Eltern Lösegeld erpressen will? Ein solcher Mensch besitzt doch nur deshalb *Würde,* weil ihm diese richterlich oder sonst irgendwie von außen zugesprochen wird.

In gewisser Weise erinnert mich diese Art des Gebrauchs des Wortes »Würde« an den Begriff »Neusprech« in George Orwells Buch »1984«. Dieses Mal nur im Namen eines »humanen Rechts« anstatt eines totalitären. Welche »Würde« besitzt beispielsweise ein alkoholisierter Mann, der Passanten unflätig anpöbelt, sie bespuckt und auf sie einschlägt? Zeitungsberichten zufolge geschieht so etwas nicht so selten. Wenn Polizisten einen solchen Mann in Gewahrsam nehmen wollen und er dabei weiterhin wie wild um sich schlägt, würdet Ihr dann auf die Idee kommen – falls Ihr zufällig zugegen sein solltet –, den Polizisten zu sagen: »Aber bitte, meine Herren, verletzen Sie nicht die Würde dieses Menschen!«? Ihr würdet doch nur erwarten, dass der Betrunkene in einer Weise überwältigt wird, dass er gesundheitlich möglichst nicht zu Schaden kommt.

Richtet man sich nach dem ersten Artikel der »Allgemeinen Erklärung der Menschenrechte«, so gewinnt man den Eindruck, die Verfasser dieser und der nachfolgenden von dieser Erklärung abgeleiteten Schriften – wie wohl das deutsche Grundgesetz – sind der Meinung gewesen, »Würde« sei etwas, dass wenig oder nichts mit Handlung, Haltung und Rede zu tun hat, sondern ganz einfach jedem Menschen zukäme, ihm innewohne. »Würde« wird allem Anschein nach definiert als etwas, was ein Mensch schon besitzt, nicht als etwas, was er sich erst erwerben und anschließend bewahren und immer wieder unter Beweis stellen muss. Ein jeder Mensch hat entsprechend dieser Vorstellung »Würde« wie er auch einen Kopf, einen Körper, Arme und Beine und – nach bestimmten religiösen Vorstellungen – eine Seele hat. Umgekehrt aber – und da liegt neben der Verschwommenheit des Begriffes »Würde« die zusätzliche Irrationalität in seinem Gebrauch – beantwortet man die Frage »Was ist ein Mensch?« damit, dass man sagt: »Etwas, das Würde hat!«. So hörte ich 2001 im Radio die Mitteilung: »Ein Embryo ist ein Mensch; denn er hat Würde.« Mehrere Monate später war im Radio die Rede davon, dass man Zellen von bestimmten menschlichen Embryonen verwenden könne, da Letztere schon tot seien und »keine Würde mehr haben«. Allem Anschein nach wird also wechselseitig definiert: einmal »Würde« mithilfe von »Mensch«, das andere Mal »Mensch« mithilfe von »Würde«. »Würde« ist etwas, was einem Menschen zu eigen ist, und ein Mensch ist etwas, was »Würde« hat. Die zuerst zitierte Aussage im Radio bezog sich übrigens zu jener Zeit auf eine Stellungnahme der Generalsynode der Evangelisch-Lutherischen Kirche Deutschlands im Oktober 2001, die lautete: »Bereits der menschliche Embryo hat eine Würde und muss den willkürlichen Zugriffen entzogen sein.« [88] Mit Embryo war in diesem Zusammenhang eine Blastozyste gemeint; denn es wurde die Beibehaltung eines gesetzlichen Verbots der – inzwischen aber erlaubten – Präimplantationsdiagnostik gefordert. Die Blastozyste ist – wie Euch bekannt sein mag – jene im Inneren weitgehend hohle Kugel aus Zellen, die sich aus einer befruchteten Eizelle nach einigen Zellteilungen bildet. Nach erfolgreicher Einpflanzung der Blastozyste in die Gebärmutter entwickelt sich aus ihr – genauer: aus einem Teil von ihr, der sogenannten Keimscheibe – in 60 % bis 70 % der Fälle ein geburtsfertiger Mensch.

Der oben erwähnte Linguist Steven Pinker hatte seinen in »The New Republic« veröffentlichten Aufsatz mit den Worten überschrieben »The Stupidity of Dignity«, also: »Die Dummheit der Würde« oder »Die Dummheit mit der Würde«. So weit möchte mit meinem Urteil über den Gebrauch des Begriffes »Würde« nicht gehen. Der Begriff dürfte trotz seiner Unklarheit und Unbestimmtheit weiterhin eine Rolle in der Bewertung gewisser menschlicher Umgangsformen spielen, die auch außerhalb gesetzlicher Regelungen von Bedeutung sind, wie etwa, dass jemand eben zu bestimmten Anlässen »Würde« zeigt oder dass eine bestimmte Feier in »Würde« verläuft. Was der erste Artikel der »Allgemeinen Erklärung der Menschenrechte« zum Ausdruck bringen will, ist doch wohl, dass alle Menschen den gleichen *Wert* haben. Kommt dieses aber nicht schon mit den Worten »frei und gleich an Rechten geboren« zum Ausdruck? Nach diesen Worten verdient jeder Mensch den gleichen Respekt. Es bedarf doch des zusätzlichen Begriffes »Würde« gar nicht.

Neben den Begriffen »Freiheit« und »Würde« scheint auch der Begriff *»Verantwortung«* sich einer gewissen Beliebtheit in öffentlichen Reden und Kommentaren zu erfreuen. Ähnlich wie die beiden anderen Begriffe hat auch dieser Begriff – das will ich keineswegs bestreiten – seine »öffentlich-rechtliche« Bedeutung. Doch ähnlich wie bei den anderen beiden Begriffen wird häufig keineswegs klargestellt, was eigentlich unter »Verantwortung« verstanden werden soll und *für wen* man Verantwortung zu haben meint und *von wem* man gegebenenfalls zur Verantwortung gezogen werden kann. Was sollte es beispielsweise heißen, wenn einst zu lesen war: »Wer Führer sein will, trägt bei höchster unumschränkter Autorität auch die letzte und schwerste Verantwortung«? So steht es in der schon erwähnten Schrift »Mein Kampf. [89] – Verantwortung? Vor allem »letzte und schwerste«? (Fast könnten einem bei diesen Worten vor Rührung die Tränen kommen.) »Letzte und schwerste Verantwortung« für wen und wem gegenüber? Wenn ein Führer irgendeines Vereins oder irgendeiner »Bewegung« mit seinem Programm scheitert, können normalerweise die übrigen Mitglieder ihn absetzen. Bei »unumschränkter Autorität« des Führers können sie immer noch den Verein oder die »Bewegung« verlassen. Wer aber zieht einen Führer zur »Verantwortung«, wenn diesem eine »unumschränkte Autorität« über einen ganzen Staat, über eine ganze Nation übertragen wurde? Dann können gegebenenfalls nur noch ein Putsch, eine Revolution oder ausländische Mächte die »unumschränkte Autorität« beenden, wie es dann auch in Deutschland am Ende des Zweiten Weltkriegs geschah. Die »selbstbewusste Verantwortung« (in einer Diktatur), von der – wie ich zuvor schon erwähnte – vor der Machtübernahme durch die »Nationalsozialistische Bewegung« 1933 in Deutschland auch geredet wurde, zeigte sich am Ende wohl darin, dass der Diktator sich selbst eine Kugel in den Kopf schoss.

»Verantwortung« scheint nichtsdestoweniger ein Lieblingswort von Politikern geblieben zu sein, mit dem sie häufig ihre Einstellung oder Haltung zu rechtfertigen versuchen. So las ich vor nicht allzu langer Zeit, wie ein Regierungschef bestimmte Maßnahmen mit dem Argument verteidigte: »… aus Verantwortung gegenüber unserem Volk und unserer Geschichte!« [90] Was »Verantwortung« in diesem Zusammenhang bedeutete, wurde nicht erläutert. In einer Demokratie mag ein Regierungschef ein schlechtes Gefühl bekommen, wenn er das Vertrauen von denjenigen enttäuscht, die ihn gewählt haben, und in einer Demokratie kann das Volk einen Regierungschef zur Verantwortung ziehen, indem es bei der nächsten Wahl mehrheitlich gegen ihn stimmt oder ihn zuvor schon zum Rücktritt zwingt oder absetzt. Wie aber soll man sich vorstellen, dass man »Verantwortung« gegenüber »der Geschichte« hat? Eine solche Aussage schließt doch ein, dass »die Geschichte« jemanden »zur Verantwortung ziehen« könnte. Hat beispielsweise »die Geschichte« jemals diejenigen zur Verantwortung gezogen, die für die weitgehende Vernichtung der amerikanischen Ureinwohner verantwortlich waren? Letztlich will doch ein Politiker mit derartigen reichlich pathetischen Worten einer beabsichtigten oder schon getroffenen Entscheidung nur mehr Gewicht verleihen und wohl auch bei der Nachwelt seinen Vorstellungen entsprechend in guter Erinnerung bleiben.

4. Fragwürdige Personifizierungen

Diese zuletzt zitierten Worte, »aus Verantwortung gegenüber unserer Geschichte«, sind auch ein Beispiel für eine – wie ich meine – weitere Art irrationaler Ausdrucksweise. Man redet und schreibt häufig so, als ob bestimmte sprachliche Bezeichnungen zu zielgerichtetem Handeln, zu Intentionalität, befähigt seien, wie eben in den erwähnten Worten eines Regierungschefs der Begriff »*Geschichte*«. Sicher begeistert uns oftmals eine derartige mit der Personifizierung nicht gegenständlicher Begriffe verbundene Sprache, wenn wir ihr in dichterischen Schriften begegnen. Wie häufig ist beispielsweise nicht schon das »Schicksal« dort besungen worden, das dieses und jenes tut oder angeblich alles schon vorherbestimmt hat. Aber was hat eine solche Sprache in Zusammenhängen zu suchen, in denen es um wissenschaftliche Erklärungen geht oder um die Festlegung von öffentlichen Regeln oder Gesetzen für das Zusammenleben von Menschen?

Was das Beispiel »Geschichte« anbetrifft, so scheint man diesem Begriff gern Intentionalität zu unterstellen. Man sagt dann nicht, man fände es gut, dass die Verwaltung einer bestimmten Stadt ein früher zerstörtes Gebäude wiederaufbauen lasse, sondern man sagt stattdessen – wie ich es einmal im Radio hörte –, die Stadt (in diesem Fall war es Moskau) stelle sich wieder den Herausforderungen der Geschichte. [91] Übertroffen wird diese und die vorhergehende »Geschichts«Formulierung wohl nur wieder von dem schon zuvor erwähnten Lagarde, der an einer Stelle in seinen »Deutschen Schriften« sagte: »Magyaren, Tschechen und was an ähnlichen Nationalitäten unter dem Zepter Österreichs lebt, sind eine Last für die Geschichte.« [92]

Ein nicht gegenständlicher, dem Begriff »Schicksal« sinnähnlicher Begriff ist (oder war?) der Begriff »Vorsehung«, der – wie ich schon andeutete – von dem »Führer« der »Nationalsozialistischen Bewegung« offensichtlich gern verwendet wurde und den er vielleicht von dem von ihm verehrten Lagarde übernommen hatte, dessen »Deutsche Schriften« er ausgiebig »studiert« haben soll. [93] »Die Vorsehung hat – wer wollte es leugnen – den Deutschen das Streben nach Wahrheit und Wissenschaft in die Wiege gelegt.« [94] In dem Wort »Vorsehung« liegt – im Gegensatz zu dem mehr neutralen Wort »Schicksal« – schon etwas »Zielgerichtetes«, »Zweckbestimmtes«; denn »vorsehen« bedeutet in gewisser Weise auch »einplanen«. Zurzeit scheint das Wort »Vorsehung« aus der Mode gekommen zu sein. Verständlicherweise – wohl aufgrund seiner Verwendung unter der Herrschaft der »Nationalsozialistischen Bewegung« und durch deren »Führer«.

Ein anderer nicht gegenständlicher Begriff, dem wir häufig in personifizierter Form begegnen, der aber nun nicht wie »Vorsehung« aufgrund häufiger Verwendung in der Vergangenheit seitens anrüchiger Leute in Verruf geraten ist, ist der Begriff *Natur*. In der Regel benutzen wir das Wort »Natur«, wenn wir schlechthin auf die uns umgebende, aber nicht von uns Menschen gestaltete Welt verweisen wollen. Häufig liest und hört man jedoch einen Satz wie »die Natur hat es so eingerichtet, dass …« oder ähnliche Formulierungen, als sei die Natur eben ein Wesen, das zielgerichtet handelt. Ich erinnere mich beispielsweise daran, in einem sonst sehr erhellenden Vortrag Sätze gehört zu haben wie »Die Natur hat die Organismen auf diese notwendige Weise ausgestattet« und »Die Weisheit der Natur handelt unbewusst an dem Organismus«. (Wobei man sich hier fragen müsste, wie es eigentlich wäre, wenn die »Weisheit der Natur« *bewusst* handeln würde.) [95]

Wie »Natur« oder zuvor »Geschichte« und »Vorsehung« entsinne ich mich auch an einen ähnlichen Gebrauch der Begriffe »Evolution« und »Physik« und sicherlich seid auch Ihr schon Aussagen begegnet, in denen abstrakte Begriffe zu Handelnden wurden und gleichsam wie Lebewesen agieren konnten, indem sie »schufen, ordneten, forderten, bestimmten, bewegten, vermieden« und andere Aktivitäten durchführten. Das Pikante daran ist – so möchte ich sagen –, dass man für alle diese genannten Substantive auch den Wort »Gott« einsetzen könnte. In früherer Zeit hat man das wohl in der Regel getan und auch in der heutigen Zeit scheuen sich Leute nicht, den Begriff »Gott« in den erwähnten Zusammenhängen zu verwenden, wenn sie von dem Sein einer übernatürlichen Macht oder übernatürlicher Mächte zutiefst überzeugt sind und den Drang verspüren, dieses ihre Umgebung auch wissen zu lassen. Ich will keineswegs unterstellen, dass ein jeder, der abstrakte Begriffe personifiziert, nicht etwa doch dabei an übernatürliche Mächte denkt, welche bei allem und jedem ihre Hand im Spiel haben, und er deren Erwähnung nur vermeidet, um in der heutigen, mehr säkular eingestellten westlichen Gesellschaft nicht als »rückständig« zu gelten. Es ist bei den meisten unter uns, die sich auf diese Weise äußern, wohl mehr eine Nachlässigkeit und Bequemlichkeit beim Gebrauch der Sprache, eine Bequemlichkeit, an die wir uns gewöhnt haben, die aber bei genauer Betrachtung unsere Aussage sinnlos oder sogar lächerlich erscheinen lässt. Als Erklärung für diese Art der Ausdrucksweise kann vielleicht das in uns angelegte ursachen- (kausale) und zweckbestimmte (finale) Denken dienen, über das ich schon in meiner vorherigen Schrift zu spekulieren wagte. [96] (Inzwischen bin ich auch auf einen Vermerk über Untersuchungen gestoßen, in denen man gezeigt haben will, dass eine Neigung zu finalem Denken nicht nur im Kindesalter zu beobachten ist, sondern sich auch bei Erwachsenen systematisch nachweisen lässt.) [97]

Im Allgemeinen tritt kausales und finales Denken wohl dann am deutlichsten hervor, wenn man eben bestimmte Beobachtungen in der Natur rückschließend auf einfache Weise begründen will und dabei die Begründung auf eine eigentlich völlig abwegige und irrationale Weise formuliert. Dadurch erhalten nicht nur abstrakte Begriffe wie »Natur«, »Evolution«, »Physik« mystische Kräfte, sondern es werden auch Tieren, Pflanzen, Bakterien und Viren Fähigkeiten zugeschrieben, die menschlichen Fähigkeiten gleichkommen oder diese sogar weit übersteigen; nämlich dass sie nicht nur zur Erhaltung ihrer selbst und ihrer Art bewusst vorausplanen, sondern dass ihre Vorfahren irgendwann in der Vergangenheit fähig waren, ihr Vererbungsmaterial bewusst zu verändern. Das knüpft auch an die schon zuvor erwähnten Sätze an, die ich in wissenschaftlichen Abhandlungen fand, in denen Zellen die »Fähigkeit« zugebilligt wird, von bestimmten Gewebsbereichen abzustammen, oder Mäuse »befähigt« werden, ein bestimmtes Merkmal zu zeigen, wenn vor ihrer Geburt an den Genen der Eizelle gewisse Manipulationen vorgenommen werden. Über Beispiele dieser Art könnt Ihr in Vorträgen und halbwissenschaftlichen Zeitungs- und Zeitschriftartikel immer wieder »stolpern«. In meiner vorherigen Schrift [96] hatte ich bereits jenes Beispiel erwähnt, dass innerhalb eines Vortrages in einem bestimmten Zusammenhang nicht gesagt wurde, die Immunabwehr des menschlichen Körpers sei bei einem bestimmten Virus wohl deshalb nicht so wirkungsvoll, weil bei dem Virus häufig Mutationen aufträten. Man sagte stattdessen, das Virus mutiere häufig, *damit* es der Immunabwehr entkomme. – In einer halbwissenschaftlichen Zeitschrift stieß ich auf die Aussage, dass »Pyrrolizidinalkaloide […] von einer Vielzahl weltweit vorkommender Pflanzenarten *zum Schutz* vor Fraßfeinden gebildet werden« [98] und in einer anderen Zeitschrift, dass »Bäume bestimmte organische Stoffe abgeben […], *um* Insekten ab*zu*wehren und Bestäuber an*zu*locken«. [99] – In ähnlicher Weise kann man auch häufiger hören, dass Pflanzen leuchtende Blüten haben, *damit* sie Bienen und andere Bestäuber anlocken.

Manche Meeresbakterien haben noch »bewundernswertere« Eigenschaften. Sie leuchten und lassen sich – wie es hieß – »gezielt von kleinen Krebsen, aber auch Fischen fressen, *um* in neue Ozeangebiete *zu* gelangen, da sie den Verdauungstrakt der Krebse und Fische unbeschadet überstehen«. [100] Klingt das nicht ganz so, als wenn die Bakterien zunächst wüssten, dass sie den Aufenthalt im Verdauungstrakt der Krebse und Fische unbeschadet überstehen, dann bewusst ihr zelluläres Vererbungsmaterial veränderten, um zu leuchten und somit »gezielt« gefressen zu werden und dadurch in für sie neue Nahrungsgebiete zu gelangen?! War es nicht vielmehr so, dass eine Reihe von zufälligen Veränderungen ihrer Erbsubstanz diesen Bakterien einen Überlebensvorteil verschafften? – Sogar wenn von Molekülen die Rede ist, kann man finden, dass diesen zweckdienliches Handeln unterstellt wird, wie etwa in dem folgenden Satz: »Wenn einer wässrigen Lösung zugefügt, *versuchen* Hydrocarbone sich zusammenzudrängen, *um* die energetisch kostenreiche Assoziierung mit dem Wasser *zu* vermeiden.«

Vielleicht werdet Ihr an dieser Stelle einwenden, dass an dem eigentlichen Beobachtungsergebnis, auf das es in den erwähnten Beispielen doch ankäme, sich letztlich nichts ändere, ob man nun bei der Beschreibung bestimmter Vorgänge abstrakte Begriffe in abwegiger Weise personifiziere oder nicht und ob man diesen Begriffen wie auch niederen Lebewesen dabei zielgerichtetes Handeln unterstelle oder sich präziser ausdrücke. Das mag durchaus zutreffen. Doch ich möchte bei einem solchen Einwand meine eingangs gestellte Frage wiederholen, ob nicht ein mehr oder weniger ständiges Ausgesetztsein gegenüber derartigen sprachlichen Formulierungen und eine stillschweigende Duldung derselben uns unempfindlicher werden lässt, wenn mit einer ähnlichen Ausdrucksweise im politischen Bereich argumentiert wird. Oder ist man dann von dieser sogar besonders beeindruckt? Wie anders lässt es sich sonst erklären, dass der zuvor schon erwähnte Satz »Das germanische Blut auf dieser Erde geht allmählich seiner Erschöpfung entgegen, außer wir raffen uns auf und machen uns frei« in eine Art Sammlung geflügelter Worte des »Führers« der »Nationalsozialistischen Bewegung« aufgenommen wurde? [83] Wohl wegen der vermeintlichen Weitsicht des »Führers«, dass er »germanischem Blut« (was auch immer das ist) die Fähigkeit des »Sicherschöpfens« zuspricht? Gemäß einem anderen »geflügelten« Wort aus dieser Sammlung, das aus des »Führers« Schrift »Mein Kampf« zitiert wird, verfügen menschliche »Rassen« über einen Selbsterhaltungstrieb; denn es heißt: »Alles weltgeschichtliche Geschehen aber ist nur die Äußerung des Selbsterhaltungstriebes der Rassen im guten oder schlechten Sinne.« [101] Die Folgen einer derartigen Denkweise oder – genauer – eines derartigen Empfindens, wie es in den letztgenannten Zitaten zum Ausdruck kommt, sind Euch doch weitgehend bekannt.

5. Religiöse Sprache

Bei dieser Art von Sprache geht es nicht nur um innerliche Widersprüche, schwammige Begriffe und zirkuläre Argumentation, sondern die

»Hauptakteure« wie »Götter«, »Teufel«, »Engel« sind schon irrational, etwas Gefühltes, Erdachtes, und auch die ihnen zugewiesenen Räume wie »Himmel« und »Hölle« sind irrational, etwas Unwirkliches, eine Fiktion. Ihr Vorhandensein lässt sich vernunftgemäß nicht nachweisen. Sie sind nicht definierbar und somit lässt sich auch mit diesen Begriffen in alle Richtungen argumentieren. Mit dem Wort »Religion« könnte man alle irrationalen Vorstellungen zusammenfassen, die Menschen über Ursprung und Werdegang der Welt und über Ursprung und Sinn des Lebens im Verlauf von Generationen entwickelt haben. Letztendlich gelten dabei wohl für einen jeden seine eigenen Vorstellungen, die entweder aus eigenem Empfinden entstanden sind oder die er von anderen Menschen wie Eltern, Freunden, Lehrern übernommen hat oder auch von Menschen, die lange vor ihm gelebt haben und deren Vorstellungen von den eigenen oder den nachfolgenden Anhängern schriftlich aufgezeichnet wurden. Doch obgleich es sich bei diesen Vorstellungen um private Anschauungen handelt, werden Begriffe und Ausdrücke, die mit diesen privaten religiösen Anschauungen in Zusammenhang stehen, immer wieder in den öffentlichen Raum getragen, wenn innerhalb einer Gemeinschaft oder eines Staates über Gesetze und Regeln gesprochen wird, welche dann für *alle* Mitglieder dieser Gemeinschaft oder dieses Staates gelten sollen, nicht nur für Angehörige der vorherrschenden religiösen Weltanschauung, sondern eben auch für Angehörige anderer Religionen und für solche Mitglieder der Gemeinschaft, die keiner religiösen Gruppierung angehören. Man hört immer wieder Äußerungen – in Europa heutzutage vielleicht weniger als in den USA und einigen anderen Ländern –, in denen sich Redner auf nicht nachweisbare, also irrationale, Wesenheiten und Einrichtungen berufen, wie eben die schon erwähnten »Gott«, »Teufel«, »Himmel« und »Hölle« oder mit Begriffen argumentieren, die religiös besetzt sind, wie »heilig«, »selig«, »Schöpfung«, »Sünde«, »beten«. Alle diese Begriffe sollen wohl bei öffentlichen Reden bestimmte Gefühle bei jenen auslösen, die in einer religiös eingestellten Umgebung aufgewachsen sind, und diese Leute dadurch veranlassen, sich bereitwilliger der Meinung des Redners anzuschließen. Solche Gefühle versucht mancher Redner vorwiegend mit dem Begriff »Gott« oder entsprechenden Begriffen zu erzeugen, wie »der Herr«, »der Schöpfer« und auch »der Heiland«, mit welchen man sich auf ein übernatürliches Wesen beziehen möchte, an dessen Existenz man glaubt oder zumindest vorgibt zu glauben. So ließ es sich auch der »Führer« der »Nationalsozialistischen Bewegung« nicht nehmen, seine Verbundenheit mit dieser übernatürlichen Wesenheit oder übernatürlichen Macht zu betonen, als er beispielsweise auf einer nächtlichen Versammlung auf dem Parteitag im Jahr 1934 sagte: »Den Befehl hat uns keine irdische Macht gegeben. Den hat uns ein Gott gegeben, der uns geschaffen hat.« [102] Womit er auf die Einhaltung der von seiner »Bewegung« erdachten Rassengesetze verweisen wollte.

Nicht selten kann man den Eindruck gewinnen, dass auch in demokratisch regierten Ländern die Öffentlichkeit im Allgemeinen und die Medien im Besonderen mit großer Zurückhaltung auf Äußerungen reagieren, wenn in diesen religiöse Begriffe oder religiös »gefärbte« Begriffe der oben genannten Art vorkommen, wie absurd diese Äußerungen auch sonst sein mögen. So las ich einmal in einem Bericht einer Tageszeitung (also in keinem konfessionellen Blatt) folgenden Ausspruch einer jungen Frau: »Selbst wenn du nicht an Gott glaubst, so glaubt Gott doch an dich!« [103] Dieser Ausspruch war kommentarlos wiedergegeben, woraus ich schließen würde, dass der Autor des Artikels von der »Kraft der Worte« beeindruckt war und meinte, dass seine Leser dieses auch sein würden. (Gemeint war mit dem Ausspruch vielleicht: Selbst wenn man nicht an Gott glaubt, so bleibt Gott doch bei einem und lässt einen nicht im Stich. Oder so ähnlich. – Doch das ist jetzt nur eine Vermutung.)

Hin und wieder scheint es auch, als würden Medienvertreter Aussagen mit religiöser Bezugnahme gern an prominenter Stelle wiedergeben, wie etwa in einer Bildunterschrift, wenn die Aussage von einem religiösen Führer stammt, als käme einer solchen Aussage eine höhere Qualität zu. So wurde ein Kardinal bei einer Predigt vor einer Kirche gezeigt und aus seiner Predigt wurden die Worte zitiert: »Wer einen Flüchtling im Mittelmeer ertrinken lässt, der lässt auch Gott ertrinken.« [104] – Als vor einigen Jahren schon eine Bischöfin in einer Rede ihre Gegnerschaft zum militärischen Eingreifen der NATO gegen die terroristische Gruppe der Taliban in Afghanistan zum Ausdruck brachte, indem sie sagte, es sei »besser, mit den Taliban zu beten, als sie zu bombardieren«, fanden diese Worte in den Medien ebenfalls eine weite Verbreitung. [105] Wie ich mich entsinne, wurden sie bei den einen wohlwollend, bei den anderen mehr oder weniger kommentarlos wiedergegeben. Ich stieß zu jener Zeit aber auf keinen Medienkommentar mit der Frage, wie die Bischöfin sich eigentlich die Umsetzung dieses Vorschlages vorstellte. Sollte man statt Bomben auf die von den Taliban kontrollierten Gebiete nun Flugblätter abwerfen mit einer Aufforderung zu gemeinsamem Gebet? Dabei wäre natürlich eine Voraussetzung gewesen, dass man auch den Islam in einer von den Taliban anerkannten Version übernommen hätte, der die Theologin als Frau von dem gemeinsamen Gebet schon einmal ferngehalten hätte. Obgleich ich nicht ausschließen möchte, dass einige Zeitungen und Zeitschriften davon ausgingen, ihrer Leserschaft müsste die Abwegigkeit der Aussage offensichtlich sein, freuten sich wohl andere über die Unterstützung ihrer eigenen Gegnerschaft zum NATO-Einsatz in Afghanistan seitens dieser prominenten Theologin. Eine dritte Gruppe der Medien vermied wohl kritische Fragen oder Kommentare, um nicht möglicherweise dadurch die religiösen Gefühle eines Teiles ihrer Leserschaft zu verletzen. Auch wären kritische Fragen bzw. Kommentare vielleicht schon von manchen als »religiöse Intoleranz« gewertet worden.

»Gott« und andere religiöse Begriffe, wie zuvor erwähnt »beten«, scheinen öffentlich eben dann zum Einsatz zu kommen, wenn es darum geht, irgendwelche Regeln oder sogar Gesetze den eigenen Vorstellungen entsprechend durchzudrücken oder zumindest der eigenen Meinung in der einen oder anderen Angelegenheit von öffentlichem Interesse mehr Gewicht zu verleihen. Gleichsam nach dem Motto: »Hört mir alle zu! Ich habe Gott auf meiner Seite!« Man will wohl damit zum Ausdruck bringen, dass man deshalb jede weitere Diskussion über die betreffende Angelegenheit für überflüssig hält. So dürften auch die weiter oben erwähnten Worte des damaligen Ministers eines deutschen Bundeslandes zu verstehen sein, der sagte: »Die Gentechnik ist ein Eingriff in die Schöpfung Gottes.« (58) Eigenartig – so möchte man fragen –, dass niemand versuchte, herauszufinden, woher der Herr Minister diese Gewissheit nähme. Die Antwort auf diese Frage dürfte auch hier einerseits in der schon zuvor erwähnten allgemeinen Zurückhaltung liegen, nichts gegen irrationale Äußerungen einzuwenden, wenn der Begriff »Gott« oder andere religiöse Begriffe in ihnen vorkommen. Andererseits dürfte der Minister mit seiner offensichtlichen Ablehnung der Gentechnik – die soll sein Satz wohl zum Ausdruck bringen – »in das Horn von denjenigen geblasen haben«, die zwar religionsfremd sind, doch sonst ebenfalls gefühlsmäßig die Gentechnik ablehnen. Insofern war auch von dieser Seite keine skeptische Äußerung zu der Behauptung des Ministers zu erwarten. Vielleicht hat mancher Hörer über die Aussage gelächelt, aber disqualifiziert hatte der Minister sich keineswegs. Vielleicht hat es ihm sogar zusätzliche Anerkennung eingebracht; denn inzwischen ist er sogar Ministerpräsident des betreffenden Bundeslandes geworden.

Die Zurückhaltung der Medien gegenüber irrationalen Äußerungen, sofern diese einen religiösen Inhalt haben, zeigte sich vor mehreren Jahren auch bei einem Bericht über eine der zahlreichen Schießereien an Schulen in den USA. Bei dieser Schießerei hatten zwei Schüler im Bundesstaat Colorado mit automatischen Waffen ein Blutbad unter Mitschülern und Lehrern angerichtet, bevor sie sich selbst erschossen. Im Hörfunk wurde am darauffolgenden Tag ein Interview mit einem Lehrer gebracht, der anscheinend Augenzeuge eines Teils dieses Blutbades gewesen war, selbst aber mit dem Leben davonkam. Dieser Lehrer berichtete über einen Kollegen, der in die Schusslinie getreten war und sich damit offensichtlich für das Leben von zwei Schülern geopfert hatte. Der berichtende Lehrer fügte am Ende seiner Erzählung hinzu, er sei überzeugt, dass Gott den Kollegen dahin gestellt habe, um das Leben dieser Schüler zu retten. (106)

Wenn man eine derartige Äußerung hört, muss man sich dann nicht fragen, ob dem (angeblichen) Gott das Leben dieses Lehrers weniger wert war als das Leben der zwei Schüler? Rein gefühlsmäßig mag man das wohl bejahen, da wir im Allgemeinen – rein gefühlsmäßig – »junges Leben« als höherwertig einschätzen als »älteres Leben«. – Was aber ist mit den anderen Schülern? Wenn ein Gott derart eingreift, dass er einen Lehrer »in eine Schussbahn stellt«, um das Leben von zwei Schülern zu retten, warum hat er dann nicht auch das Leben der anderen Schüler irgendwie gerettet? Er hätte doch die Schützen schon vorher aufhalten können. Sie hätten auf dem Weg zur Schule eine Autopanne haben oder sich selbst überhaupt schon zuvor erschießen können, da sie sich – das darf man vielleicht annehmen – in einer depressiven Gemütslage befanden. Oder »Gott« hätte in den Gehirnen der Schützen rechtzeitig »ein paar Schalter umlegen« können, damit sie die Welt mit anderen Augen gesehen und von ihren mörderischen Gedanken abgelassen hätten, anstatt dass »Gott« einen Lehrer bewog, sich zu opfern, wodurch das Leben von »nur« zwei Schülern gerettet wurde. Ist nicht das Ergebnis einer Weiterführung des Gedankens, Gott habe den Lehrer in die Schussbahn gestellt, um die zwei Schüler zu retten, dass es der Wille dieses Gottes war, das Leben dieses Lehrers und all der anderen Schüler zu beenden? Dass die Schützen letzten Endes nur den Willen »Gottes« vollführten?

Ich wollte Euch mit diesem Beispiel zeigen, in welche Schwierigkeiten man kommen kann, wenn man bei irgendeinem Ereignis das Eingreifen übernatürlicher Mächte annimmt. Wäre der betreffende Lehrer, der sich in die Schussbahn stellte, nicht mehr zu bewundern, wenn man davon ausgeht – was doch wohl auch die objektiv korrekte Beurteilung ist –, dass er dies aufgrund einer freien Willensentscheidung tat und nicht willenlos von einem Gott wie eine Marionette bewegt wurde? Ich will nicht ausschließen, dass jener Lehrer, der von dem Rundfunkreporter befragt wurde, aus seiner eigenen religiösen Überzeugung heraus etwas Anerkennendes über seinen getöteten Kollegen sagen wollte, und es wäre nicht respektvoll gewesen, hätte der Reporter den Lehrer auf die Ungereimtheiten eines angeblich »göttlichen« Eingreifens aufmerksam gemacht. Aber im Nachhinein hätte ich schon eine kritische Bemerkung seitens des Radiosenders erwartet, eine Bemerkung, welche die gut gemeinten Worte des befragten Lehrers nicht hätten bloßstellen müssen.

Wahrscheinlich waren aber alle jene, die seitens des Radiosenders an der Ausstrahlung der Reportage beteiligt waren, von dem Gedanken des Eingreifens eines »Gottes« so beeindruckt, dass sie deshalb wohlwollend und ausführlich darüber berichteten. – »Die Welt ist voll Taten, die Gott durch uns tut!« Das sind die Worte eines Pfarrers, die ich ein anderes Mal im Radio auch in befürwortender Weise zitiert hörte und die zu dem Vorherigen passen dürften. [(107)]

Offensichtlich ist man unter gottgläubigen Menschen gern bereit, eine als »gut« empfundene Tat dem Eingreifen einer Gottheit zuzuschreiben. Unter einer »guten« Tat scheint man in der Umgangssprache eine Tat zu verstehen, die sich im weitesten Sinne des Wortes als »lebenserleichternd« oder »lebensfördernd« für eine andere Person oder Personen oder bestimmte menschliche Gruppen auswirkt, indem sie das körperliche und/oder seelische Wohlbefinden dieser fördert – oder gegebenenfalls auch das Wohlergehen von Tieren oder Pflanzen oder das der Umwelt schlechthin. Das kann im einfachsten Fall eine kleine Freude sein, die man einem anderen Menschen bereitet, und im weitestgehenden Fall, dass man das Leben eines anderen Menschen rettet und dieses vielleicht sogar unter Aufopferung des eigenen Lebens, wie es jener Lehrer tat, als er bei der Schießerei die zwei Schüler mit seinem Körper deckte.

Unter einer »schlechten Tat« eines Menschen verstehen wir umgangssprachlich wohl eine Handlung, die umgekehrt im weitesten Sinne des Wortes sich »lebenserschwerend« oder »lebensbeinträchtigend« auf das Wohlergehen eines oder mehrerer Menschen auswirkt oder gegebenenfalls auch auf das von Tieren und Pflanzen. Im äußersten Fall ist eine »schlechte Tat« auch »lebenszerstörend«, wenn sie den Tod eines oder mehrerer Menschen zur Folge hat. Ob wir eine »schlechte Tat« auch als eine »böse Tat« ansehen, hängt wohl im Wesentlichen davon ab, wie wir die Motivation des oder der Täter bewerten; im Allgemeinen nämlich scheinen wir unter einer »bösen Tat« eine Handlung zu verstehen, bei der jemand einem anderen bewusst und mit voller Absicht etwas »Schädigendes«, etwas »Schlechtes« zufügt. Offensichtlich kann nach allgemeiner Auffassung von gottgläubigen Menschen hinter einer »schlechten« oder »bösen Tat« eines Menschen niemals *der* »Gott« stehen, dem man selbst huldigt.

Vor mehreren Jahren las ich einen Zeitungsbericht über einen 23-jährigen Mann, der in Texas einen Jungen getötet und dessen Blut getrunken hatte. Vor Gericht verteidigte er sich damit, dass »Gott« ihm den Auftrag zu dieser Tat erteilt hätte. [108] Wohl ein jeder, der über diesen Fall gelesen oder von ihm gehört hatte, wird gedacht haben, dass der Mann geistesgestört sei oder, wenn nicht, so doch extrem abartig und er versuche, sein abartiges Verhalten mit einem »Auftrag Gottes« zu rechtfertigen. Der Richter nahm wohl die letzte Möglichkeit als die wahrscheinlichste an und verurteilte den Mann entsprechend.

Ich gehe davon aus, dass – außer dem Täter vielleicht – heutzutage niemand glauben wird, an der Aussage des Mannes, von Gott beauftragt zu sein, könnte etwas wahr sein. Für einen Nichtreligiösen wäre das sowieso keine Frage, und jemand, der an einen Gott glaubt, wird wohl sagen, dass dieser Gott etwas derart Bösartiges niemals befohlen haben kann, und er wird den Fragenden vielleicht zweifelnd ansehen, ob dieser noch zurechnungsfähig sei. Doch obgleich man einen solchen Auftrag von »Gott«, wie ihn der Täter dem Bericht nach »durchführte«, für total abwegig hält, sind Gläubige von drei sonst verschiedenen religiösen Überlieferungen tief beeindruckt von der Geschichte Abrahams oder Ibrahims (wie er im Koran heißt) und dessen Gehorsam gegenüber »Gott«, da er sogar bereit war, auf »Gottes« angeblichen Befehl, seinen Sohn Isaak (nach dem Koran: Ismael) zu schlachten, zu opfern – wie es in einem solchen Zusammenhang heißt. Diejenigen unter den Gläubigen, die sich um eine Aussöhnung der drei Religionen Judentum, Islam und Christentum bemühen, tragen diese Geschichte um Abraham gleichsam wie ein gemeinsames Banner vor sich her. Ich sehe es in diesem Zusammenhang als nicht so wichtig, dass »Gott« letztlich die Durchführung seines ursprünglichen Befehls durch einen sogenannten »Engel« verhindert. Wichtiger ist doch vielmehr, dass Leute auch heutzutage noch eine solche Widersinnigkeit glauben; dass nach ihrer

Vorstellung von einem Gott dieser Gott einen derart grausamen Befehl erteilen kann, nur um einmal eben die Gehorsamsbereitschaft eines Menschen zu prüfen, nämlich die von Abraham (Ibrahim), wobei diesem Gott die Gefühle eines anderen Menschen, die von Isaak (Ismael), völlig gleichgültig sein sollen. Auch wenn die Mehrheit von Gläubigen, gleich welcher Religion, nicht mehr glaubt, dass heutzutage jemand so wie Abraham oder Ibrahim Befehle von einem Gott direkt erhält, so sind anscheinend doch viele überzeugt, dass »Gott« hinter bestimmten Taten steht, auch solchen, die bei objektiver Betrachtung durchaus als »schlecht«, »böse« oder sogar »verbrecherisch« eingestuft werden. In der Meinung von Gläubigen lässt »Gott« solche Taten »um der Gerechtigkeit willen« geschehen – wie dann häufig gesagt wird. So schreibt Richard Grunberger in »The 12-year Reich«, dass während der Ausschreitungen von Vertretern der »Nationalsozialistischen Bewegung« gegenüber Juden und jüdischen Einrichtungen in der sogenannten »Reichskristallnacht« 1938 viele Christen in diesen Übergriffen einen Beweis für »Gottes Verfluchung« der Juden sahen. [(109)] Nach dieser eigenartigen Vorstellung bediente sich »Gott« also deutscher Hooligans – wie man derartige Leute heute nennen würde –, um Juden für ihre Andersgläubigkeit zu bestrafen.

Ähnlich wie es offensichtlich unter Gläubigen keine Schwierigkeit gibt, menschliche Taten je nach persönlicher Einschätzung auf das Eingreifen eines Gottes zurückzuführen, so gilt dieses eigentlich noch mehr für Naturereignisse. Wenn es bei solchen zu »erstaunlichem Überleben« von Menschen kommt, fällt es manchem »Gläubigen« anscheinend nicht schwer, dieses auf eine »wundersame Rettung« durch »Gott« oder durch »Heilige« zurückzuführen. Andererseits fühlt so mancher Gläubige sich auch bemüßigt, die Zerstörung bestimmter Einrichtungen bei Naturkatastrophen auf ein zielgerichtetes Handeln »Gottes« zurückzuführen. Wohl seit die Bibel über die angebliche Zerstörung der Städte Sodom und Gomorra berichtet hat, »wissen« anscheinend so manche unter uns, dass »Gottes Zorn« dieserart ganze Städte treffen kann. So nimmt es nicht wunder, dass christlich-fundamentalistische Prediger, aber auch ein katholischer Weihbischof [110], in dem Wirbelsturm »Katrina«, der mit nachfolgender Überschwemmung 2005 Teile der Stadt New Orleans zerstörte, »Gottes Strafe« sahen für das angeblich so »sündige« New Orleans.

Was aber ist, wenn bei Naturkatastrophen vorwiegend religiöse Einrichtungen wie Kirchen zerstört werden? Werden Gläubige dann in Zweifel an ihrer Religion gestürzt oder zumindest in Zweifel, wie sie diese Religion ausüben? Keineswegs! Als bei einem Erdbeben in Mexiko 1999 relativ viele Kirchen einstürzten, war auch dieses für manche Gläubige ein Zeichen, dass »Gott« zornig war über die Gottlosigkeit ihrer Mitmenschen – also wohl der Nichtkirchgänger – und ihnen ein Zeichen geben wollte, sich zu bessern. [111] (»Gottes« Gedanke müsste dann wohl gewesen sein: Ich habe die Kirchen zerstört, weil ihr sowieso mir nicht mehr darin dient. Ihr braucht sie also nicht!) Die natürliche Erklärung für die vorwiegende Zerstörung der Kirchen war wohl darin zu sehen, dass die betreffenden Kirchen zum Teil schon vor Jahrhunderten gebaut worden waren und damals noch nicht nach Gesichtspunkten, einem Erdbeben den größtmöglichen Widerstand entgegenzusetzen. – Die etwas eigenwillige religiöse Erklärung für die vorwiegende Zerstörung der Kirchen mit dem Hinweis auf »Gottes Zorn« zeigt – zusammen mit der zuvor erwähnten Deutung für die teilweise Zerstörung von New Orleans –, wie nach den Worten des Physikers Steven Weinberg »Religion doch unendlich flexibel« sein kann: Lässt sich ein Ereignis nicht von der einen gewohnten Seite her erklären, erklärt man es eben von der anderen, entgegengesetzten Seite her, damit das von den Gläubigen gewünschte Ergebnis erzielt wird. In diesem Fall, dass die Ungläubigen ihre angeblich »sündige« Lebensführung aufgeben und sich »Gott« zuwenden sollten; doch natürlich wohl in einer Weise, wie die Gläubigen sich diese Zuwendung vorstellen.

Bei einer jährlichen Pilgerfahrt einer Religionsgemeinschaft besteht eines der Rituale in einer Verspottung und symbolischen Steinigung des »Teufels«, jener übernatürlichen Personifizierung des »Bösen« und unablässigen »Versuchers« des Menschen. Nach der Ausübung dieses Rituals ist es in der Vergangenheit wiederholt in der Masse der Pilger zu einer Panik gekommen, bei der Hunderte von Menschen zu Tode getrampelt oder verletzt wurden. Bei allem Mitgefühl für die Hinterbliebenen der Toten und für die Verletzten wundere ich mich doch, weshalb den Menschen, wenn sie so intensiv an die Existenz eines sogenannten »Teufels« glauben, noch nie der Gedanke gekommen ist, das Auslösen der Panik könnte vielleicht die Rache dieses »Teufels« sein für die Verspottung, die ihm zuvor zuteilgeworden war. Sicherlich liegt – objektiv gesehen – ein Teil der Ursachen in einem übermäßigen Gedränge zu und von der Stelle des Rituals und einer vielleicht nicht ausreichenden Kontrolle der Pilgermassen. Fragen dürfte sich aber auch jemand, der organisiertem Glauben reserviert gegenübersteht, warum Pilger überhaupt in Panik geraten, wie man dieses sonst nur von Rockmusik- oder Sportveranstaltungen her kennt. Sollte nicht eine Pilgerreise eine innere Einkehr und besondere Hinwendung zu einem Gott sein, die einem Ruhe und Gelassenheit vermitteln sollte? Oder kommt es bei den meisten religiösen Pilgern doch nur auf ein Dabeigewesensein an, auf eine Konformität mit Nachbarn und Bekannten, dass man diesen die Pilgerreise vorweisen kann und damit vielleicht auch, ein bestimmtes religiöses Gebot erfüllt zu haben.

Ein anderer Bereich, in dem religiös motivierte Irrationalität vermehrt in Erscheinung tritt, dürfte die Schule sein. In den USA gab es unter religiös eingestellten Politikern vor einigen Jahren eine Bewegung – und ich wäre nicht überrascht, wenn eine solche früher oder später wieder zu beobachten wäre –, die verlangte, Gebete vor Unterrichtsbeginn in allen Schulen einzuführen. Zwar wäre wohl nicht zu erwarten gewesen, dass ein derartiges Gesetz vom Obersten Gericht jemals für verfassungskonform erklärt worden wäre, die Argumentation der Befürworter eines solchen Gesetzes war jedoch aufschlussreich für die eigenartigen Vorstellungen dieser Gläubigen. Es wurde behauptet, dass das Beten die Gewaltbereitschaft unter Schülern herabsetzen würde. Also Gebete mit oder über »Gottes Wort« zu Beginn des täglichen Unterrichts sollten bei Schülern die Tendenz vermindern, gewalttätig gegenüber anderen Schülern oder vielleicht sogar Lehrern zu werden. – Ähnlich irrationale

Vorstellungen lagen wohl auch der Aussage eines ehemaligen Präsidentschaftskandidaten in den USA zugrunde, der eine Schießerei an einer Schule in Connecticut, bei der mehrere Schüler und Lehrer den Tod fanden, mit den Worten kommentierte, dass dieses »geschah, weil wir Gott systematisch von unseren Schulen entfernt haben«. [112] Gemeint war hier mit »entfernen« wohl wiederum die Nichtzulässigkeit gemeinschaftlicher Gebete und der Verkündung von »Gottes Wort« an öffentlichen Schulen in den USA. Fragen müsste man sich bei dieser Bemerkung aber, wie ein nach christlichem Glauben »allgegenwärtiger Gott« überhaupt von irgendwo »entfernt« werden kann.

In diesem Zusammenhang lässt sich jedoch auch allgemein die Frage stellen, ob das sogenannte »Wort Gottes« nachweislich jemals jemanden von Gewalttätigkeit abgehalten hat, selbst wenn man von den blutigen Kreuzzügen des Mittelalters und den Religionskriegen zu Beginn der Neuzeit absieht. Bekannt dürfte Euch auch die Ermordung von Thomas Beckett sein, des Erzbischofs von Canterbury, die sich in der Kathedrale von Canterbury – also an »geheiligter Stätte« – abspielte. In neuerer Zeit hat es ebenfalls immer wieder Tötungsdelikte im Zusammenhang mit sogenannten »Gottesdiensten« gegeben – und dieses nicht nur in der muslimischen Welt, in der Mitglieder einer Glaubensrichtung wiederholt Bombenanschläge in Moscheen anderer Glaubensrichtungen verübten. Zeitungsberichten zufolge stürmte 1999 ein Mann in Fort Worth, Texas, in eine Kirche während eines Jugendgottesdienstes, feuerte aus zwei Pistolen auf die Anwesenden und tötete sieben Personen und anschließend auch sich selbst. Die Pastorin der Kirche wurde später mit den Worten zitiert, dass das der leibhaftige Teufel gewesen sei, da dieser nicht wolle, dass Gott gepriesen werde. Was sollte man zu diesen doch etwas absurden Vorstellungen sagen? Vielleicht: »Ach du armer lieber Gott. Du kannst nicht einmal deinen angeblichen Widersacher, den Teufel, den du ja auch noch als alleiniger Schöpfer aller Wesen und Dinge geschaffen haben sollst, von einer Stätte deiner Verehrung fernhalten?!« Im Grunde ist es wohl weniger irritierend, dass die Pastorin solche Worte von sich gegeben hat; den Glaubenspfaden mancher Menschen ist so manches

Mal schwer zu folgen. Ich finde es mehr irritierend – wie auch schon bei den vorherigen Zitaten –, dass eine derartige Aussage anscheinend für so bedeutsam angesehen wird, dass man sie in den Nachrichten wiedergibt und dazu ohne jeglichen Kommentar.

Wie »besänftigend« und »Gewalt vermindernd« das sogenannte in der Bibel niedergeschriebene »Wort Gottes« wirken kann, geht vielleicht am deutlichsten aus folgendem Geschehnis hervor, dass sich 1996 in Alabama zugetragen hat. Zwei Männer gerieten dort in einen Wettstreit, wer von ihnen die Bibel wohl besser zitieren könnte. Als dem einem bewusst wurde, dass er der Unterlegene war, ärgerte er sich offenbar über seine Niederlage dermaßen, dass er seinen Kontrahenten in das Gesicht schoss und ihn tötete. [113]

In den USA, in denen man sich wesentlich häufiger als in Europa in öffentlichen Debatten des Begriffes »Gott« oder anderer religiöser Begriffe zu bedienen scheint, ist vielen Gläubigen auch die Berechtigung zu einer Schwangerschaftsunterbrechung ein »Dorn im Auge«. Die Vereinigung von Ei- und Samenzelle gilt bei ihnen als der Beginn des Lebens und eine Schwangerschaftsunterbrechung ist für sie insofern die Tötung eines Menschen. Vor nicht allzu langer Zeit äußerte sich in den USA ein Politiker öffentlich in der Weise, dass selbst eine Schwangerschaft, die auf eine Vergewaltigung folge, »gottgewollt« sei und deshalb von der vergewaltigten Frau ausgetragen werden müsse. – Man kann diesem Mann das Recht nicht absprechen zu glauben, dass eine Schwangerschaft nach Vergewaltigung »gottgewollt« sei. (Müsste dann nicht aber auch schon die Vergewaltigung »gottgewollt« gewesen sein?) Das Gegenteil lässt sich nicht beweisen, da man »Gott« nicht befragen kann – wenn es einen solchen gibt. Wie dieser Politiker als Abgeordneter im Parlament stimmt, sollte es zu einer Abstimmung über eine derartige Frage kommen, ist ebenfalls seine Angelegenheit, genauso wie die Meinung, die er unter den Anhängern seines Glaubens vertritt. (Ich werde später in einem anderen Zusammenhang auf ein ähnliches Beispiel zurückkommen.) Mit seiner öffentlichen Forderung versucht dieser Mann aber seine Glaubensvorstellungen anderen aufzuzwingen, die seinen Glauben nicht teilen, und mit Bezug auf eine angeblich höhere Macht versucht er offensichtlich ein Gesetz für die Allgemeinheit zu schaffen, das besonders jene Frauen belasten würde, die eine Vergewaltigung über sich ergehen lassen mussten.

Es kann einen immer wieder verblüffen, mit welcher Selbstverständlichkeit und Beharrlichkeit von Gläubigen– oder anscheinend ernsthaft Glaubenden – auf »Gott« verwiesen wird und man dabei vorgibt, den »Willen Gottes« zu kennen. Relativ häufig lässt sich das in den USA nach einer Wahl beobachten, wenn ein von bestimmten Gläubigen bevorzugter Kandidat gewählt wurde. Als Leute vor etlichen Jahren nach einer Präsidentschaftswahl von einem Fernsehreporter befragt wurden, wie sie den Ausgang der Wahl beurteilten, äußerten einige ihre Zufriedenheit mit dem gewählten Präsidenten, dass sie sagten, »Gott« habe ihn in das Weiße Haus gebracht. Leider wurden sie nicht gefragt, wie sie sich das Eingreifen »Gottes« zugunsten des von ihnen offensichtlich bevorzugten Kandidaten vorstellten. Sollte »Gott« an irgendwelchen »Schrauben« in den Köpfen zahlreicher Menschen »gedreht« haben, wie er es – ich war in meinem früheren Brief darauf eingegangen – ja auch bei den sogenannten »Friedensgebeten« tun müsste, damit kriegswillige Personen an ihrem Vorhaben gehindert werden? »Gott« müsste also »Schrauben so gedreht haben«, dass die Wähler ihr Kreuzchen bei dem Namen des von den Interviewten bevorzugten Kandidaten machten? Und nicht nur Leute, die zufällig auf der Straße befragt wurden, sahen ein »Eingreifen Gottes« als gegeben an. Nein, auch ein General ließ es sich nicht nehmen, das später zu bekräftigen, und versäumte nicht, noch auf eine weitere Besonderheit hinzuweisen: »… zumal der Gegenkandidat die höhere Zahl an Gesamtstimmen (popular vote) erhalten hatte.« [114] Vielleicht wollte der Herr General mit dem Zusatz die besondere Klugheit und Effizienz »Gottes« hervorheben, sich auf die Staaten zu konzentrieren, die bei Präsidentschaftswahlen eine hohe Anzahl von Wahlmännern relativ zur Einwohnerzahl stellen. Somit hatte »Gott« es mit weniger Köpfen zu tun, in denen er »Schrauben drehen« musste.

Diese eigenartige oder eben irrationale Vorstellung, dass »Gott« selbst es ist, der eine bestimmte Person an die Spitze ihres Landes stellt, ist keineswegs auf Bewohner der USA beschränkt. Man braucht nur zu ihrem militärischen Hauptkontrahenten zu gehen, dem vormals so materialistischen Russland. Dort glaubte vor einiger Zeit ein hoher Würdenträger der Russisch-Orthodoxen Kirche unmittelbar nach der Präsidentschaftswahl 2012 der Öffentlichkeit mitteilen zu müssen, dass der gerade gewählte Präsident »von Gott gesandt« wurde. [115] Während »Gott« in den USA eine ganze Reihe von »Gehirnumschaltungen« hat durchführen müssen, dürfte er in Russland leichteres Spiel gehabt haben. Nach Ansicht vieler Beobachter sollen die damaligen Wahlen in Russland sowieso manipuliert gewesen sein (nachfolgende ebenfalls); dass also die Wahl des »Von-Gott-Gesandten« von vornherein festgestanden haben musste. In Anbetracht dessen und der Feststellung des Kirchenfürsten drängt sich die Frage auf, ob sich der »liebe Gott« vielleicht an der Manipulation beteiligt habe. Dagegen würde allerdings sprechen, dass die Manipulationen ziemlich schlampig durchgeführt sein sollten, und von »Gott« hätte man wohl bessere Arbeit erwartet.

Es lässt sich fragen, ob die Leute, die sich in öffentlichen Reden im Stil einer Predigt auf »Gott« berufen, sich selbst in der Tradition von Propheten des Altertums sehen; einer Tradition, welche sich offensichtlich aus den menschlichen Köpfen nicht hat vertreiben lassen. Man braucht sich somit nicht zu wundern, wenn auch Thomas Manns »Praeceptor Germaniae«, Paul de Lagarde, in dieser Tradition stand. Wie Fritz Stern schreibt, wollte Lagarde festgestellt haben, dass »ein Volk nur dann zur Nation werden kann, wenn es in seiner Gesamtheit die von Gott bestimmte Sendung auf sich nimmt.« [116] Wie die von »Gott« bestimmte Sendung hieß, wusste zu jener Zeit wohl nur Lagarde. Ein halbes Jahrhundert später meinte ein Mann, diese Sendung zu kennen, und nicht wenige Kirchenmänner scheinen den damaligen »Führer« und Diktator Deutschlands in seinen Ansichten bestärkt zu haben. Jedenfalls sind Aussagen von Pastoren und Bischöfen überliefert wie: »Dank gegen Gott, der uns den Führer gab, um durch ihn Wunder über Wunder am deutschen Leben zu tun«. [117] Oder dass der »Führer« »der Mund eines Heilands ist, der im Deutschen Volk Fleisch und Blut werden will und geworden ist«. [118] Auch wenn diese Sätze aufgrund der ihnen innewohnenden Mystifizierung inhaltlich nicht gerade verständlich sind – besonders was den Letzteren betrifft –, so klingt doch die Lobpreisung des »Führers« in den Worten dieser Pfarrer durch, und obgleich sie Beamte waren, darf man wohl davon ausgehen, dass auch in jener Zeit Pfarrer nicht zu Ergebenheitsadressen dieser Art dem deutschen Diktator gegenüber genötigt waren. (Mit einer ähnlich religiös christlichen Untermalung, wenn auch diesmal nicht von Geistlichen, wurde in jenen Jahren der italienische Diktator Benito Mussolini gefeiert, dass er »der erhabene Heiland in den Himmeln Roms« sei.) [119]

Wie sehr gerade Geistliche vor und während des Dritten Reichs mit den zitierten oder ähnlich absurden Äußerungen bei einfachen, aber gläubigen Anhängern der christlichen Religionen die Bereitschaft förderten, den Machtansprüchen des »Führers« gehorsamste Folge zu leisten, wird sich wohl niemals schlüssig nachweisen lassen. Eine gewisse Rolle dürften diese Äußerungen wohl schon gespielt haben, besonders wenn sie mit den Worten des Apostels Paulus aus dem Römerbrief 13,1 in Verbindung gebracht wurden: »Jedermann sei untertan der Obrigkeit, die Gewalt über ihn hat; denn es ist keine Obrigkeit ohne von Gott; wo aber Obrigkeit ist, die ist von Gott verordnet.« Zumindest in der Kaiserzeit – also bis 1918 – wurden diese Worte Schulkindern mit auf den Weg gegeben und auch ich habe noch von Vertretern der Generation meiner Großeltern diesen Satz des Neuen Testaments als eine Begründung für ihre willige Folgsamkeit gegenüber dem »Führer« zu hören bekommen. Dass diese Stelle im Römerbrief nicht nur bei einfachen Leuten, sondern auch in »höheren Kreisen« eine Rolle gespielt hat im Zusammenhang mit ihrem Verhalten gegenüber dem damaligen »Führer« in Deutschland, geht aus einigen Zeilen im »Ostpreußischen Tagebuch« von Hans Graf von Lehndorff hervor. [120] Graf Lehndorff schreibt, dass ein Vetter ihm von einem geplanten Attentat auf den »Führer« berichtet hatte – das dann erfolglos am 20. Juli 1944 ausgeführt wurde – und ihn gefragt habe, ob er bereit wäre, sich »zur Verfügung zu stellen, falls es noch an einem weiteren Helfer fehlen sollte«. Graf Lehndorff verrät nicht, ob er letztlich zustimmte, schreibt aber, dass ihm die genannte Stelle des Römerbriefes »besonders zu schaffen« machte. Auch abgesehen von einer möglichen Zu- oder Absage Graf Lehndorffs, »Helfer« bei dem Attentat auf den »Führer« zu sein, müsste man sich fragen, ob nicht die Worte des Apostels Paulus im Brief an die Römer etwas mit dem »blinden, sklavischen, kritiklosen Sichverbeugen vor der gerade existierenden staatlichen Autorität« zu tun haben, die der ungarische Philosoph Georg Lukács bei den von ihrem »Führer« Geführten »bis in die höchsten geistig akademischen Positionen« zu sehen vermeinte. [121] Selbst wenn ein Großteil der Bevölkerung zu jener Zeit nicht mehr streng kirchengläubig war?

Bemerkenswert ist in diesem Zusammenhang vielleicht auch, dass im Koran in der 4. Sure, Vers 59 steht: »O ihr, die ihr glaubt! Gehorcht Gott, und dem Gesandten und denen unter euch, die Befehlsgewalt besitzen.« Man darf sich auch hier fragen in Anbetracht des strengen Festhaltens am Koran, ob diese Worte nicht mitverantwortlich dafür sind, dass demokratische Regierungsformen in Staaten mit überwiegend muslimischer Bevölkerung sich nicht durchsetzen können und es nur die Möglichkeiten von Diktatur oder staatlichem Chaos gibt.

Im Deutschland der Zwanziger- und Dreißigerjahre des letzten Jahrhunderts meinte der auch von einem Teil der Geistlichkeit so hochgelobte Mann nicht nur die nach Lagarde dem deutschen Volk »von Gott bestimmte Sendung« [116] zu kennen, sondern er hielt sich offensichtlich auch für den ersehnten und von »Gott« berufenen »Führer«. So schreibt er in seinem berühmt-berüchtigten Buch »Mein Kampf«: »Völkerschicksale vermag nur ein Sturm von heißer Leidenschaft zu wenden, Leidenschaft erwecken kann aber nur, wer sie selbst im Innern trägt. Sie allein schenkt dann dem von ihr Erwählten die Worte, die Hammerschlägen ähnlich die Tore zum Herzen eines Volkes zu öffnen vermögen. Wem aber Leidenschaft versagt und der Mund verschlossen bleibt, den hat der *Himmel* nicht zum Verkünder seines Willens ausersehen.« [122] (Die Kursivschrift ist von mir. Bemerkenswert ist aber auch, dass man gemäß der Wortwahl in diesen Sätzen auch von der »Leidenschaft« »erwählt« werden kann. Man könnte jedoch beinahe sagen, dass dieser Mann im wahrsten Sinne des Wortes diese »Berufung« erfüllt hat und *Leiden schuf,* wie niemand zuvor.) An der gleichen Stelle in »Mein Kampf« fährt er dann fort, um auf der Basis seiner »Leidenschaft« seine »Erwähltheit« zu unterstreichen: »Daher möge jeder Schreiber bei seinem Tintenfasse bleiben und sich ›theoretisch‹ betätigen, wenn Verstand und Können hierfür genügen; zum Führer ist er weder geboren noch erwählt.« In seinem Buch wie auch in späteren Reden – wie etwa der schon erwähnten auf dem Parteitag in Nürnberg 1934 – betont er den »ewigen Naturgesetzen« entsprechend zu handeln, »die uns ein Gott gegeben hat« [102], um damit seine Vorstellungen von der Herrschaft »höherer« über »minderwertigere Rassen« zu begründen. Sonst würde – wie er in »Mein Kampf« ausführt – »dieser Planet wieder wie vor Jahrmillionen menschenleer durch den Äther ziehen. Die ewige Natur rächt unerbittlich die Übertretung ihrer Gebote. So glaube ich heute im Sinne des allmächtigen Schöpfers zu handeln: Indem ich mich des Juden erwehre, kämpfe ich für das Werk des Herrn.« [123]

Beim Lesen nur eines Teils seiner Reden und Schriften wird man den Eindruck nicht los, dass dieser Mann nicht müde wurde, sich auf »Gott, den Herrn« zu berufen. In seiner ersten Rundfunkansprache als frisch ernannter Kanzler des Deutschen Reiches am 1. Februar 1933 erbittet er den »Segen des Allmächtigen« [124] und in der Neujahrsansprache 1944 verweist er auf »Gott« mit folgenden Worten: »Das Ziel unseres Kampfes ist ihm bekannt. Seine Gerechtigkeit wird uns so lange prüfen, bis er seinen Urteilsspruch sprechen kann. Unsere Pflicht ist es, zu sorgen, dass wir vor seinen Augen nicht zu leicht erscheinen, sondern den gnädigen Richterspruch erfahren, der ›Sieg‹ heißt und damit das Leben bedeutet.« [125]

Abgesehen von der Mystik dieser Sätze, die – jedenfalls mir – ziemlich unverständlich ist, müsste man nicht sagen, dass diese Sätze zusammen mit den zuvor zitierten Aussagen durchaus Demut gegenüber einem Gott vermitteln? Dass es sich bei diesem Mann, seinen Worten nach zu urteilen, um einen frommen und gottesfürchtigen Mann handelt? – Dieser Mann habe überhaupt nicht das Recht gehabt, sich auf »Gott«

zu berufen, habe ich wiederholt in der Vergangenheit gehört. Wer aber hat die Berechtigung, in der Öffentlichkeit und im Zusammenhang mit öffentlichen Angelegenheiten sich auf »Gott« zu berufen? (»Öffentlich« soll wiederum heißen: außerhalb seiner privaten Sphäre und außerhalb seiner Glaubensgemeinschaft.) Wer hat die Berechtigung, mit dem Begriff »Gott« oder anderen religiösen Begriffen zu argumentieren und seine Mitbürger mithilfe dieser Begriffe zurechtzuweisen? Jemand, der sich in den sogenannten »heiligen Schriften« besonders gut auskennt? Jemand, der offiziell Theologie an einer Universität studiert und ein Abschlussexamen bestanden hat oder zum Priester geweiht wurde? – Ich erwähnte bereits studierte Pfarrer, welche die »Nationalsozialistische Bewegung« und deren »Führer« begrüßten und unterstützten. – Ist es dann erst ein höherrangiger kirchlicher Würdenträger, der berechtigt ist, in der Öffentlichkeit über »Gottes Willen« zu sprechen und sich einer »religiösen Sprache« zu bedienen? »Durch den Bischof spricht immer Gott!«, behauptete vor einigen Jahren ein Kardinal. [126] Ob der Herr Kardinal dabei auch an einen früheren Kardinalskollegen gedacht hat, der von dem »Führer« der »Nationalsozialistischen Bewegung« 1936 sagte: »Der Reichskanzler lebt ohne Zweifel im Glauben an Gott« [127]? Oder dachte er an jenen katholischen Feldbischof, der einst predigte, hinter den Befehlen des »Führers« stehe »Gott selbst mit seinem Willen und seinem Gebot«? [128]

Sicher wird sich die oben schon angeschnittene Frage nicht schlüssig beantworten lassen, inwieweit die wiederholte Bezugnahme auf einen »Gott« durch Vertreter der »Nationalsozialistischen Bewegung« und die Unterstützung von kirchlicher Seite der Akzeptanz der »Nationalsozialistischen Bewegung« in der breiten Bevölkerung genützt haben mag und dem »Führer« dieser »Bewegung« in seinem Bestreben, eine Art »Weltherrschaft des nordischen Menschen« zu errichten. Gänzlich ausschließen lässt es sich aber wohl nicht, dass die Bezugnahme auf »Gott« zusammen mit der Fürsprache religiöser Würdenträger einen förderlichen Einfluss in dieser Hinsicht ausgeübt hat; gerade weil man sich auch in der heutigen Zeit noch – wie ich zu zeigen versuchte – in der

Öffentlichkeit gern auf »Gott« berufen möchte und sich dadurch einen zusätzlichen Schub für eine Zustimmung zu der propagierten Meinung zu versprechen scheint.

Im Übrigen brauchte sich »der liebe Gott« 1932/1933 nicht so anzustrengen, um nach der Vorstellung einiger frommer Kirchenmänner Deutschland »den Führer zu geben, um dann Wunder über Wunder am deutschen Leben zu tun«. [117] Musste »Gott« beispielsweise später in den USA in die Gehirne von Tausenden von Wählern eingreifen, damit diese – nach den Vorstellungen wenigstens einiger frommer Leute dort – die ihm genehme Person in das Weiße Haus wählten, so musste er dank der Verfassung des Deutschen Reiches 1932/1933 nur die Gehirne von ein paar »Hintertreppenpolitikern« umschalten, damit sie den »Führer der Nationalsozialistischen Bewegung« zum Reichskanzler und letztlich zum Alleinherrscher in Deutschland machten oder – wie man später sagte – ihm als »Steigbügelhalter in den Sattel (auf dem Pferd) der Macht verhalfen«.

Vielleicht wundert Ihr Euch, dass ich in diesem Abschnitt über den Gebrauch »religiöser Sprache« in der Öffentlichkeit bisher nicht auf die sogenannten »Gottesbeweise« eingegangen bin. Ich denke, dass dieses nicht notwendig ist. »Gottesbeweise« haben in früherer Zeit vielleicht einmal in der Öffentlichkeit eine bedeutsame Rolle gespielt, in der heutigen Zeit aber wohl kaum und wohl nur innerhalb religiöser Glaubensgemeinschaften; »zur Bestätigung des Glaubens« – wie ich einmal las. [129] Und innerhalb der Glaubensgemeinschaften und im privaten Bereich sollte es jedem überlassen sein, zu glauben, was er will und was er für einen Beweis hält.

Für erwähnenswert halte ich aber in diesem Zusammenhang die Begründung von einer Gruppe von Wissenschaftlern, weshalb es *keinen* Gott geben sollte, die meines Erachtens ähnlich irrational ist wie irgendein Versuch, die Existenz eines Gottes zu beweisen. Der Evolutionsbiologe Ernst Mayr führte 1998/1999 eine inoffizielle Befragung unter seinen Kollegen der National Academy of Sciences, USA, durch, ob es ihrer Meinung nach einen Gott gäbe oder nicht. [130] Die überwiegende

Mehrheit soll verneint haben, an einen Gott oder Götter zu glauben, und die meisten von diesen antworteten, dass sie einfach nicht an »übernatürliches Zeug« glauben könnten. Ein Teil von diesen aber, die den Glauben an übernatürliche Wesen verneinten, sollen ihre Einstellung zusätzlich damit begründet haben, dass sie nicht glauben könnten, es gäbe einen Gott »bei all dem Bösen (evil) in der Welt«. – »Wie bitte?«, müsste man sich auch da fragen. Was soll hier unter »Bösem« verstanden werden? Ist nicht »Böses« immer etwas, was Menschen anderen Menschen zufügen? Wir Menschen, von denen man annehmen muss, dass wir einen weitestgehend freien Willen haben? Sollte man von einem Gott erwarten, dass er immer einschreitet, wen jemand sich anschickt, etwas »Böses« zu tun? Ist es wirklich das, was nach Meinung dieser Befragten die Existenz eines Gottes ausschließen soll?

Wie rational lässt sich »Böses« überhaupt bestimmen? Der Begriff beruht doch auf persönlichem Empfinden und gesellschaftlicher Übereinkunft und richtet sich im Wesentlichen nach dem »Auge des Betrachters«, was also ein jeder für »«gut« und für »böse« hält. Das haben doch gerade religiöse Kriege der Vergangenheit gezeigt und die Verfolgung religiöser Minderheiten in der Vergangenheit und in der Gegenwart und vielleicht hier am deutlichsten die islamistischen Selbstmordattentäter. Doch trotz all dem »Bösen« in dieser Welt vermehren sich die Menschen wie kein anderes Lebewesen (vielleicht nur mit Ausnahme der die Menschen bevölkernden Parasiten). Und dieses könnte man nach allgemeiner Vorstellung (»Seid fruchtbar und mehret euch!«) [131] als etwas »Gutes« sehen und damit gemäß der vorherigen Logik als einen Beweis *für* die Existenz eines Gottes.

Ideen über Menschenleben

Wohl unter dem Eindruck dessen, was durch die »Rassenlehre« der »Nationalsozialistischen Bewegung« angerichtet wurde mit der Versklavung und Tötung von Millionen von Menschen vor und während des Zweiten Weltkrieges, verabschiedete die Weltgemeinschaft 1948 in der Generalversammlung der neu gegründeten Vereinten Nationen die »Allgemeine Erklärung der Menschenrechte«. In dieser Erklärung wird das Recht eines jeden Menschen auf Leben zum »höchsten Gut« erklärt, dem Gesetze und Regeln des menschlichen Zusammenlebens untergeordnet sein sollten. Entsprechend heißt es in Artikel 3: »Jeder Mensch hat das Recht auf Leben, Freiheit und Sicherheit der Person.« Das dürfte wohl die sinnvollste Entscheidung und Ausdrucksweise für ein »höchstes Gut« sein, ein »Summum Bonum«, wie es auf Lateinisch gern ausgedrückt wird. Man könnte auch sagen, dass das Recht eines jeden Menschen auf ein Leben in Freiheit die Grundlage sein sollte, auf der alle anderen Gesetze folgerichtig aufgebaut sein müssten. In den einzelnen Staaten mögen zwar zuvor schon andere (vermeintliche) Werte höher eingestuft worden sein, menschliches Leben aber dürfte bei allen Staaten, Völkern und Volksgruppen ziemlich weit oben auf einer wirklichen oder nur allgemein empfundenen Liste gesellschaftlicher Werte gestanden haben, weshalb also sollte man das dann nicht als höchsten Wert für die Völkergemeinschaft nehmen?!

Ein Gedanke hinter Artikel 3 – »Jeder hat das Recht auf Leben, Freiheit und Sicherheit der Person« – war wohl auch ein Gedanke jenem ähnlich, wie ihn der Philosoph Karl Popper vor etwa 100 Jahren formuliert hatte: »Lasst Ideen sterben, nicht Menschen!« Das angestrebte Ziel der »Allgemeinen Erklärung der Menschenrechte« – wie es zwischen den Zeilen anklingt und auch schon zuvor in der Charta der Vereinten Nationen zum Ausdruck kam – war wohl die Schaffung einer Welt- und Völkergemeinschaft, die mit sich selbst in einem friedlichen Gleichgewicht lebt. Dieses Ziel haben wir offensichtlich bei Weitem noch nicht erreicht. Zwar hat es seit Ende des Zweiten Weltkrieges keinen erneuten Weltkrieg gegeben mit an die 50 Millionen Toten, auch keine Massentötungen von der Art und dem Ausmaß, wie sie von Deutschland aus unter der Herrschaft der »Nationalsozialistischen Bewegung« durchgeführt wurden, doch Massentötungen von Tausenden und Hunderttausenden von Menschen haben auch seit der Verabschiedung der »Allgemeinen Erklärung der Menschenrechte« stattgefunden. Ihr braucht nur an Kambodscha, an Ruanda und den letzten Balkankrieg zu denken oder auch an Indonesien, in dem bereits in den Sechzigerjahren des letzten Jahrhunderts und ziemlich unbemerkt von dem Rest der Welt eine halbe Million Menschen getötet wurden.

All diesen Massentötungen lag in gewisser Weise die gleiche Idee zugrunde, der auch schon die »Nationalsozialistische Bewegung« gefolgt war: Unser Volk (unsere Gruppe oder »Rasse«) hat ein höheres Recht, in diesem Gebiet zu leben. Oder: Unsere Vorstellung von einer menschlichen Gesellschaft ist die einzig richtige und jeder, der nicht bereit ist, das zu akzeptieren, hat sein Leben verwirkt. – Auch wenn sich Massentötungen in der sogenannten westlichen Welt nach den Exzessen der »Nationalsozialistischen Bewegung« und der Freilassung der Gefangenen des Zweiten Weltkrieges nicht mehr in größerem Maße ereignet haben, so treten doch auch hier immer wieder Gruppen oder Einzelpersonen in Erscheinung, die offensichtlich bereit sind, für ihre Ideen von einer »besseren« Welt anderen Menschen das Recht auf Leben abzusprechen, bei ihren anschließenden Aktionen ziemlich unterschiedslos vorgehen und dabei auch den Tod zufällig anwesender Personen billigend in Kauf nehmen.

Gesellschaftspolitische Ideen

In den Siebziger- und Achtzigerjahren des letzten Jahrhunderts überzogen Mitglieder einer politische Gruppierung das damalige Westdeutschland mit Bombenanschlägen und mit Entführungen von und Attentaten auf verschiedene Personen, von denen sie allem Anschein nach glaubten, dass es sich um entscheidende Träger des sogenannten »kapitalistischen Systems« handelte. Man ging offensichtlich davon aus, dass die Gegenmaßnahmen des »herrschenden kapitalistischen Systems« von einem großen Teil der Bevölkerung als unterdrückend empfunden würden, es dann zu einem Aufstand vorwiegend der »Arbeiterklasse« käme und somit der Weg für eine Art »sozialistisches Regierungssystem« geebnet würde. Dieses Ziel wurde allem Anschein nach auch als so »erhaben« eingestuft, dass man sich berechtigt fühlte, nicht nur vermeintliche Träger der »herrschenden Klasse« umzubringen, sondern erst einmal auch Menschen mitzutöten, die in der Nähe waren, aber keineswegs zu den Trägern des bekämpften »kapitalistischen Systems« gerechnet werden mussten, sondern eher zu den vermeintlich »Ausgebeuteten« gehörten. Natürlich – so könnte man sagen – kam es zu keinem Aufstand in der Bevölkerung. In der »Arbeiterklasse« rührte sich nichts. Die Mitglieder dieser Terror verbreitenden Gruppe wurden nach und nach eingefangen, vor Gericht gestellt und zum Teil zu langjährigen Freiheitsstrafen verurteilt.

Im Zusammenhang mit der Protestbewegung gegen Atomkraftwerke in Deutschland in den letzten drei Jahrzehnten des letzten Jahrhunderts wurden ebenfalls Stimmen laut, die ebenfalls öffentlich Gewalt gegen Personen propagierten, nur dieses Mal gegen diejenigen, die für die Nutzung der Atomenergie eintraten und sie förderten. So sah beispielsweise der Philosoph Günther Anders Berichten zufolge »durch die Existenz der Atomkraftwerke einen Notstand gegeben, der zur Notwehr berechtigt«. [132] Über die »an der Herstellung, der Installierung und dem eventuellen Einsatz der Geräte Interessierten« sagte er: »Da sie uns pausenlos terrorisieren, könnte es geschehen, dass auch sie einmal pausenlos eingeschüchtert werden.« [133] Er sprach nicht deutlich aus, was mit »Notwehr« und »pausenlosem Einschüchtern« gemeint war, doch es klingt so, als sollte das die Tötung von Personen mit einschließen, die an der »Installierung« von Atomkraftwerken »interessiert« waren, Leute also, die nach den Gesetzen demokratischer Länder eine durchaus legale Tätigkeit ausübten. Das Argument – wenn auch nicht deutlich ausgesprochen – war demnach: Weil ich das Gefühl habe, von jenen Leuten bedroht und terrorisiert zu werden, bin ich berechtigt, sie zu töten. – Wie unterscheidet sich eine derartige Argumentation eigentlich von der irrationalen Vorstellung von Mitgliedern der »Nationalsozialistischen Bewegung«, die vorgaben, sich von *den* Juden bedroht zu fühlen und deshalb das Recht hätten, gegen Juden vorzugehen? So zitiert Heinz Höhne in seinem Buch »Der Orden unter dem Totenkopf« einen Absatz aus einer »Standardlektüre« der SS aus dem Jahre 1936 (Ich erwähnte den Hauptgedanken dieses Absatzes bereits zuvor in einem anderen Zusammenhang. Vgl., S. 47, Referenz 52.): »Der Jude ist ein Parasit. Immer wenn es ihm gut geht, sterben die Leute. Von der frühesten Zeit bis zu unserem Tag hat der Jude buchstäblich die Völker getötet und vernichtet, an denen er sich gütlich tat, soweit er dazu in der Lage war. Eliminierung des Juden aus unserer Gesellschaft muss als Notwehrmaßnahme gesehen werden.« – Hinzufügen sollte ich an dieser Stelle jedoch im Hinblick auf die Forderung von Günther Anders, dass andere, prominentere Vertreter der »Antiatomkraftbewegung« seine Forderung sofort ablehnten. [132]

»Präventive Abwehr« glaubten anscheinend auch Mitglieder einer Gruppe zu betreiben, die vor einigen Jahren Aufmerksamkeit erregten, da sie Paketbomben an Wissenschaftler verschickten, die sich mit Nanotechnologie befassten. Soweit ich mich entsinnen kann, war nicht die Rede davon, dass jemand verletzt wurde – glücklicherweise nicht. Die Absender warnten aber über das Internet weltweit Forscher, die sich mit Nanotechnologie befassten, vor ähnlichen Aktionen, sollten sie weiterhin auf diesem Gebiet forschen. Irgendwie musste sich wohl in den Köpfen der Absender die Vorstellung festgesetzt haben, dass Nanoprodukte eine Art »Teufelszeug« seien und man deshalb berechtigt oder sogar verpflichtet sei, diejenigen aus der Welt zu schaffen, die an der Herstellung solcher Produkte beteiligt sind.

Ähnliche Vorstellungen muss auch ein Mann gehabt haben, der schon in den Achtziger- und Neunzigerjahren des letzten Jahrhunderts Bombenanschläge in den USA durchführte und als »Unabomber« bekannt wurde. Er wollte offensichtlich das Fortschreiten der industriellen Entwicklung aufhalten, das seiner Meinung nach zu einer weltweiten Katastrophe führen würde. Anscheinend zog er daraus den Schluss – ähnlich wie Günther Anders gegenüber den Befürwortern der Atomenergie und später die Gegner der Nanotechnologie –, dass er deshalb das Recht habe, bestimmte Leute zu töten, die in seinen Augen die Industrialisierung oder bestimmte Formen der Industrialisierung und somit die Vernichtung der Welt und der Menschheit vorantrieben. Dieser »Unabomber« versandte Bomben hauptsächlich mit der Post, aber er platzierte auch in den Cargoraum eines Linienflugzeuges eine Sprengladung, welche jedoch nicht detonierte. Insgesamt tötete er 3 Menschen und verletzte 23, zum Teil schwer, bevor er gefasst und abgeurteilt wurde.

Abgesehen davon, dass dieser Mann *seine* Idee von einer »besseren« Welt über Menschenleben stellte, muss man sich fragen, was er mit seinem absurden Unterfangen, Menschen zum Teil recht wahllos zu töten, eigentlich erreichen wollte. Er hatte ein Manifest verfasst, in dem er seine Überzeugungen darlegte und das dann auch von zwei großen Zeitungen abgedruckt wurde. (Was schließlich zu seiner Verhaftung führte, da sein Bruder aufgrund der darin enthaltenen Ausführungen ihn als den Verfasser des Manifestes erkannte und – das Allgemeinwohl über das seines Bruders stellend – der Polizei den entsprechenden Hinweis gab.) Man muss sich aber staunend und kopfschüttelnd fragen, ob dieser Mann, der »Unabomber«, ernsthaft glauben konnte, dass die in dem Manifest dargelegten Überlegungen – von denen einige durchaus berücksichtigungswert waren – letztlich eine Wirkung in der Öffentlichkeit haben würden, zumal er sie durch seine Bluttaten diskreditiert hatte. Bemerkenswert ist auch, dass er in dem Manifest und in zwischenzeitlichen Schreiben an Zeitungen sich als ein Vertreter eines »Freedom Clubs« ausgab. – Wie Ihr seht, wurde auch hier das erhabene Wort »Freiheit« in Anspruch genommen. Wie waren noch die gepriesenen Worte des früheren Präsidentschaftskandidaten Barry Goldwater? »Extremismus ist keine Schande, wenn man die Freiheit verteidigt.«

Religiöse Ideen

Vor einigen Jahren fiel mir in einer Zeitung eine kurze Mitteilung auf, die ich bemerkenswert fand, auch wenn sie sich auf ein Ereignis bezog, das schon 100 Jahre zurücklag. In Neapel hatte ein angetrunkener junger Mann einen Stein auf ein Kruzifix an der Tür einer Kirche geworfen. Passanten, die das sahen, waren darüber so erbost, dass sie versuchten, den jungen Mann zu lynchen, und sie wurden nur – wie zu lesen war – von herbeieilenden Truppen daran gehindert. [134] – Es wurde nicht gesagt, was mit dem jungen Mann anschließend geschah. Ich meine nicht, dass er ganz ungestraft hätte davonkommen sollen, falls das Kruzifix oder die Kirchentür beschädigt worden war. Doch die Todesstrafe, wie sie die Passanten über ihn verhängen wollten, für eine Tat, die im Grunde nur auf Sachbeschädigung oder höchstens auf die Beschädigung eines Kunstgegenstandes hinausgelaufen war?

Dieser Vorgang dürfte zeigen, wie gerade bei den mit einer Religion verbundenen Ideen der Wert einer Idee über den Wert eines Menschenlebens gestellt wird; in diesem Fall der vermeintliche Wert eines Kruzifixes, des Symbols des christlichen Glaubens. »Lasst Ideen sterben, nicht Menschen!«, lautete doch der schon erwähnte Aufruf des Philosophen Karl Popper. Ich weiß nicht, ob er damit auch religiöse Ideen mit eingeschlossen wissen wollte, was aber von meinem Standpunkt aus – damit Ihr mich nicht falsch versteht – nicht bedeuten sollte, den ganzen christlichen Glauben sterben zu lassen, sondern nur die Idee, dass der Wert eines Gegenstandes der religiösen Verehrung über den Wert eines Menschenlebens gesetzt werden kann, sodass die Beschädigung des Gegenstandes oder der bloße Versuch einer Beschädigung schon mit dem Tod zu bestrafen sei.

Nun, dieser Steinwurf auf ein Kruzifix an einer Kirchentür in Neapel ereignete sich 1902 und man darf wohl davon ausgehen, dass Anhänger einer jeden christlichen Religion heutzutage gelassener auf einen derartigen Vorfall reagieren würden. Passanten würden, sofern eine Beschädigung des Kruzifixes oder der Tür zu sehen wäre, den Täter wohl nur festhalten und ihn der Polizei übergeben.

Anders dagegen verhalten sich Nachrichten zufolge auch heutzutage noch Anhänger verschiedener anderer Religionen, vor allem Anhänger des Islam. Unter ihnen – selbst wenn sie in westlich demokratischen Ländern leben – scheint es nicht wenige Gläubige zu geben, bei denen immer noch eine religiöse Idee weit über der eines Menschenlebens steht und die auf eine manchmal ironische Kritik an ihrem Propheten und ihrem »heiligen« Buch, dem Koran, mit Gewaltausbrüchen reagieren. Im Nahen Osten, in vorwiegend muslimisch geprägten Ländern scheint diese Tendenz noch wesentlich ausgeprägter zu sein. Dort scheint sich auch in den letzten 30 bis 40 Jahren ein religiöser Fundamentalismus ausgebreitet zu haben, oder sogar mehrere, deren jeweilige Anhänger die eigene Vorstellung vom Islam überhaupt für die einzig richtige Religion im ganzen Universum halten und die verlangen, dass sich alle Menschen zu diesen ihren Vorstellungen bekehren lassen. Sie nehmen sich zum Teil das Recht heraus, jeden zu töten, der nicht mit ihren religiösen Vorstellungen übereinstimmen will. Offensichtlich überzeugt, dass sie nach dem Tod in einer Art Paradies von Jungfrauen umsorgt werden, sprengen sie sich in Ansammlungen von Menschen in die Luft, um anscheinend dabei möglichst viele von den in ihren Augen Ungläubigen mit in den Tod zu reißen. Sie scheinen auch nicht danach zu fragen, wie viele »Rechtgläubige« – selbst ihrer Definition entsprechend – und wie viele Kinder, die noch gar nicht einmal die Möglichkeit hatten, sich selbst zum »rechten Glauben« zu bekennen, mitgetötet werden. Zwar geht dieses Töten hauptsächlich von sunnitischen Gläubigen aus, doch scheinen an verschiedenen Stellen der islamischen Welt Schiiten und Sunniten sich gleichermaßen erbittert zu bekämpfen. Auch wenn der Zwist zwischen diesen beiden religiösen Gruppen noch älter ist als der frühere Zwist zwischen Katholiken und Protestanten, sollten die beiden muslimischen Gruppen doch eigentlich von den europäischen Religionskriegen vor 400 bis 500 Jahren gelernt haben, dass die religiöse Rechthaberei mit gegenseitigem Abschlachten wohl letztlich niemandem einen Vorteil bringt. Wenn die Stärken einigermaßen gleichmäßig verteilt sind, werden die Gläubigen der einen Seite sich nicht den Gläubigen der anderen Seite unterordnen. Insofern wäre es doch für das friedliche Zusammenleben besser, von gewalttätigen Aktionen abzusehen und die religiöse Anschauung des jeweils anderen zu respektieren, ähnlich wie die Europäer dieses einst auch haben lernen müssen.

Darüber hinaus gibt es muslimische Staaten, die – obgleich sie als Mitglieder der Vereinten Nationen die Charta der Menschenrechte unterschrieben haben – Bewohner ihres Landes wegen angeblicher Beleidigung des Islam mit – in unseren Augen – mittelalterlichen Strafen belegen oder diejenigen sogar zum Tode verurteilen, die sich nicht mehr zum Islam bekennen wollen. (Die Todesstrafe für den Abfall vom Glauben wurde auch einst im Christentum gefordert, wie etwa von Thomas von Aquin. [135] Allerdings liegt eine solche Forderung mehr als 700 Jahre zurück, und kein ernsthafter Vertreter einer christlichen Glaubensrichtung würde eine derartige Forderung heutzutage noch erheben.)

Gläubige einer anderen religiösen Gruppierung im Nahen Osten argumentieren mit der irrationalen Behauptung, dass »Gott« oder »ihr Gott« Angehörigen ihrer Religion vor mehr als 3000 Jahren einen bestimmten Landstreifen zugesprochen habe. Davon leiten sie das Recht ab, gewissermaßen als die »Nachkommen im Glauben« dieses Land wieder in Besitz nehmen zu dürfen. Auch wenn sie dieses angebliche Recht nicht gerade über das Leben der gegenwärtigen Bewohner stellen, so sehen sie sich doch berechtigt, die gegenwärtigen Bewohner von diesem Landstreifen zu vertreiben.

In der sogenannten westlichen Welt findet sich abgesehen von einem Eindringen des islamitischen Fanatismus religiöser Fanatismus eigentlich nur in der »Antiabtreibungsbewegung« – wie ich sie nennen möchte – in den USA, bei der es zu massiven Bedrohungen gegenüber Kliniken gekommen war, zu Bombenanschlägen auf diese und auch zu Tötungen von Ärzten, die in Übereinstimmung mit gültigem Gesetz Schwangerschaftsunterbrechungen durchführten.

Selbstverständlich gibt es kein Naturgesetz, das besagt, dass das Recht eines Menschen auf Leben als höchster Wert zu gelten habe und die Erhaltung seines Lebens immer über dem stehen sollte, was eine überlieferte oder eine neu erdachte Religion lehrt. Moralische Prinzipien können nicht aus der Natur abgeleitet werden – wie ebenfalls der schottische Philosoph David Hume vor etwa 250 Jahren betont hat. Abgesehen davon hat sich die Mehrheit der Staaten dieser Welt darauf geeinigt, das Recht eines jeden Menschen auf Unversehrtheit zum obersten Gesetz zu erheben, dem auch offiziell alle Staaten zugestimmt haben, die später Mitglieder der Vereinten Nationen wurden. In vielen Staaten aber, und nicht nur in muslimischen, setzt man sich auch von Regierungsseite über diese Art »Grundgesetz« des Artikels 3 der »Allgemeinen Erklärung der Menschenrechte« hinweg, ohne dass dieses irgendwelche Konsequenzen vonseiten der übrigen Staatengemeinschaft nach sich zieht. Eine Ausnahme bildeten vielleicht nur die »Kriegsverbrecherprozesse« vor dem Internationalen Gerichtshof in der Folge der Kriege, die mit der Auflösung Jugoslawiens in den Neunzigerjahren des letzten Jahrhunderts in Zusammenhang standen.

»Tierrechte«

Im Gegensatz zu der Mehrheit der zuvor erwähnten Gruppen und Einzelpersonen, die – abgesehen von den religiösen Fundamentalisten – weitgehend der Vergangenheit angehören, gibt es eine Art Bewegung, unter deren Anhängern offensichtlich einige ebenfalls die diese Bewegung einende Idee über das Leben von Menschen stellen: die Bewegung der »Tierrechtsaktivisten«. Ich möchte auf sie etwas ausführlicher eingehen, da diese Bewegung in den letzten Jahrzehnten in der westlichen Welt verstärkt Zuspruch erhalten zu haben scheint, und ihre Anhänger ein widersprüchliches – um nicht zu sagen: irrationales – Verhalten an den Tag legen.

Es handelt sich bei ihnen wohl ausschließlich um Vegetarier oder Veganer, deren Vorstellung es ist, dass der Mensch kein Recht habe, Tiere – oder »andere Tiere« – für irgendwelche eigenen Zwecke zu gebrauchen, sei es zur Ernährung oder zur Kleidung. Sie lehnen deshalb Tierzucht zum Fleischverzehr, die Jagd und die Pelztierzucht ab. Sie versuchen, diese Ansicht anderen aufzuzwingen, und scheuen dabei auch nicht vor Bedrohungen und Gewalttaten zurück. Vor allem aber scheinen sie sich gegen Tierversuche in der biomedizinischen Forschung zu wenden und bezeichnen in diesem Zusammenhang Forscher als »Betrüger, Mörder und Folterer«. Sie verwüsten Labore und bedrohen nicht nur die Wissenschaftler, die Tierversuche durchführen, sondern auch deren Familien. Es wurden von »Tierrechtsaktivisten« sogar Bombenanschläge auf Autos von Wissenschaftlern verübt, wenn auch so weit niemand bisher dabei zu Schaden gekommen ist. [136, 137] Ungeklärt blieb aber der Mord an einem Dekan einer tierärztlichen Hochschule in Tennessee, der einen Monat vor seinem Tod Todesdrohungen von »Tierrechtsaktivisten« erhalten hatte. [138] – Wenn auch sicherlich nicht alle »Tierrechtsaktivisten« so weit gehen würden, so habe ich doch bisher nicht von einer offiziellen Verurteilung derartiger Taten seitens irgendeiner »Tierrechtsgruppe« gehört oder gelesen. Stattdessen zeigte man vielfach eine Art Verständnis für derartige Handlungen und stufte sie gleichsam als »Verzweiflungstaten« ein. Höchstens hörte man ein »Nein, so nicht, aber ...«. Zusätzlich wurde von den »nicht gewalttätigen Tierrechtsgruppen« Geld zur Verteidigung derer bereitgestellt, die im angeblichen Kampf um Tierrechte wegen begangener Verbrechen vor Gericht gestellt und dann auch später verurteilt wurden. [139]

Menschen und ihre Vorfahren haben wohl seit Millionen von Jahren Fleisch verzehrt – wie man auch am nächsten Verwandten des Menschen, dem Schimpansen, beobachten kann – und seit Tausenden von Jahren haben Menschen sich Tiere zunutze gemacht. Natürlich kann man das für unethisch halten und ein jeder, der so denkt, hat das Recht, die Verwendung von Tieren als Nahrungsmittel und zur Nutzung, einschließlich biomedizinischer Forschung, abzulehnen und öffentlich für – seiner Meinung nach – »unethisch« zu erklären. Dieses hat aber mit Rationalität – wie teilweise behauptet wird – nichts zu tun, sondern ist eine reine Glaubensangelegenheit und Gefühlssache. Auf der anderen Seite muss man diese Aktivisten aber fragen, ob sie es nicht als widersprüchlich und irrational empfinden, Tierversuche einerseits als Verbrechen hinzustellen, andererseits aber eine medizinische Behandlung, die aus der tierexperimentellen Forschung hervorging, durchaus für sich in Anspruch zu nehmen, sei es in Form eines Medikamentes oder in Form eines chirurgischen Eingriffs?! Bisher habe ich noch nicht gehört oder gelesen, dass irgendjemand eine medizinische Behandlung abgelehnt hat, weil diese auf tierexperimentellen Untersuchungen beruhte. In der Rechtsprechung gilt doch sonst, dass man keinen Vorteil aus einem Verbrechen – was doch nach Meinung der »Tierrechtsaktivisten« ein Tierversuch ist – ziehen darf, und tut man dieses wissentlich, macht man sich der Hehlerei schuldig. Man kann fordern, Rechte von Menschen auch auf Tiere auszuweiten, doch sollte man dann nicht auch eine jegliche Behandlung ablehnen, die sich auf Tierversuchen gründet? Allerdings ist wohl anzunehmen, dass die meisten derjenigen, die eine medizinische Behandlung benötigen, keine Ahnung haben, wie viel bei den Behandlungserfolgen in der Medizin auf Tierversuchen beruht. Insofern wäre in dieser Hinsicht mehr Aufklärung notwendig. Über einen bekannten Astronomen wird beispielsweise berichtet, dass er seine Gegnerschaft zu Tierversuchen erst dann aufgab, als man ihm erklärte, dass die von ihm benötigte Knochenmarktransplantation auf jahrelanger Vorarbeit mit Versuchen an Tieren beruhte. [140]

Nicht nur die Humanmedizin, sondern auch die Tiermedizin hat Vorteile aus Tierversuchen gezogen, was offensichtlich den meisten Besitzern von Haustieren nicht bewusst zu sein scheint. Da es wohl kaum eine ernst zu nehmende Medizin gibt (d. h. eine, deren Wirkung wissenschaftlich nachgewiesen wurde), die nicht auf Experimenten mit Tieren beruht, hatten biomedizinische Forscher in den USA vorgeschlagen, folgenden Satz auf Rezeptblöcke zu drucken: »Diese Medizin wurde zum Teil aufgrund von Tierforschung entwickelt.« Dazu kam es jedoch nicht, da berufliche Gesellschaften, niedergelassene Ärzte und Apotheken sich dagegen wandten. [141] Diese machten geltend, dass Patienten »einfach nicht wissen wollten«, dass Forschung an Tieren die Quelle für ihre Medikamente sind, was eben die irrationale Einstellung vieler »Tierrechtsaktivisten« unterstreichen würde: Man tritt für die Abschaffung von Tierversuchen ein, verdrängt aber in Gedanken die Tatsache ihrer Notwendigkeit, wenn es um die eigene Gesundheit geht. Einerseits kann man es lobenswert finden, wenn Ärzte – entsprechend diesem Bericht – um das Wohl ihrer Patienten so besorgt sind, dass sie sich gleichsam zum Vormund ihrer Patienten machen und von diesen die vermutlich verstörende Information fernhalten wollen, dass das einzunehmende Medikament mithilfe von Tierversuchen entwickelt wurde. Andererseits nehmen sie mit ihrer Weigerung hin, dass ihre Patienten das Leben von Wissenschaftlern und deren Familien bedrohen dürfen oder zumindest diejenigen aktiv unterstützen dürfen, die Drohungen aussprechen und Labore verwüsten.

In Veröffentlichungen der Tierversuchsgegner begnügt man sich nicht nur – wie in einer ganzseitigen Zeitungsanzeige zu lesen war – mit der seltsamen Behauptung, dass Tierversuche »die Achtung vor dem Leben mindern« [142], es werden auch Halbwahrheiten verbreitet und Tatsachen verdreht, wenn gesagt wird, dass Tierversuche nichts oder sehr wenig zum medizinischen Wissen beigetragen hätten. So wird auch behauptet, dass es »bei der Bekämpfung der heutigen Massenerkrankungen wie Krebs, Herz-Kreislauf-Erkrankungen, Diabetes, Rheuma, Allergien usw. keinen Durchbruch gibt«. [143] Wichtig ist wohl hier das Wort »Durchbruch«, mit dem sich vieles relativieren lässt. Die genannten Krankheiten sind weiterhin unter uns, doch sterben Patienten immer noch so früh nach bestimmten Diagnosen wie noch vor 100 Jahren? Und würde nicht auch der Diabetes, die Zuckerkrankheit, eine wesentlich geringere Rolle spielen, würden die Menschen sich besser in den Griff bekommen und aufhören, sich übermäßig viel Kalorien zuzuführen? Verschwiegen wird in diesem Zusammenhang auch, dass das Hormon Insulin und die zentrale Rolle, die es bei der Verdauung des Zuckers spielt, gerade durch Versuche an Hunden Ende des 19. und Anfang des 20. Jahrhunderts entdeckt wurde. [144] Erwähnt werden auch nicht die zahlreichen Infektionskrankheiten, die noch vor 100 Jahren grassierten, wie etwa die Poliomyelitis, von der es wohl nur noch einige Herde in

Afrika und Asien gibt. Dieser Erfolg geht übrigens auf die Forschung an Affen zurück. [145] Das mag deshalb erwähnenswert sein, da Versuche an Primaten besonders scharf bekämpft werden.

»Tierrechtsaktivisten«, wie die Gruppe »Ärzte gegen Tierversuche«, argumentieren, dass durch Tierversuche »Menschen vielfach Therapien vorenthalten« würden, da »potenziell nützliche Arzneimittel nicht durch die präklinische Phase kommen«. [146] In ähnlicher Weise äußerte sich auch schon der Philosoph Peter Singer in seinem viel beachteten und erstmals 1975 veröffentlichten Buch »Animal Liberation«. [147] Der entsprechende Schluss, der aus einer solchen Argumentation gezogen werden müsste, wäre doch der, dass jede Substanz, bei der Wissenschaftler den Eindruck haben, sie dürfte bei einer bestimmten Erkrankung eine heilende Wirkung zeigen, sogleich im klinischen Versuch am Menschen getestet würde, ohne dass man sich zuvor in Tierversuchen Anhaltspunkte verschaffe, welche Wirkungen die betreffende Substanz auf Physiologie und Stoffwechsel habe und welche ungefähre Dosis man beim Menschen einsetzen sollte. Offensichtlich scheinen das viele Tierversuchsgegner zu denken, wenn einige von ihnen vor Untersuchungskomitees einer Regierung behaupteten, »dass die Gesundheit ausschließlich durch Epidemiologie (also mehr oder weniger: durch die Untersuchung vom Auftreten und Verhalten von Krankheiten in bestimmten menschlichen Gruppen oder Gegenden), durch Zellkulturen und durch Computersimulation verbessert werden kann«. [148] Sind also diese Gegner von Tierversuchen wirklich der Meinung, man dürfe Menschen die Rolle von Versuchspersonen zumuten, wenn beispielsweise ein »Wissenschaftler« (ich setze den Begriff hier bewusst in Anführungsstriche!) ihnen versichern würde, dass – wie beim Penicillin – eine aus einem Schimmelpilz isolierte und in Bakterienkulturen als wirksam erwiesene Substanz zwar nicht im tierischen Organismus getestet wurde, sich aber in Computersimulationen als gut verträglich für den menschlichen Organismus gezeigt habe?

Die Katastrophe mit dem damals als Schlafmittel verwendeten Thalidomid, die sich zu Beginn der Sechzigerjahre des letzten Jahrhunderts in zahlreichen Ländern ereignete, als Frauen während einer Schwangerschaft dieses Mittel einnahmen und missgebildete Kinder zur Welt brachten, wird von Singer als Beweis angeführt, dass die Ergebnisse von Tierversuchen keine Aussagekraft über die spätere Wirkung oder Toxizität einer getesteten Substanz im menschlichen Organismus habe. [149] Es trifft zu, dass Thalidomid in den getesteten Mäusen und Ratten keine Nebenwirkungen zeigte. Doch es waren vor seiner Marktzulassung in den verschiedenen Ländern auch keine Untersuchungen an trächtigen Tieren durchgeführt worden, um zu sehen, ob die Substanz nicht vielleicht eine embryoschädigende Wirkung habe. Man hatte allem Anschein nach an eine solche Wirkung von Medikamenten zu jener Zeit noch nicht gedacht. Insofern waren die präklinischen Untersuchungen lückenhaft. Aber die Thalidomidkatastrophe zeigt doch gerade auch, was geschehen kann, wenn man ohne entsprechende Vorversuche ein Medikament direkt auf Menschen »loslässt«. Die von Singer in dem Zusammenhang angeführte Behauptung, dass bei Nachuntersuchungen mit Thalidomid an trächtigen Tieren nur Neugeborene eines besonderen Kaninchenstamms Deformitäten zeigten, fand ich von Conn und Parker in ihrem Buch »The Animal Research War« zurückgewiesen [150]: Auch neugeborene Ratten, Mäuse und Hamster zeigten Deformitäten.

Die pharmazeutische Industrie hat aus der damaligen Katastrophe mit Thalidomid gelernt und führt nun präklinische Studien auch an trächtigen Tieren durch. Zeigt sich eine schädigende (teratogene) Wirkung, so wird das Medikament nicht auf den Markt gebracht oder von den Aufsichtsbehörden nicht zugelassen oder nur unter strengen Auflagen zugelassen. Letzteres bedeutet, dass eine Frau im gebärfähigen Alter strengste Empfängnisverhütung betreiben muss (wie etwa bei einigen der synthetischen Retinoide – von Vitamin A abstammende Stoffe –, die zum Teil bei schweren Akneformen eingesetzt werden). Bei allen anderen Medikamenten, die seit der Thalidomidkatastrophe entwickelt wurden, scheinen die Hersteller generell von einer Einnahme während einer Schwangerschaft abzuraten, durchaus eingedenk der Möglichkeit, dass es beim Menschen anders sein kann als bei den zuvor getesteten Tieren.

Argumentiert Singer – wie auch andere »Tierrechtsaktivisten« – einerseits, dass Tiere und Menschen zu verschieden seien, um aus Tierversuchen verlässliche und auf den Menschen anwendbare Ergebnisse zu erhalten und man deshalb Tierversuche aus »wissenschaftlichen Gründen« ablehnen müsse, so argumentiert er andererseits, dass Tiere dem Menschen »in jeder relevanten Hinsicht ähnlich« seien und »das gleiche Recht auf Leben« hätten (»beings who are similar in all relevant respects have a similar right to life). [151] Deshalb – das ist der Grundgedanke hier – müssten Tierversuche auch aus »ethischen Gründen« abgelehnt werden [152, 143] Das bedeutende Wort ist hier das Wort »relevant«. Wer entscheidet darüber, was in diesem Zusammenhang als »relevant« zu gelten hat? Nach der Lesart vieler Tierversuchsgegner und auch nach der von Singer selbst sind Physiologie und Metabolismus nicht »relevant«, weshalb sich ihrer Meinung nach Tierversuche nicht auf den Menschen übertragen ließen. Abgesehen von einigen geistigen Fähigkeiten, wie Sprache und Schrift, von denen man sagen könnte, dass sie den Menschen von den übrigen Tieren unterscheiden, gibt es auch einige Verhaltensweisen, die wir mit anderen Tieren – glücklicherweise, würde ich sagen – nicht teilen. So ist beispielsweise von Löwen und Tigern bekannt, dass einzelne männliche Tiere, wenn sich die Gelegenheit bietet, Jungtiere töten, die nicht von ihnen stammen, um sich danach mit der durchaus willigen Mutter zu paaren. Weniger bekannt dürfte sein, dass dieses als ein nicht seltenes Verhalten auch bei einem der nächsten menschlichen Verwandten, dem Gorilla, beobachtet wurde. [153]

Der erfolgreiche Abschluss einer Tierversuchsreihe eines Medikaments kann für die verantwortlichen Wissenschaftler keine endgültige Beruhigung sein, er ist aber ein entscheidender Beitrag für das sogenannte Sicherheitsprofil des betreffenden Medikaments. Eine endgültige Beruhigung hinsichtlich einer allgemeinen Verträglichkeit eines Medikaments kann es selbst nach Abschluss der klinischen Testphase am Menschen nicht geben; denn es sind immer wieder bei verschiedenen Medikamenten Unterschiede hinsichtlich der Verträglichkeit zu einem späteren Zeitpunkt aufgetreten aufgrund des Alters, des Geschlechts, der ethnischen Zugehörigkeit eines Patienten oder aufgrund einer anderen bereits bestehenden Erkrankung.

Auffällig finde ich, dass in den Schriften der Tierversuchsgegner – jedenfalls in den Büchern, Webseiten und Zeitungsaufrufen, auf die ich zurückgreifen konnte – nie von irgendwelchen chirurgischen Maßnahmen die Rede ist und auch nie auf solche hingewiesen wird. Werden diese verdrängt? Machen die Tierversuchsgegner in dieser Hinsicht sich selbst und anderen etwas vor, oder glauben sie wirklich, dass Operateure gleich am erstbesten Patienten, der »ihnen auf den Operationstisch kommt«, eine neu erdachte Operationsmethode oder ein neu entwickeltes Operationsgerät einsetzen, ohne dieses zuvor an mehreren Tieren versucht zu haben, wie etwa den Einsatz von Gelenk- und Gefäßprothesen, Bypassoperationen, Knochensägen oder -schrauben oder Organtransplantationen?

Wenn Tierversuchsgegner sich so stark von dem »Missbrauch« von Tieren abgestoßen fühlen, dass sie sogar bereit sind, Wissenschaftler zu töten oder sie ersatzweise »nur« als »Betrüger, Mörder, Folterer« beschimpfen, sollten sie dann nicht – wie von manchen Leuten vorgeschlagen – eine Karte für medizinische Notfälle bei sich tragen, die sie als »Tierversuchsgegner« oder »Tierrechtsaktivist« ausweist und auf der sie jede medizinische Behandlung ablehnen, die unter Einsatz von Tieren entwickelt oder geprüft wurde? Conn und Parker geben in ihrem Buch »The Animal Research War« ein Beispiel, wie eine derartige Identitätskarte aussehen könnte, welche Behandlungen man von sich ferngehalten haben möchte, dass man sich aber bei einer notwendigen Behandlung keineswegs auf die auf der Liste angeführten Behandlungen beschränken müsste. Als mögliche Liste abzulehnender Behandlungen schlagen Conn und Parker vor: Bluttransfusionen, die Gabe von Schmerzmitteln und Insulin, Chemotherapie, Koronarbypass, orthopädische Chirurgie, Anästhesie, Antibiotika, Impfstoffe, Rekonstruktionschirurgie, Herz-Lungen-Wiederbelebung usw.« [154]

Hier und da scheint von »Tierrechtsaktivisten« eingeräumt zu werden, dass Tierversuche zu neuem Wissen geführt haben, doch dann wird einschränkend hinzugefügt, wie etwa bei Singer [155], dass »das Wissen auch auf andere Weise hätte gewonnen werden können« (»… might have been gained in other ways«). Nur auf welche Weise man das Wissen hätte gewinnen können, wird von Singer oder den anderen Tierversuchsgegnern nicht verraten und auch von niemandem, der sich »Arzt« nennt und für ein Verbot von Tierversuchen eintritt. Eine solche Aussage dürfte wohl nur eine bequeme Rechtfertigung sein gegenüber anderen und vor allem wohl gegenüber sich selbst – um sich selbst nicht als Hehler zu empfinden –, wenn man auf eine medizinische Behandlung angewiesen ist, die mithilfe von Tierversuchen entwickelt wurde. Wenn man ein so starkes, ablehnendes Empfinden gegenüber Tierversuchen hat, dann wäre es doch ein wenigstens teilweise aufrichtiges Verhalten, würde man sagen: »Gut! Es ist nun einmal geschehen, dass wir Menschen in medizinischen und biologischen Experimenten Tiere benutzt haben. Lassen wir es mit all den bisher gewonnenen Erkenntnissen genug sein und lasst uns innerhalb unserer menschlichen Gesellschaft derartige Untersuchungen nicht mehr fortführen; denn Experimente an Tieren sind unserer Meinung nach unethisch.« Und diejenigen, die Vegetarier sind und das Töten und Verletzen von Tieren grundsätzlich für verwerflich halten, könnten hinzufügen, dass die Tatsache, dass Menschen seit Millionen von Jahren Tiere verzehrten, kein Grund sei, diese Sitte oder Angewohnheit fortzusetzen. Schließlich verabscheue man heute doch auch das Essen von Menschenfleisch, was in der Vergangenheit über Jahrtausende praktiziert wurde. Jedenfalls weisen archäologische Befunde aus der Jungsteinzeit auf ein derartiges menschliches Verhalten hin, und Kannibalismus wurde auch in verschiedenen Regionen der Welt noch bis zu den Anfängen der Kolonialzeit beobachtet. [156]

Würde die Mehrheit einer menschlichen Gesellschaft bereit sein, der Forderung der »Tierrechtsaktivisten« zu folgen und ein Gebot der Unversehrtheit von Tieren erlassen, dürfte sie sich einem anderen Problem gegenübersehen: Auf welche Tiere sollte sich ein solches Gebot oder Verbot beziehen? Auf *alle* Tiere oder sollte es doch Unterschiede geben? – Abgesehen von einer wissenschaftlichen Klassifizierung könnte man den

Eindruck haben, dass wir im Allgemeinen Tiere – oder: die übrigen Tiere – gewissermaßen in drei Gruppen einteilen: Die erste Gruppe enthält die gleichsam »freundschaftlichen und unterhaltsamen Tiere«. Solche, die wir mit uns in unserer Wohnung halten, solche, die wir im Zoo oder auf freier Wildbahn bewundern, und solche, die innerhalb einer Religionsgemeinschaft für »heilig« gehalten werden. Der zweiten Gruppe würden die »nützlichen Tiere« angehören. Diese ziehen wir zum Verzehr, zur Arbeit oder – seit etwa 150 Jahren – zu medizinisch-wissenschaftlichen Untersuchungen auf. Zur dritten Gruppe gehören die »schädlichen Tiere«: einerseits solche, die als Parasiten uns und unsere Haustiere befallen und die anderen »freundschaftlichen« und »nützlichen« Tiere, und andererseits solche, die uns unsere Nahrung wegfressen. Früher gehörten auch jene Tiere dazu, die unsere Nutztiere und uns selber fraßen. Heutzutage rechnen wir diese wegen ihrer Seltenheit mehr zu der ersten Gruppe, zu jenen, die wir aufgrund ihrer Kraft und Wildheit bewundern und bestaunen. Die Übergänge zwischen den drei Gruppen sind in unserer Betrachtungsweise durchaus fließend. Mäuse beispielsweise, die wir in einem Käfig zu Hause haben, sind »unterhaltsame und freundschaftliche Tiere«, Mäuse in einem wissenschaftlichen Labor sind »Nutztiere«, und Mäuse, die uns in unserer Speisekammer, in Kellern oder auf den Feldern unsere Lebensmittel wegfressen, sind »Schädlinge«. – So gesehen können also alle Tiere gegebenenfalls »Nutztiere« des »Obertieres« Mensch werden, also zur Nahrung oder zu wissenschaftlichen Untersuchungen herangezogen werden. Ausnahmen bilden dabei jene Tiere, die man unter »Artenschutz« gestellt hat, da sie in freier Wildbahn vom Aussterben bedroht sind und auch – so weit – die Menschenaffen, bei denen wenigstens in westlichen Ländern eine Übereinkunft zu bestehen scheint, sie nicht in irgendeiner Form als »Nutztiere« zu sehen.

Gegen diese übliche Einteilung der Tiere in der menschlichen Betrachtungsweise scheinen die »Tierrechtsaktivisten« anzukämpfen. Sie sprechen in ihren Schriften aber immer wieder allgemein nur von »Tieren«, ohne dabei zu erklären, *welche* Tiere damit gemeint sind. Sollte der Schutz, den sie anstreben, *alle* Tiere mit einschließen, die nach der zoologischen Lehre und dem allgemeinen Verständnis als »Tiere« bezeichnet werden? Oder sollte ein Verbot für die – vom Menschen aus gesehen – nur am weitesten entwickelten Tiere gelten? Wenn man den Menschen aufgrund seiner geistigen Fähigkeiten an die Spitze der Tiere stellt, gefolgt von den übrigen Primaten und Säugetieren und den restlichen Wirbeltieren, wie weit muss man in dieser Klassifizierung des Tierreichs »hinabsteigen«, bevor man Tiere töten bzw. gegebenenfalls in wissenschaftlichen Experimenten einsetzen darf?

Wie sollte man sich gegenüber Parasiten wie Würmern, Läusen, Milben verhalten, die einen befallen haben? Dieses sind doch auch alles Tiere. Wie stehen wir zu Heuschrecken, die ganze Landstriche kahl fressen und damit auch den Vegetariern die Nahrungsgrundlage entziehen können? Diesen Fragen scheinen die »Tierrechtsaktivisten« auszuweichen, wie sie auch – was ich bereits erwähnte – der Frage nach der Entwicklung chirurgischer Methoden ohne Zuhilfenahme von Tieren auszuweichen scheinen.

Singer schlägt an einer Stelle seines Buches »Animal Liberation« vor, für »Kaninchen, Mäuse und andere Schädlinge« Köder auszulegen, die Sterilität erzeugen, anstatt Köder, welche die Tiere vergiften. [157] Abgesehen davon, dass man entwicklungstechnisch wohl noch längst nicht so weit ist, derartige Maßnahmen wirkungsvoll durchzuführen, könnte man in diesem Zusammenhang doch auch die Frage stellen, wieso Menschen dazu kommen, so etwas zu unternehmen, wenn Tiere dem Menschen »in jeder relevanten Hinsicht ähnlich« sind, wie Singer behauptet. [151] Wenn Tiere aufgrund dieser »Menschenähnlichkeit« ein Recht auf Unversehrtheit haben sollen, warum sollten sie dann nicht auch ein Recht auf Vermehrung haben? Ist das nicht auch eine Art »Speziesismus«, wie Singer in Anlehnung an den Begriff »Rassismus« das Verhalten nennt, Tiere nicht als »menschenähnlich« zu sehen, sondern als Objekte, die man töten und essen kann? Der Begriff »Speziesismus« – English: »speciesism« – soll 1970 von dem Oxforder Psychologen Richard D. Ryder geprägt worden sein. [158] Singer zeigt sich an anderer

Stelle seines Buches besorgt darüber, dass wir uns achtlos im Hinblick darauf verhalten, dass ein Tier einen Lebenspartner (»spouse«) hat, der unter der plötzlichen Abwesenheit des getöteten oder gefangenen Tieres leidet, und zieht in dem Zusammenhang auch einen Vergleich zwischen den Gefühlen einer Tiermutter, der ihr Junges durch den Züchter genommen wird, und denen einer menschlichen Mutter, die ihr Kind verliert. [159] Wäre es dann in Anbetracht solcher Überlegungen nicht auch verwerflich, sterilisierende Köder auszulegen, da doch Tiere in gleicher Weise wie Menschen darunter leiden könnten, wenn ihnen Mutterschaft oder Vaterschaft nicht vergönnt ist?

Singer spricht davon, dass das Prinzip der Gleichheit für alle Lebewesen (»beings«) gelten sollte, menschlichen wie auch nicht menschlichen [160], zumindest aber wohl – wie aus einer wenig später folgenden Passage seines Buches hervorzugehen scheint – Lebewesen, welche die Fähigkeit haben, Leid und Freude zu empfinden (»capacity for suffering and enjoyment«). [161] Eine solche Feststellung dürfte aber nahezu alle Tiere mit einschließen, wenigstens diejenigen, die eine Art Nervensystem haben und sich geschlechtlich vermehren. – Anhänger der indischen Dschaina-Religion kämen dieser Vorstellung vielleicht am nächsten. Sie sind strenge Vegetarier und sie dürfen gemäß ihrer Lehre nicht einmal nachts essen, da sie dadurch in der Dunkelheit kleine Insekten verschlucken könnten.

Wenn es vielleicht auch nicht so widersprüchlich sein mag wie die Inanspruchnahme von Vorteilen aus »Morden« an Tieren bei nahezu jeder medizinischen Behandlung, so ist es doch auch absurd – oder eben irrational –, so zu tun, als könne man *alle* Tiere in ein Tötungs- und Verletzungsverbot mit einschließen.

Ist nicht eine jegliche Grenzziehung innerhalb des Tierreichs willkürlich? Eine reine Gefühlsangelegenheit und keine rationale Entscheidung? Wo immer wir eine Grenze ziehen, es würde eine solche nur geben, weil wir Menschen uns auf sie verständigt hätten. Insofern werden wir den sogenannten »Speziesismus« nicht vermeiden können, wenn wir die eine Tierart in ein Verbot mit einschließen, die andere aber nicht. Weshalb dann nicht die bisherige Grenze zwischen Mensch und »übrigen« Tieren weiterhin führen und eine gewohnheitsmäßige Einteilung in »freundschaftlich«, »nützlich« und »schädlich« beibehalten? Das sollte uns nicht davon abhalten, uns immer wieder Gedanken über die Grenzziehung zwischen diesen drei Gruppen zu machen, über eine »artgerechte Haltung« von »Nutztieren« und darüber, welche Tiere zu welchen wissenschaftlichen Experimenten herangezogen werden dürfen und ob wir das eine oder andere Tier – und das sollte Würmer, Insekten und Spinnen mit einschließen – wirklich töten müssen. Wir verständigen uns doch schon darauf, welche Art von Tieren geschützt werden soll und deshalb nicht mehr gejagt werden darf, da die betreffende Art sonst gänzlich aussterben würde, was wir als menschliche Gemeinschaft offenbar nicht wünschen.

»Tierrechtsaktivisten« sehen es als eine »moralische« Forderung, Tiere nicht zu verletzen. Sie haben selbstverständlich das Recht, auf jedem gesetzlich zugelassenen Wege für ein Gebot der Unversehrtheit der Tiere zu werben und zu sagen, welche Tiere in ein derartiges Gebot mit eingeschlossen werden sollten und an welcher Stelle im Tierreichssystem eine Grenze gezogen werden müsste und nach welchen Kriterien oder ob ein solches Gebot wirklich für alle Tiere zu gelten habe, ähnlich wie in der indischen Religion des Dschainismus. Wenn die Mehrheit einer Gesellschaft oder der Menschheit schlechthin den persönlichen Vorstellungen der »Tierrechtsaktivisten« zustimmt – denn mehr als *persönliche* Vorstellungen sind dieses doch nicht –, dann werden diese Vorstellungen eben Gesetz, dann werden Tiere von Menschen nicht mehr getötet und nicht mehr gegessen, und es wird mit ihnen auch nicht mehr wissenschaftlich experimentiert. »Moralisch« wäre ein derartiges Verhalten aber nur deshalb, weil es mehrheitlich als »moralisch« gesehen würde. Dieses ließe sich in gewisser Weise mit der Todesstrafe für Menschen vergleichen: In einigen Staaten ist sie in Kraft, weil die Mehrheit der Gesetzgeber sie wollte und denkt, dass sie »moralisch gerechtfertigt« ist, auch wenn sie Unschuldige trifft und auch schon getroffen hat. In anderen Staaten gibt es die Todesstrafe nicht, weil die Mehrheit der Gesetzgeber sie als »moralisch verwerflich« ansah. Es gibt aber kein Naturgesetz oder »göttliches« Gesetz, das vorschreibt, was »moralisch« ist und was nicht. Solange die Mehrheit einer Gesellschaft die Moralvorstellungen von »Tierrechtsaktivisten« nicht teilt und den Menschen über ein angebliches Tierrecht stellt, muss die Gesellschaft den Aktivisten und ihren direkten und indirekten Unterstützern entschieden entgegentreten. Wenn »Tierrechtsaktivisten« es als gerechtfertigt ansehen, Menschen nach dem Leben zu trachten, die mit Tieren nicht so verfahren, wie es ihren Vorstellungen entspricht – also beispielsweise wissenschaftliche Untersuchungen an den Tieren durchführen –, dann unterscheiden sich »Tierrechtsaktivisten« doch nicht von jenen Einzelpersonen oder Gruppen, die ich zuvor erwähnte; jene, die meinen, ihr Glaube und ihre Vorstellungen von der Welt berechtige sie, das Leben anderer Menschen auszulöschen.

Was ist ein Mensch?

Diese Frage mag Euch etwas eigenartig und trivial erscheinen. Sie ist es aber wohl nicht mehr, wenn Ihr an den Beginn und das Ende eines menschlichen Lebens denkt. Und wenn Ideen nicht über Menschenleben gestellt werden sollen und das Recht eines einzelnen Menschen auf Leben als höchster Wert angenommen wird und als Grundlage für alle Gesetze, dann muss man sich auch über die Anfangs- und Endphase des menschlichen Lebens verständigen. Genau genommen handelt es sich dabei um zwei Fragen: 1.) Wann ist ein Mensch ein Mensch? Wann beginnt ein menschliches Leben? Und 2.) Wann hört ein Mensch auf, ein Mensch zu sein? Wann darf oder soll ein Menschenleben zu Ende gehen? Über beide Fragen gibt es lebhafte und oftmals erbitterte Debatten, bei denen man häufig Ungereimtheiten, Irrationalem begegnet, vor allem dadurch, dass der Öffentlichkeit vorgegaukelt wird, es gäbe auf die genannten Fragen klare Antworten. Dieses geschieht besonders von Vertretern religiöser Gruppen, die ihre Glaubensvorstellungen als Tatsachen hinzustellen versuchen. Doch – so möchte ich behaupten – für die zwei Fragen, wann beginnt menschliches Leben und wann sollte oder darf es aufhören, gibt es keine klaren und unanfechtbaren Antworten, und die menschliche Gesellschaft muss sich auf gemeinsame Antworten auf der Basis objektiver Erkenntnisse einigen und wird sich vielleicht in Zukunft wiederholt einigen müssen, sobald grundlegend neue Erkenntnisse zu diesen Fragen vorliegen.

Wann fängt ein Mensch an, *Mensch* zu sein?

Die erste Frage bezieht sich darauf, an welcher Stelle in dem biologischen Prozess, der mit der Vereinigung von Samen- und Eizelle einsetzt, ein menschliches Leben beginnt und ab wann man von einem »Menschen« sprechen sollte, dem das Recht auf Leben zustehen sollte, wie in Artikel 3 der Allgemeinen Menschenrechte verkündet. Viele von uns – besonders jene mit einer religiösen Erziehung – sehen die Vereinigung der weiblichen Eizelle mit der männlichen Samenzelle als den Beginn eines menschlichen Lebens an und christliche Fundamentalisten lehnen deshalb jede Art von Schwangerschaftsunterbrechung ab, und zum Teil eben auch dann, wenn eine Vergewaltigung zu der Schwangerschaft führte. Ich erwähnte bereits zuvor die Einstellung eines amerikanischen Politikers, der in einer öffentlichen Rede eine solche Schwangerschaft auch als »gottgewollt« bezeichnete. Ich glaube, in gewisser Weise kann ich seine Einstellung nachempfinden. Nur, er sollte nicht versuchen, diese seine innere Überzeugung anderen aufzuzwingen, vor allem nicht vergewaltigten Frauen, die bei dem in ihnen heranwachsenden Kind wohl selten an einen »gottgewollten freundlichen Begleiter« denken können, dessen zukünftigem Erscheinen sie erwartungsvoll entgegenfiebern. Vielmehr werden sie das in ihnen heranwachsende Kind als einen Parasiten empfinden, der ihnen unter demütigenden und auch brutalen Umständen aufgezwungen wurde. Sicher hat es während und nach Ende des Zweiten Weltkrieges zahlreiche Frauen gegeben, welche die ihnen so aufgezwungenen Kinder zur Welt gebracht und fürsorglich aufgezogen haben [162], und auch über aus der Kriegsgefangenschaft heimkehrende Männer wird berichtet, dass sie sich teilweise ebenfalls fürsorglich um diese Kinder gekümmert haben. [163] Ob dieses mehr aus »Gottergebenheit« als aus »Schicksalsergebenheit« geschah – da es damals vielleicht keine andere Möglichkeit gab –, lässt sich wohl nicht mehr feststellen. Man sollte aber nicht diese Beispiele aus zurückliegender Zeit heranziehen, um damit gesetzlich eine Schwangerschaftsunterbrechung zu verbieten, sondern eine solche Entscheidung jeder Frau selbst überlassen.

Die meisten Länder der Welt erlauben heutzutage unter bestimmten Auflagen die Unterbrechung einer Schwangerschaft. Das dürfte auf die pragmatische Überlegung zurückzuführen sein, dass eine absolut ungewollte Schwangerschaft auch das Leben der Frau gefährden würde, falls diese eine nicht ärztlich durchgeführte Unterbrechung der Schwangerschaft suchen sollte. Wie man mit der eigenen inneren Überzeugung, dass eine Schwangerschaftsunterbrechung abzulehnen sei, auch tolerant umgehen kann, hat mir einst ein Bekannter bewiesen, dessen Frau vergewaltigt worden war. Auf meine Frage, ob seine Frau im Falle einer Schwangerschaft eine Unterbrechung dieser Schwangerschaft suchen würde, erwiderte er, dass er dieses nicht hoffe. Es würde gegen seinen Glauben verstoßen. Er habe sogar seine Frau gebeten, das Kind auszutragen. Er würde in einem solchen Falle in seinem Beruf »kürzertreten« – was wohl das Aufgeben seiner damaligen Karriere bedeutet hätte –, um sich so intensiv um das Kind zu kümmern, wie es ihm möglich wäre. Er habe aber die Entscheidung ganz und gar seiner Frau überlassen, da er ihr Empfinden letztlich nicht beurteilen könnte. – Nun, seine Frau wurde nicht schwanger (oder er erfuhr dieses nur nicht und auch nichts von einer durchgeführten Unterbrechung) und so blieb ihm sein möglicher »Opfergang« erspart.

Eine Folge der Einstellung, menschliches Leben würde mit der Vereinigung von Eizelle und Samenzelle beginnen, ist das in einigen Ländern erlassene Verbot der Herstellung von menschlichen embryonalen Stammzellen zu Forschungszwecken. Bei der sogenannten »künstlichen Befruchtung« bringt man mehrere Eizellen in vitro mit Samenzellen zusammen. Die so befruchteten Eizellen teilen sich anschließend mehrfach, bis sie das Blastozystenstadium erreichen. In diesem Stadium oder unmittelbar davor werden einige dieser Blastozysten – ich erwähnte sie bereits zuvor bei der Besprechung des Begriffes »Würde« – der Frau in die Gebärmutter implantiert (eingepflanzt). Dieser Zeitpunkt entspricht auch ungefähr dem Zeitpunkt der Implantation eines befruchteten Eies in vivo. Aus den nicht implantierten Blastozysten können oder könnten Stammzellen für wissenschaftliche Untersuchungen gewonnen werden. Dieses aber ist in einigen Ländern, darunter auch Deutschland, verboten, da die Parlamente in den betreffenden Ländern mehrheitlich davon ausgehen, dass menschliches Leben eben mit der Vereinigung von Ei- und Samenzelle beginne. Mit dem Gewinn von Stammzellen aus nicht implantierten und von dem Ehepaar auch nicht mehr »benötigten« Blastozysten würde damit – nach dieser Ansicht – menschliches Leben zerstört. So ist es in Deutschland bisher nur erlaubt, drei Eizellen zu befruchten, die dann alle drei in die Gebärmutter der Frau eingepflanzt werden müssen. Dadurch will man vermeiden, dass es zu überschüssigen Blastozysten kommt, die dann irgendwie »entsorgt« werden müssten. (Und sei dieses durch die Freigabe zur Herstellung menschlicher Stammzellen.)

Andererseits jedoch erlaubt man in Deutschland die Einfuhr von Stammzellen, die in anderen Ländern gewonnen wurden. Es scheint, als hätten einige der Gesetzgeber sich nicht richtig entscheiden können, ob die Stammzellerzeugung nun Vernichtung menschlichen Lebens bedeute oder nicht. (Oder es handelt sich eben um einen Kompromiss, ohne den – das möchte ich durchaus betonen – eine Demokratie eben nicht funktionieren kann.) Es entsteht allerdings der Eindruck, man sei der Meinung, dass die Erzeugung menschlicher Stammzellen im Inland die Vernichtung menschlichen Lebens bedeutet, die Erzeugung menschlicher Stammzellen im Ausland jedoch nicht. Die Zellforscher selbst haben zu diesem Widerspruch anscheinend geschwiegen und nicht auf einer Aufhebung des Verbots der Stammzellerzeugung in Deutschland beharrt. Wahrscheinlich sind sie nur froh gewesen, wenigstens einige Stammzellen zur weiteren Forschung zur Verfügung zu haben.

Entscheidend in der Debatte über die Stammzellerzeugung und Stammzellforschung dürfte die Bestimmung des Zeitpunktes sein, an dem während der Entwicklung der befruchteten Eizelle bis zum geburtsfähigen Fötus *das* entsteht, was einen Menschen ausmacht. Sosehr man es sich auch wünschen mag, wissenschaftlich lässt sich dieser Zeitpunkt nicht festlegen. (Dies ist eine der Ungewissheiten, mit denen wir zu leben haben.) Es ist durchaus verständlich, die Vereinigung von Eizelle und Samenzelle als den entscheidenden Punkt anzunehmen. Aber es ist eben nur eine Annahme, ein Glaube, ein Gefühl. Ohne die Implantation in die Schleimhaut der Gebärmutter entwickelt sich die befruchtete Eizelle nur bis zu einem kugeligen, wenn auch geordneten Zellhaufen, eben der Blastozyste, und nur bei der Hälfte dieser geordneten Zellhaufen kommt es auch nach einer natürlichen (in vivo) Befruchtung zu einer vollständigen Implantation in die Gebärmutterwand. [164] Die andere Hälfte wird gleichsam abgewiesen, die Zellen sterben ab – wenn sie nicht schon abgestorben waren – und werden von der Frau mit einer Blutung ausgestoßen. Von den eingepflanzten Blastozysten stirbt auch noch mehr als die Hälfte in der weiteren Entwicklung ab, sodass es nach heutigen Kenntnissen nur noch bei 20 % der ursprünglich befruchteten Eizellen – auch ohne jeden Abtreibungsversuch – zur Geburt eines Kindes kommt. [165]

Als ein weiterer bedeutsamer Punkt in der Entwicklung einer befruchteten Eizelle hin zu einem Menschen wird das Auftreten des sogenannten Primitivstreifens gesehen, der sich nach Einpflanzung der Blastozyste am 13./14. Tag nach der Befruchtung aus einem Teil der Zellen im Innern der Blastozyste bildet. Das Auftreten des Primitivstreifens wird verschiedentlich als der eigentliche Beginn des Embryos gesehen, und bis zu diesem Zeitpunkt ist deshalb wohl auch in einigen Ländern die sogenannte Embryonenforschung zugelassen. Ein dritter bemerkenswerter Punkt in der Embryonalentwicklung wäre am Ende des ersten Monats, wenn das Fundament des Nervensystems angelegt ist [166], in gewisser Weise die Voraussetzung für das menschliche Bewusstsein. Da am anderen Ende des Lebens das Erlöschen der Hirnaktivität bisher mehrheitlich als Zeichen des Todes gewertet wird, könnte man den Beginn der Hirnaktivität als den Beginn des eigentlichen menschlichen Lebens werten. Allgemein wird doch heutzutage von allen, die an eine »Seele« glauben, das Gehirn als der Sitz dieser möglichen »Seele« angenommen. Deshalb wäre der Beginn der Hirnaktivität wohl auch der denkbarste Punkt einer »Einseelung«, und nicht der Zeitpunkt, wenn Ei- und Samenzelle verschmelzen, wie es von Papst Pius IX. 1869 autoritativ festgelegt wurde. [167] Der nächste markante Punkt in der Entwicklung eines menschlichen Embryos dürfte der sein, an welchem der Embryo menschliche Züge annimmt. Das geschieht so um den 40. Tag nach der Befruchtung. Deshalb beginnt wohl auch für Anhänger des jüdischen Glaubens das menschliche Leben zu diesem Zeitpunkt.

Welcher Punkt auch immer als Beginn des menschlichen Lebens festgelegt wird, er beruht auf einer willkürlichen Entscheidung, die in einer Demokratie von der Mehrheit einer gesetzgebenden Versammlung getroffen wird. Man sollte aber bei der Festlegung des Zeitpunktes, an welchem dem werdenden Wesen »Menschsein« zuerkannt wird, auch alle Gegebenheiten berücksichtigen und in die Erklärung der Entscheidung mit einbeziehen. Ist es nicht widersinnig, die Gewinnung menschlicher Stammzellen aus nicht verwerteten Blatozysten als Vernichtung von Menschenleben hinzustellen, dagegen aber den Gebrauch von Intrauterinpessaren (Spiralen) unerwähnt zu lassen? Neben der möglichen Mobilitätseinschränkung der Spermien verhindern die Intrauterinpessare eine Schwangerschaft, indem sie die Einpflanzung befruchteter Eizellen nachhaltig stören, somit zu deren Abstoßung führen und – nach Lesart derer, die den Beginn des Lebens in der Verschmelzung von Samen- und Eizelle sehen – auch zur Vernichtung von Menschenleben. Sicherlich finden viele Befürworter eines Verbotes der Stammzellgewinnung auch den Gebrauch von Intrauterinpessaren verwerflich, gesetzlich verboten werden sie aber dennoch nicht. Wohl ganz einfach deshalb, weil ein solches Verbot nicht durchsetzbar wäre. Man schweigt also darüber, wie auch in diesem Zusammenhang über die in den meisten Ländern doch großzügig gehandhabte Schwangerschaftsunterbrechung.

Ich könnte einem Gegner der Stammzellforschung durchaus Achtung entgegenbringen – auch wenn ich selbst seiner Einstellung nicht folgen kann –, würde er bei einem öffentlichen Auftritt sagen, für ihn sei der Beginn des Lebens, wenn sich Ei- und Samenzelle vereinigen, und einen anderen Zeitpunkt für den Beginn eines menschlichen Lebens könne er nicht sehen und er könne deshalb eine Zustimmung zu einer Forschung mit menschlichen Stammzellen vor sich selbst nicht verantworten. (Er kann auch sagen: »vor meinem Gewissen« oder »vor meinem Gott«.) Und er lehne ebenfalls den Einsatz von Intrauterinpessaren und Schwangerschaftsunterbrechungen ab. (Vielleicht Letztere mit Ausnahmen.) Wenn nach wissenschaftlichen Erkenntnissen, so mag er fortfahren, ungefähr 80 % der menschlichen Wesen vor der Geburt den Tod fänden, so sei das seiner Ansicht nach auf einen höheren Willen zurückzuführen, den er aufgrund seines Glaubens nicht infrage stellen dürfe. Die menschliche Gesellschaft sollte aber – das sei seine Überzeugung – nicht von sich aus weitere menschliche Wesen vernichten. Deshalb sei er für ein Verbot der Erzeugung von menschlichen embryonalen Stammzellen und der Forschung an diesen. Obgleich ich eine solche Stellungnahme nicht als rational sehen könnte, ich würde sie als eine Stellungnahme respektieren, die auf persönlichen Gefühlen beruht und sich auch als eine solche zu erkennen gibt.

In dieser Weise äußern sich aber Gegner der Stammzellforschung nicht, wenn sie sich an die Öffentlichkeit wenden. In Anbetracht der wissenschaftlichen Ungewissheit und der Zweifel, die deshalb viele Menschen hinsichtlich des Zeitpunkts für den Beginn menschlichen Lebens haben, erstaunt es einen zu sehen, mit welcher Selbstverständlichkeit manche »Ethiker«, vor allem Vertreter christlicher Glaubensgemeinschaften, die Verschmelzung von Ei- und Samenzelle gleichsam als Tatsache für den Beginn menschlichen Lebens hinstellen und in geradezu arroganter Weise von einem »Unrecht« der Stammzellforschung sprechen [168] und Stammzellforscher gewissermaßen als »Mörder« bezeichnen. Offensichtlich denken diese Herrschaften, sie hätten das Recht, ihre Gefühle anderen Menschen aufzuzwingen. Dabei galt eben auch in der katholischen Glaubensrichtung bis 1869 der menschliche Embryo vor Ende des ersten Schwangerschaftsmonats als »seelenlos« und durfte deshalb auch abgetrieben werden. [167] Bemerkenswert ist an den öffentlichen Äußerungen der Anhänger eines Verbots der Stammzellforschung, dass häufig dabei auf den Begriff »Würde« zurückgegriffen wird. Ich habe zuvor schon von der Verschwommenheit dieses Begriffes gesprochen, von einem im Grunde sinnleeren Begriff, und dass er eigentlich zu einer Diskussion um Gesetze und Regeln für die Allgemeinheit nichts beitrage. In dem Zusammenhang hier geht es mehr darum, dass der Begriff »Würde« als argumentative Waffe eingesetzt wird, um jene mundtot zu machen, die hinsichtlich der »Menschwerdung« anderer Meinung sind. Man stellt kategorisch fest, dass die Stammzellgewinnung und anschließende Forschung mit diesen Zellen (man spricht dabei auch von »verbrauchender Embryonenforschung«) gegen die »Menschenwürde« verstoße oder eine »gravierende Verletzung der Menschenwürde« darstelle, welche der Blastozyste (man benutzt in diesem Zusammenhang jedoch das mehr emotional aufgeladene Wort »Embryo«) »garantiert« sei (in Deutschland angeblich durch Artikel I des Grundgesetzes).

Bei dieser fortwährenden Betonung der »Menschenwürde« im Zusammenhang mit der Stammzellforschung und auch in Anbetracht dessen, dass mehr als die Hälfte der befruchteten Eier auf natürliche Weise – das hieße nach religiöser Lesart »gottgewollt« – wieder abgestoßen wird, drängt sich die Frage auf, warum man sich nicht auch um eine »würdevolle Bestattung« dieser toten »Menschen« bemüht, anstatt sie in Toiletten oder Restmüll verschwinden zu lassen. Weshalb haben die um die »Menschenwürde« einer Blastozyste so besorgten Gläubigen nicht schon längst zumindest ihre Glaubensschwestern aufgefordert, das Blut einer jeden während einer Schwangerschaft auftretenden stärkeren Blutung aufzufangen, da es auf einen Abbruch der Schwangerschaft hindeutet und sich in diesem Blut ein toter »Mensch« befinden kann – wenn auch nicht mit bloßem Auge sichtbar? Und gälte es dann nicht, diesem toten »Menschen« eine »würdevolle« Bestattung zuteilwerden zu lassen?

Mutet nicht in Anbetracht dessen die Festlegung auf die Vereinigung von Ei- und Samenzelle als den Beginn des menschlichen Lebens und das darauf sich beziehende Verbot der Herstellung von menschlichen Stammzellen etwas eigenartig an? Wäre eine Festlegung auf das Ende der Einpflanzung der Blastozyste in die Gebärmutter mit der Bildung der sogenannten »Primitivfalte« – der eigentliche Beginn eines Embryos – oder die einsetzende Entwicklung eines Nervensystems nach 4 Wochen oder das Annehmen menschlicher Züge im Erscheinungsbild des Embryos nach 40 Tagen nicht viel weniger widersprüchlich für die Festlegung des Beginns menschlichen Lebens als die Festlegung auf den Zeitpunkt der Befruchtung der Eizelle durch die Samenzelle? – Bisher hat meines Wissens die Forschung mit sogenannten embryonalen Stammzellen noch zu keinen auch für die Öffentlichkeit bemerkenswerten wissenschaftlichen Durchbrüchen geführt. Sollte es dazu aber in anderen Ländern kommen, in denen die Forschung mit menschlichen Stammzellen freigegeben ist, dürfte es wohl zunehmend fraglich werden, ob sich die Restriktionen für die Gewinnung von embryonalen menschlichen Stammzellen in den übrigen Ländern weiterhin aufrechterhalten lassen.

Wann hört ein Mensch auf, *Mensch* zu sein?

Auf der anderen Seite des Lebens stellt sich die Frage: Wann sollte man ein menschliches Leben als abgeschlossen ansehen? – Ich möchte hier nicht auf die Kontroverse eingehen, ob ein hirntoter Mensch wirklich tot sei, was von einigen Seiten angezweifelt wird. Bisher hat man sich auf keinen besseren Endpunkt einigen können, der beispielsweise für die Entnahme von Organen zur Transplantation infrage käme. Worauf ich hier eingehen möchte, ist die sogenannte »Sterbehilfe«, genauer: die »aktive Sterbehilfe«, bei der jemandem auf dessen Wunsch ein Mittel verabreicht wird, das den Tod herbeiführt. Es scheint in einer großen Zahl der westlich orientierten Länder und Staaten eine gewisse Form dieser aktiven Sterbehilfe zu geben. In den meisten Fällen aber unterliegt diese Hilfe erheblichen Restriktionen und beschränkt sich dabei fast ausschließlich auf Menschen, die sich im Endstadium einer Krebserkrankung befinden, zusätzlich unter erheblichen Schmerzen leiden und für die eine ausreichende Schmerztherapie nicht mehr verfügbar ist.

Die gesetzgebenden Versammlungen der meisten Länder haben es jedoch bis heute mehrheitlich abgelehnt, Sterbehilfe aus anderen Gründen zu gewähren, wie etwa bei weitgehender Bewegungsunfähigkeit aufgrund von Unfällen oder eines Schlaganfalls oder aufgrund einer beginnenden Demenz. Im Altertum galt die Selbsttötung bei Krankheit oder im hohen Alter nicht als etwas Ehrenrühriges oder eine religiöse »Sünde«, und ich wies schon in meinem vorherigen Brief darauf hin, dass es in Massalia, dem späteren Marseille, möglich war, mit einem Selbsttötungswunsch vor den Stadtrat zu treten und bei hinreichender Begründung des Todeswunsches das zur Selbsttötung notwendige Gift von der Stadt zu erhalten. [(170)]

Offensichtlich wurde Selbsttötung mit dem Aufkommen des Christentums mehr und mehr zu einer »Sünde« erklärt, im Wesentlichen wohl mit der Begründung, »Gott« habe einem das Leben geschenkt und deshalb habe man selbst nicht das Recht, es von sich aus zu beenden.

Man hat den Eindruck, dass diese Art des Denkens hinter allen Argumenten gegen eine aktive Sterbehilfe steht, selbst wenn es sich um einen Kranken im Endstadium einer Krankheit handelt und dieser Kranke zusätzlich eben auch unter starken Schmerzen leidet. So fand ich unter meinen Aufzeichnungen eine Aussage katholischer Geistlicher, die mit folgenden Worten eine Sterbehilfe ablehnte: »Die Würde des Menschen folgt aus der Bejahung durch Gott und ist deshalb weder von der Leistung noch von der Gesundheit des Menschen abhängig.« Abgesehen davon, dass wir hier wieder mit einer weiteren Definition für »Würde des Menschen« konfrontiert werden, nämlich »Bejahung durch Gott«, geben diese Herrschaften vor zu wissen, was ein »Gott« will, und versuchen diese persönlichen und – ich betone – irrationalen Ansichten von einem übernatürlichen Wesen anderen Menschen aufzudrängen. Weshalb soll man nicht – wie es auch ein Geistlicher einmal ausgedrückt hat – »sich an einem freundschaftlichen brüderlichen, schwesterlichen Gottesbild orientieren, das einen nicht zwingt, ein Leben weiterzuführen, wenn man es nicht mehr will«? [171]

Selbstverständlich sollte niemand gezwungen werden, seinem Leben vorzeitig ein Ende zu setzen, wenn er dieses nicht ausdrücklich wünscht. Doch sollte andererseits jemand gezwungen werden, ein Leben weiterzuleben, das er als sinn- und wertlos sieht, da es mit zunehmendem Siechtum verbunden ist, einem vielleicht deutlich merkbaren Verlust geistiger Fähigkeiten, mit ständiger Bettlägerigkeit, welche eine kontinuierliche Pflege beansprucht; einer Pflege, die sich vielleicht auch verstärkt auf den Intimbereich erstreckt, weil man Stuhl und Urin nicht mehr zu kontrollieren vermag und gerade diese Art des Gepflegtwerdenmüssens für sich selbst als »würdelos« empfindet? Weshalb sollte man in einem derartigen oder ähnlichen Zustand nicht um eine aktive Sterbehilfe bitten dürfen und dann ein Mittel erhalten, das ein solches Leben vorzeitig beendet? Die Entscheidung darüber könnte – wie im Marseille zur Römerzeit – ein Gremium fällen, vor das man gebracht wird oder das zu einem kommt und dem man seinen Wunsch zu sterben vortragen kann. Ein solches Gremium sollte – um das hier noch anzufügen – aus wenigstens drei Personen bestehen, von denen wenigstens eine nicht unter 70 – besser noch 80 – Jahren sein sollte, da eine derart betagte Person dem Anliegen eines Sterbewilligen wohl mehr Sympathie entgegenbringen dürfte. Die Anhörung sollte nach Möglichkeit auch in Abwesenheit des oder der pflegenden Verwandten stattfinden, um sich weitgehend zu vergewissern, dass der Sterbewillige bei seinem Wunsch zu sterben nicht von seiner Verwandtschaft unter Druck gesetzt wurde, was man gegenwärtig zu befürchten scheint.

Gemessen an der Anzahl der Erwähnungen in den Medien scheint Letzteres überhaupt ein wesentliches Argument der Gegner einer aktiven Sterbehilfe in der Öffentlichkeit zu sein, vor allem aber in den Parlamenten; jedenfalls ein Argument gegenüber einer aktiven Sterbehilfe, die über jene für eine mit starken Schmerzen verbundene Krebserkrankung im Endstadium hinausgeht. Obgleich selbstverständlich nicht ausgeschlossen werden kann, dass Verwandte Druck auf einen Patienten ausüben, damit dieser gegenüber anderen für eine Sterbehilfe argumentiert, möchte ich doch bezweifeln, dass dieses jemals eine gängige Methode für pflegende Anverwandte wird, ihren Pflegefall »loszuwerden«. Wenn man schon so sehr befürchtet, dass Menschen ihre alten pflegebedürftigen, behinderten oder depressiven Familienangehörigen im Falle einer gesetzlichen Zulassung der aktiven Sterbehilfe so ohne Weiteres zur Selbsttötung drängen würden – sei es aus »Pflegemüdigkeit«, sei es aus »Gier nach dem Erbe« – ist es dann nicht widersinnig oder zumindest eine Unterlassung, noch nicht eine gerichtsmedizinische Untersuchung für den Leichnam eines jeden angeordnet zu haben, der in häuslicher Umgebung verstirbt? Zumindest Blut- und Gewebsproben sollte man den Verstorbenen zur genaueren Untersuchung entnehmen; denn vielen alten und pflegebedürftigen Menschen wird eine Vielzahl von Medikamenten verschrieben, die sie selbst nicht mehr ohne Beistand ordnungsgemäß einnehmen können. Wollte man sich also der Last der Pflege entledigen oder vorzeitig an das Erbe gelangen, so kann man doch dieses in verschiedenen Fällen durch Über- oder Unterdosierung bestimmter Mittel herbeiführen. Das dürfte doch viel einfacher sein, als den »alten Vater« oder die »alte Mutter« oder den zu pflegenden Ehepartner aufzufordern, die eigene Tötung zu »bestellen«.

Sollten wir aber nicht auch selbst eine Pflicht verspüren, aus dem Leben zu scheiden, wenn wir auf eine vollständige »Rundumpflege« angewiesen sind und wir sehen, wie sich unsere nächsten Angehörigen in unserer Pflege aufreiben? Sollten wir nicht überhaupt eine Pflicht gegenüber der menschlichen Gemeinschaft empfinden, dass wir nicht für die letzten Jahre unseres Lebens eine »Rundumpflege« in Anspruch nehmen? Ich hatte in meinem früheren Brief schon die Frage aufgeworfen, ob nicht jeder von uns aufgrund der ständigen Zunahme der Weltbevölkerung und des wohl zunehmenden Mangels an geeigneten Pflegekräften früher »abtreten« sollte, wie das in vielen Volksgruppen – besonders unter Nomaden – bis vor nicht allzu langer Zeit üblich war. [96] Wir würden damit Kräfte freisetzen, die mehr bei Kindern und den Kranken mittleren Alters, die noch eine Zukunft haben, zum Einsatz kommen könnten. Ich möchte sogar so weit gehen zu sagen, dass eine bei Siechtum im hohen Alter von einem selbst geforderte aktive Sterbehilfe dem kategorischen Imperativ entspräche, wie dieser vor ungefähr 250 Jahren von dem Philosophen Immanuel Kant formuliert wurde und wie ihn eigentlich jeder von uns in sich trägt. (»Handle so, dass die Maxime deines Willens jederzeit zugleich als Prinzip einer allgemeinen Gesetzgebung gelten könne.«) Ob man – wenn man meint, dass die Zeit des »Abtretens« gekommen ist – letztlich auch den Mut aufbringt, die dazu notwendige Hilfe einzufordern, ist natürlich eine andere Frage. Niemand jedoch – um dieses nochmals zu betonen – sollte dazu gedrängt werden, aktive Sterbehilfe für sich zu beantragen. Wenn jemand glaubt, dass ein höheres Wesen ihm das Leben geschenkt hat und er es nicht vorzeitig beenden darf, so soll es sein persönliches Recht sein, diese Vorstellung für sich aufrechtzuerhalten.

Viele ältere pflegebedürftige Menschen, ob nun mit oder ohne beginnende Demenz, äußern auch heutzutage schon von sich aus die Bereitschaft, aus dem Leben zu scheiden, oder sie scheinen innerlich bereit zu sein zu »gehen«. Selbst wenn man ihnen Essen und Trinken mundgerecht hinstellt, essen und vor allem trinken sie nicht mehr genügend, ohne dass Anzeichen eines Unbehagens bei ihnen bemerkbar werden. Ist es dann nicht widersinnig, weiterhin zu versuchen, sie zu füttern oder sie künstlich zu ernähren und ihnen Infusionen mit Flüssigkeit zu geben, weil das anscheinend der vorherrschende Glaube in unserer Gesellschaft verlangt?

Todesstrafe

Die Frage, was einen Menschen ausmache, wird neben der Frage nach dem Beginn eines Menschen und der Frage, ob und wann das eigene Leben auf persönlichen Wunsch zu Ende gehen darf, noch in einem dritten Zusammenhang gestellt; nämlich ob und wann jemand sein Leben verwirkt haben sollte. Diese Frage stellt sich in jenen Ländern und Staaten, in denen die Gesetzgeber die Todesstrafe in die Strafgesetzbücher haben schreiben lassen und in denen die Gerichte demzufolge zu entscheiden haben, ob sie einem Menschen sein weiteres Menschsein absprechen sollten, was eben dadurch geschieht, dass dieser Mensch zum Tode verurteilt wird.

Ich will hier nicht auf die Frage eingehen, ob es moralisch gerechtfertigt oder »unmenschlich« sei, jemanden zum Tode zu verurteilen und damit dessen Leben für verwirkt zu erklären. Das mag jeder von Euch wie auch jeder andere für sich selbst beantworten und vor sich selbst rechtfertigen. Zugegebenermaßen entspricht es schon irgendwie unserem Gefühl für Gerechtigkeit, dass jemand, der in unserer menschlichen Gesellschaft einen anderen Menschen bewusst und vorsätzlich und nicht etwa in Notwehr getötet hat, das gleiche Schicksal erleiden soll. Dennoch kann ich mich nicht damit abfinden, dass es überhaupt ein Gesetz geben muss, dem entsprechend man die Möglichkeit hat, jemanden »dem Tode zu überantworten«, ihn hinrichten zu lassen.

Im Allgemeinen wird in den verschiedenen demokratischen Ländern – von nicht demokratischen möchte ich sowieso absehen –, in denen die Todesstrafe im Gesetz steht, wie etwa in Japan und Indien und in mehreren Staaten der USA, nur jemand zum Tode verurteilt, wenn er einen anderen Menschen vorsätzlich getötet hat. In den meisten Mordfällen, die in einem demokratischen Rechtsstaat vor einem Strafgericht verhandelt werden und bei denen es zu einem Schuldspruch kommt, dürften nahezu alle von uns aufgrund der dargebotenen Sachlage von der Täterschaft eines Angeklagten überzeugt sein. Und viele von uns würden dann auch dafür stimmen, diese Person hinrichten zu lassen, sofern die Todesstrafe im Gesetz für einen solchen Fall vorgesehen ist.

Doch kann man sich jemals einer Sache so sicher sein, dass man dafür bereit ist, einen Menschen zum Tode zu verurteilen? Ihm also sein weiteres Menschsein abzusprechen? Ich möchte mich hinsichtlich dieser Frage den Worten des Journalisten Richard Cohen anschließen, der einmal in der »International Herald Tribune« schrieb (meine Übersetzung): »Ich bin gegen sie, da sie von vornherein Perfektion im Kriminalrechtssystem annimmt, dass keine Fehler gemacht werden. In aller Bescheidenheit, wir können das niemals sagen.« [172] Mit anderen Worten – und deshalb erwähne ich auch die Todesstrafe in diesem Brief im Zusammenhang mit den übrigen Irrationalitäten – es entspricht meiner Ansicht nach nicht rationalem Denken, Unfehlbarkeit von einem Kriminalrechtssystem zu erwarten. Eigentlich dürfte das jedermann bewusst sein in Anbetracht wiederholter Berichte von Fehlurteilen und Justizirrtümern. Eine gegenüber einem Menschen zu Unrecht ausgesprochene Gefängnisstrafe kann eine Gesellschaft wenigstens teilweise korrigieren, indem sie den Verurteilten freilässt und ihn anschließend mit einer Geldzahlung in gewisser Weise entschädigt. Nach einem vollstreckten Todesurteil ist dieses eben nicht mehr möglich. Ein ausgelöschtes Leben lässt sich nun einmal nicht mehr zurückbringen.

Abgesehen von Fehlern in der Polizeiarbeit und in der Vorbereitung des Prozesses, die sich erst später zeigen mögen, scheint die Sachlage oftmals nicht so eindeutig, wodurch Richter und Geschworene sich in einem Ermessensspielraum befinden, der sich objektiv nicht füllen lässt und deshalb subjektiv und gefühlsmäßig gefüllt wird. Grundlegend dürfte es bei der Urteilsfindung um drei Fragen gehen:

1.) Hat der Angeklagte die Tat begangen, die ihm vorgeworfen wird? – 2.) Ist der Angeklagte schuldig im Sinne des Gesetzes? – 3.) Welche Strafe ist angemessen?

Wenn es im Hinblick auf die Beantwortung der ersten Frage keine Augenzeugen für den Tatvorgang gibt, ist man allein auf Indizien angewiesen, wie etwa auf eine Waffe (die mögliche Tatwaffe), die sich im Besitz des Beschuldigten befand, oder auf irgendwelche Spuren, die am Tatort zurückblieben. Doch derartige Indizien haben sich häufig als irreführend erwiesen. So wurde beispielsweise 2015 bekannt, dass in den USA aufgrund fehlerhafter Analysen von Haaren, welche am Tatort gefunden wurden, zahlreiche Menschen zum Tode verurteilt und drei auch schon hingerichtet worden waren. [173] Selbst wenn es Augenzeugen für eine Tat gibt, ist auf deren Aussage nicht unbedingt Verlass. In Untersuchungen wurde wiederholt gezeigt, dass Augenzeugen sich erheblich irren können [174, 175] oder auch auf äußeren Druck – wie auch die zuvor erwähnten Untersuchungen von Solomon Asch gezeigt haben [9] – ihre Meinung ändern, um mit dem übereinzustimmen, was andere Zeugen angeblich gesehen haben oder auch was durch bestimmte Indizien angeblich schon zuvor nachgewiesen wurde.

Zeugen mögen auch den Tatvorgang nicht vollständig mitbekommen haben, weil sie sich auf ein anderes Geschehen konzentrierten. In dieser Hinsicht ist ein Experiment erwähnenswert, das unter dem Namen »Der unsichtbare Gorilla« bekannt wurde. [176] In diesem Experiment wurde einem Publikum ein kurzes Video von zwei gegeneinander Ball spielenden Mannschaften (schwarz und weiß gekleidet) gezeigt. Die Zuschauer wurden aufgefordert zu zählen, wie häufig die Mannschaft in Weiß sich den Ball zuspielen konnte. Während des Spiels ging ein Mensch in einem Gorillakostüm gemächlich durch die Spielenden. Als nach dem Spiel die Zuschauer nicht nur nach der Zahl der Ballberührungen der weißen Mannschaft gefragt wurden, sondern auch danach, ob ihnen sonst etwas aufgefallen wäre, stellte sich heraus, dass die Mehrheit den durchwandernden »Gorilla« nicht bemerkt hatte. Abgesehen von dieser Unaufmerksamkeitsblindheit – wie die Eigenschaft genannt wird – können sich bei Zeugen auch einfach falsche Erinnerungen einstellen [177] oder Gedächtnislücken werden mit Konfabulationen gefüllt. [175]

Besteht kein Zweifel an der Täterschaft des Angeklagten, gilt es die zweite Frage zu beantworten, die nach seiner Schuldfähigkeit. In der Regel scheint diese Frage keine Schwierigkeiten aufzuweisen, aber im Falle eines Kindes oder Jugendlichen oder im Falle eines geistig eingeschränkten oder gestörten Menschen ist sie nicht so leicht zu beantworten. Hatte man früher Berichten zufolge offensichtlich wenig Hemmungen, auch solche Personen hinzurichten, so wird man heutzutage – wenigstens in westlich orientierten Demokratien, in denen es die Todesstrafe gibt – niemanden zum Tode verurteilen, wenn man den Eindruck hat, der Betreffende ist nicht zurechnungsfähig, er konnte aufgrund der ihm zur Verfügung stehenden geistigen Fähigkeiten sich gar nicht der Tragweite seines Handelns bewusst sein. Man zieht deshalb zur Begutachtung der geistigen Fähigkeiten eines Heranwachsenden oder eines geistig eingeschränkt erscheinenden Erwachsenen Psychologen oder Psychiater heran, deren Begutachtung dann gegebenenfalls über Leben und Tod eines Angeklagten entscheidet. Wie subjektiv solche Beurteilungen sein können und wie weit sie auseinanderliegen können, hat sich nicht selten bei solchen Prozessen gezeigt, zu denen mehrere psychiatrische oder psychologische Gutachter herangezogen wurden.

Fast ausschließlich auf Subjektivität beruht die Beantwortung der dritten und letzten Frage bei einer Urteilsfindung, der Frage nach dem angemessenen Strafmaß. Objektiv ist hier wohl allein nur die Bandbreite des Strafmaßes durch den zugrunde liegenden Gesetzestext, nach welchem eine Mindeststrafe ausgesprochen werden muss und eine Höchststrafe ausgesprochen werden kann, wenn ein Angeklagter einer Tat überführt und als voll zurechnungsfähig beurteilt wurde. Von dem *subjektiven* Eindruck, den die begutachtenden psychologischen oder psychiatrischen Experten, der Richter und die Geschworenen von einem Angeklagten gewonnen haben, hängt dann häufig auch das anschließende Strafmaß ab. War der Eindruck des Angeklagten nicht günstig und war der Eindruck vielleicht zusätzlich von einer negativen Einstellung der Öffentlichkeit beeinflusst worden, kann das in Ländern und Staaten mit der Todesstrafe für den Angeklagten unter Umständen sehr wohl den Tod bedeuten anstatt einer langjährigen oder lebenslangen Gefängnisstrafe. Und häufig scheint das Strafmaß zusätzlich davon abzuhängen, ob Richter und Geschworene – und zuvor schon die Medien – eine Tat als besonders hinterhältig, bösartig, grausam und abstoßend empfunden haben. Nach einem Bericht über eine Tagung der American Psychiatric Association zu urteilen wollen Richter dieses auch zunehmend von den forensischen Gutachtern wissen, sodass diese sich Gedanken machen müssten, eine gleichsam mehr objektiv erscheinende Liste dieser subjektiven Eindrücke zu erstellen. [178] Offensichtlich kann manchmal diese Einstufung dafür entscheidend sein – jedenfalls in den USA –, ob ein Jugendlicher oder sogar ein Kind als Erwachsener angeklagt wird. (Auch wenn in den USA in einem solchen Fall kein Todesurteil mehr ausgesprochen wird.) Ich erwähnte ein derartiges Beispiel zuvor in einem anderen Zusammenhang. [68] Zumindest in der Vergangenheit genügte es auch häufig, eine schwarze oder dunkle Hautfarbe zu besitzen, um bereits auf der Ebene der Beweisführung und der Frage der Schuldfähigkeit sozusagen »schlechte Karten« vor Gericht zu haben und deshalb auch eher einem Fehlurteil zum Opfer zu fallen. Auf der Ebene der Strafzumessung wuchs die Wahrscheinlichkeit dann noch zusätzlich, eine höhere Strafe zu erhalten, was eben oftmals eine Verurteilung zum Tode bedeuten konnte.

Zur Verteidigung der Todesstrafe soll ein Richter des Obersten Gerichts der USA einmal gesagt haben, dass für einen gläubigen Christen der Tod nichts Besonderes sei. [179] Ob er mit dieser doch etwas befremdlichen Bemerkung die zahlreichen Fehlurteile der Vergangenheit bagatellisieren oder nur die Beibehaltung der Todesstrafen in verschiedenen Staaten der USA verteidigen wollte, konnte ich aus der Mitteilung nicht ersehen. Auf jeden Fall erhob der berichtende Journalist, Steve Mirsky, die naheliegende Frage, ob, wenn der Tod keine große Sache wäre, dieses nicht auch für einen zuvor begangenen Mord gelten müsste.

Die Todesstrafe wird in der Öffentlichkeit und in den Medien wiederholt gefordert, wenn ein besonders abstoßender Mord sich ereignet hat, und in verschiedenen Staaten, in denen die Todesstrafe noch in Kraft ist, werden Angehörige des Ermordeten eingeladen, der Hinrichtung des Mörders beizuwohnen. Diese mögen dann Genugtuung verspüren, dass der Täter seine »gerechte Strafe« erhalten hat wie auch viele unter uns, die als Unbeteiligte, aber Teil der gleichen Gesellschaft erst mit der Hinrichtung eines Mörders den Rechtsfrieden wiederhergestellt sehen – oder besser gesagt: fühlen. Doch ist es die Befriedigung dieses Gefühls wert, dass aufgrund des dahinterstehenden Gesetzes auch immer wieder Unschuldigen ihr weiteres Menschsein abgesprochen wird, weil das Kriminalrechtssystem eben nicht perfekt ist und auch niemals Perfektion erreichen wird? Würde es nicht genügen, überführte Mörder für den Rest ihres Lebens einzusperren, oder zumindest bis in ein sehr hohes Alter? Andererseits möchte ich nicht jenem ehemaligen Richter am deutschen Bundesverfassungsgericht zustimmen, der in einem Buch gleichsam kategorisch forderte, dass jeder Verurteilte »das Recht hat, einmal wieder freizukommen« und »auch lebenslänglich Verurteilte eine Perspektive der Freiheit ›brauchen‹«. [180] Ich finde den Rechtsfrieden keineswegs bewahrt, wenn jemand, der einen anderen Menschen vorsätzlich getötet hat, von vornherein damit rechnen darf, eines Tages wieder freizukommen. Diese Hoffnung sollte nur denjenigen vorbehalten sein, bei denen sich später herausstellt, dass sie zu Unrecht verurteilt wurden. Alle anderen, die wissen, dass sie einen Menschen ermordet haben, sollten doch froh sein, dass man mit ihnen nicht verfährt, wie sie es mit ihrem Opfer getan haben.

Wahrheit und Gerechtigkeit

Ein Begriff, der bei Gerichtsverhandlungen eine besondere Bedeutung hat – und selbstverständlich nicht nur, wenn es sich um Kapitalverbrechen handelt – ist der Begriff »Wahrheit«. Ähnlich wie die anderen von mir zuvor schon erwähnten abstrakten Begriffe, wie etwa »Freiheit« und »Verantwortung«, ist auch »Wahrheit« ein Begriff, den man gern für sich in Anspruch nimmt im Hinblick auf das, was man sagt und tut. Neben der dadurch entstandenen Vielfalt von »Wahrheit« oder »Wahrheiten«, auf die ich auch eingehen möchte, kommt es mir im Folgenden aber vor allem darauf an, Euch zu zeigen – oder zu versuchen, Euch zu zeigen –, was man meiner Ansicht nach unter »Wahrheit« verstehen *sollte* und wie man mit diesem Begriff umgehen *sollte*.

In meinem vorherigen Brief hatte ich schon darauf hingewiesen, dass ich es für abwegig halte, von der »Wahrheit an sich« zu sprechen oder vom »Wesen der Wahrheit« – worüber man etwa bei dem Philosophen Martin Heidegger lesen kann [181] –, sondern dass »Wahrheit« sich immer auf etwas beziehen muss, als »Wahrheit über« oder »Wahrheit von« etwas. Von einer »Suche nach *der* Wahrheit« mögen wir höchstens im privaten Bereich sprechen, wenn wir allein oder mit Freunden Überlegungen anstellen, was wohl der Sinn des Lebens und dieser Welt sei oder ob beides, Leben und Welt, überhaupt einen Sinn haben. Ich hatte schon darauf verwiesen, dass gerade diese in Krisenzeiten unseres Lebens so brennende Frage wohl nie beantwortet werden kann und wir uns *dieser* – man könnte sagen: »absoluten« – Wahrheit höchstens asymptotisch nähern könnten, selbst in Anbetracht des in der Menschheitsgeschichte doch so beeindruckend angehäuften Wissens.

Der Philosoph Karl Popper erinnert in seinen Schriften wiederholt an den Vorsokratiker Xenophanes, der im 6. vorchristlichen Jahrhundert darauf verwies, dass niemand die »sichere Wahrheit« kenne und niemand sie jemals kennen würde, und würde er sie jemals aussprechen, wüsste er nicht, dass dieses die »vollkommenste Wahrheit« sei. [182] Und der Philosoph Friedrich Nietzsche soll zu dem Schluss gekommen sein, dass es überhaupt keine »Wahrheit« gäbe, sondern nur »Interpretation«. Trotz dieser und weiterer Einwände gegen *die* »Wahrheit« scheinen wir in unserer menschlichen Gesellschaft nicht ohne diesen Begriff auskommen zu können, vor allem wenn es um Fragen von Recht und Gerechtigkeit geht. Sonst wäre doch – so darf man wohl sagen – dieser Begriff schon längst in Vergessenheit geraten. Stattdessen werden wir von klein auf dazu angehalten, »immer die Wahrheit zu sagen« und dem Wort »Wahrheit« haftet ein positiver Klang an, dass ein jeder dieses Wort gern für sich in Anspruch nehmen und behaupten möchte, für die »Wahrheit« einzutreten. Das führt nicht selten zu eigenartigen Aussagen. So las ich einmal über einen Theater- und Opernregisseur, dass er mit der Inszenierung von Stücken »provoziere, um die Wahrheit herauszufinden.« [183] Wie und von wem mit einer provokanten Aufführung die »Wahrheit« herausgefunden werden sollte, war in dem Zusammenhang allerdings nicht gesagt.

Da es gegebenenfalls schwierig oder fragwürdig oder geradezu unmöglich ist zu sagen, inwieweit eine Äußerung etwas mit »Wahrheit« zu tun haben soll, man sich aber dieses Begriffes gern bedienen möchte, setzt man ein erläuterndes Eigenschaftswort vor den Begriff. So verfüge nach Vorstellung der Künstler der Romantik ein Künstler über »imaginative Wahrheit« und neben dieser Art von Wahrheit kann man auch einer »religiösen« oder »geoffenbarten Wahrheit« (»revealed truth«, wie zu lesen war) [184] begegnen, die offenbar für die »wahrhaft« Gläubigen gilt, oder man trifft auf eine »historische Wahrheit«, mit der vor einiger Zeit der Präsident eines Landes die gewaltsame Annexion eines Teiles eines Nachbarlandes begründete [185], und die schon erwähnte »deutsche Wahrheit«, mit der Thomas Mann in einer Schrift nach dem Ersten Weltkrieg die westliche Demokratie als Regierungsform für Deutschland ablehnte, da sie eben nicht der »deutschen Wahrheit« entspräche. [41] Zusätzlich habe ich auch von einer »philosophischen Wahrheit« gehört, als ich einmal einen Geistlichen in einem Fernsehinterview sagen hörte, dass es drei Ebenen von »Wahrheit« gäbe: 1. die »naturwissenschaftliche Wahrheit«,

2. die »philosophische Wahrheit« und 3. die »religiöse Wahrheit«. In dieser Ansammlung der verschiedensten »Wahrheiten« wäre es eigentlich erstaunlich, wenn nicht auch der »Führer« der »Nationalistischen Bewegung« seinen Beitrag zu dieser geleistet hätte. Nach einer Rede einer seiner Vordenker über die sogenannte »Zinsknechtschaft« sprach er von einer »theoretischen Wahrheit von immenser Bedeutung«. [186]

Erwähnen sollte ich in diesem Zusammenhang aber noch einen Gedanken, der dem Philosophen Hans Georg Gadamer zugeschrieben wird. Nach diesem begegne man in den Geisteswissenschaften einer »verstehenden Wahrheit«, während es sich bei der »Wahrheit« in den Naturwissenschaften um eine »erklärende Wahrheit« handele. Mir scheint, um dem zuzustimmen, müsste man sich wohl erst die Frage beantworten, wie »Verstehen« und wie »Erklären« festgelegt, also definiert werden sollen. Ich möchte die Meinung vertreten, dass hier auf beide Arten von Gadamers »Wahrheit« Nietzsches Gedanke von »Interpretation« anstelle von »Wahrheit« zutrifft. Eine Meldung über die Wahrnehmung von irgendetwas oder von einem bestimmten Messwert bedarf zunächst keiner Erklärung, keiner Interpretation. Entweder ist diese Wahrnehmung richtig oder sie ist falsch, was nachgeprüft werden kann. In naturwissenschaftlichen Untersuchungen spricht man eigentlich auch nicht von »Wahrheit«, sondern man spricht von einem »Befund« oder von einem »Ergebnis« einer Untersuchung. Dieses Ergebnis wird dann in wiederholenden Untersuchungen bestätigt oder verworfen. Es wird aber nicht von »wahr« oder »unwahr« in einem solchen Zusammenhang gesprochen. (Höchstens dann, wenn – was leider auch vorgekommen ist – Wissenschaftler bewusst falsche Ergebnisse veröffentlich haben.) »Verstehen« und »Erklären« sind im Anschluss an eine Beobachtung oder Messung notwendig, um das Ergebnis in die bisherigen Wahrnehmungen und Messungen auf dem gleichen Gebiet entsprechend einzuordnen. Ist ein Befund durch unabhängige Prüfung bestätigt, verliert man eigentlich kein Wort mehr über sein Zustandekommen. Der Befund dient dann gegebenenfalls als Grundlage für weitere Untersuchungen in der sogenannten »naturwissenschaftlichen Grundlagenforschung«, wie er auch seine Verwendung in der angewandten Naturwissenschaft – wie der Technik und der Medizin – findet und auch zu neuen Überlegungen auf dem Gebiet der Geisteswissenschaften und der Gesellschaft im Allgemeinen führen kann.

Trotz der scheinbaren Vielzahl von »Wahrheiten« gibt es im Grunde – so möchte ich behaupten – nur eine einzige »Wahrheit«; nämlich die, bei der es um das geht, was man mit seinen Sinnen *wahr*nimmt, und Sinneswahrnehmungen wie Sehen und Hören sind Naturvorgänge, die sich auf Nachprüfbarkeit und Voraussagbarkeit gründen. Sonst könnten wir nicht erwarten, dass jemand das Gleiche sieht oder das Gleiche hört wie wir, wenn wir zu ihm sagen: »Sieh dir *dieses* an!« oder: »Hör dir *dieses* an!« Ob der Angesprochene die gleichen Schlüsse aus dem Wahrgenommenen zieht wie wir, das Wahrgenommene in gleicher Weise »interpretiert«, ist dann eine andere Frage. Diese mit den Sinnesorganen wahrgenommene »Wahrheit« ist ähnlich wie das Ergebnis, das mit Messinstrumenten während oder am Ende eines naturwissenschaftlichen Experimentes gemessen wird. Dieses wäre – sofern man sie näher bezeichnen will – eine »naturwissenschaftliche Wahrheit«. Was all die anderen »Wahrheiten« betrifft, wie »imaginative, historische, religiöse« usw., so drängt sich der Eindruck auf, als wolle man seinen eigenen Empfindungen mithilfe des Wortes »Wahrheit« mehr Gewicht verleihen, ist sich aber der Anmaßung bewusst, die der Einsatz dieses Wortes bedeutet. Deshalb das Hinzufügen eines Eigenschaftswortes, wie eben »historisch« oder »religiös«.

Vor einiger Zeit machten Leute von sich reden, indem sie Thesen aufstellten wie: »Die Naturwissenschaft ist nur ein gemeinschaftliches Glaubenssystem mit einem zweifelhaften Verständnis von Wirklichkeit.« [187] Offensichtlich gingen diese Leute davon aus, dass sie allein über das richtige Verständnis von »Wirklichkeit« verfügten. Sie hielten – wie an anderer Stelle zu lesen war – Ergebnisse von Messungen von Naturvorgängen für »soziale Konstruktionen« (»social constructs«), für »unbekümmerte Wahnvorstellungen« (»happy delusions«) und auch für »Produkte von Geschlechts-, Rassen- und Klasseninteressen« (»products of gender-, race-, and class interests«). [188] Dieses waren – wie man vermuten könnte – keineswegs Leute von gewissen religiös eingestellten Gruppen wie die Amish, die etwa die Nutzung von Elektrizität, Autos und Flugzeugen – also bestimmte Ergebnisse naturwissenschaftlicher Forschung – für die Mitglieder ihrer Gemeinde ablehnen, sondern es waren erstaunlicherweise Philosophen und Soziologen an Universitäten, die solche Entwicklungen auf der Basis dessen, was sie als »unbekümmerte Wahnvorstellungen« bezeichnen, wohl täglich für sich in Anspruch nehmen.

Man könnte natürlich ganz allgemein argumentieren, dass »Wahrheit« eine »soziale Konstruktion« sei. Doch was würde man mit dieser Feststellung gewinnen? »Soziale Konstruktion« trifft doch auf jeden sprachlichen Begriff zu, auf jeden anschaulichen wie auch auf jeden nicht anschaulichen (abstrakten) Begriff, auf den sich unsere Vorfahren irgendwann in einer weit zurückliegenden Vergangenheit verständigten, sowie auch darauf, wie wir uns gegebenenfalls auf neue Begriffe verständigen müssen. Anschauliche Begriffe wie »Baum«, »laufen«, »groß«, »klein« etc. können wir Kindern und Leuten, die unsere Sprache erlernen wollen, durch Zeigen erläutern. Nicht anschauliche Begriffe wie »wissen«, »begründen«, »denkbar«, aber eben auch solche wie »Wahrheit«, »Freiheit«, »Verantwortung«, »Würde«, »Liebe« müssen wir oder zumindest sollten wir mithilfe anschaulicher Beispiele erklären, wobei wir aber bei diesen Begriffen eine gewisse Verschwommenheit oder zumindest Randunschärfe wohl nie völlig beseitigen können, sie hinnehmen müssen, aber uns dessen bewusst sein sollten.

Im Allgemeinen scheint in unserem täglichen Umgang miteinander ein auf *Wahr*genommenem sich gründender Begriff »Wahrheit« in einem rechtlichen Zusammenhang eingesetzt zu werden. Schon wenn Eltern oder Erzieher gezwungen sind, einen Streit unter Kindern zu schlichten, ist es wichtig, dass alle Beteiligten über das Geschehen »die Wahrheit sagen«, damit der (bestmögliche) Friede wiederhergestellt wird. Oder wenn wir beispielsweise einen Bekannten fragen, was eine dritte Person gesagt habe, und ihn dabei ausdrücklich bitten, die »Wahrheit zu sagen«, so mag das in dem Zusammenhang dazu dienen, dieser dritten Person innerlich gerecht zu werden, auch wenn die Kenntnis dieser »Wahrheit« andererseits äußerlich keinerlei Konsequenzen nach sich ziehen muss.

Am deutlichsten dürfte aber die Notwendigkeit für einen Begriff wie »Wahrheit« und seine Verbindung mit den Begriffen »Recht« und »Gerechtigkeit« in einer Gerichtsverhandlung hervortreten, wenn Zeugen geloben müssen, »die Wahrheit zu sagen und nichts als die Wahrheit«; zu sagen nämlich, was im Hinblick auf den Tathergang sie gesehen, gehört, gefühlt und vielleicht sogar geschmeckt haben.

Oder sofern es sich um einen sogenannten Sachverständigen als Zeugen im Zusammenhang mit der Feststellung eines Tathergangs handelt: welche Spuren und sonstige Indizien gesammelt wurden und vorgelegt werden können und was – mit einem anderen Wort – bei den Untersuchungen »gemessen« wurde.

Die Beantwortung der Frage nach der Schuldfähigkeit des Angeklagten einerseits und dem Strafmaß andererseits ist dann weniger eine Frage der »Wahrheit« als vielmehr eine Frage der »Interpretation« der Persönlichkeit des Angeklagten – eventuell auf der Grundlage eines psychologisch-psychiatrischen Gutachtens – und eine Frage der »Interpretation« der Tat durch Richter und/oder Geschworene, ob es sich beispielsweise um eine »besonders abstoßende« Tat gehandelt hat oder ob dem Angeklagten »mildernde Umstände« zuerkannt werden sollten. Sofern kein Geständnis des Angeklagten vorliegt, wird man sich bei Feststellung der Täterschaft für ein Verbrechen auf Zeugenaussagen, auf Indizien oder auch nur auf eines von beidem verlassen müssen. Ich habe schon darauf hingewiesen, dass Zeugen sich irren können, ihre Erinnerung an den Tathergang fehlerhaft sein kann [174] und sie sich unter Umständen den Aussagen anderer Zeugen anschließen, die das Geschehen anders gesehen haben wollen. [9] Gibt es keinerlei Zeugen für den Tathergang, muss das Gericht sich allein auf wissenschaftliche, das heißt letztlich: naturwissenschaftliche Untersuchungen der Spuren verlassen, um die Wahrheit zu ermitteln. Man wird nicht – jedenfalls nicht in westlichen Demokratien – Sterndeuterei, Wahrsagerei, Kristallkugellesen oder

Ähnliches in einer Beweisaufnahme zulassen oder mittelalterliche Methoden wie Folter oder »Gottesurteile« wieder einführen. Natürlich sind auch wissenschaftliche Untersuchungsmethoden der Tatortspuren nicht fehlerfrei, wie die zuvor erwähnten Haaranalysen gezeigt haben. [173] Das liegt jedoch weniger an den wissenschaftlichen Methoden selbst als vielmehr an den Personen, welche die Untersuchungen durchführen, also an menschlichem Versagen; entweder werden Fehler schon bei der Untersuchung begangen oder es wird die Aussagekraft der angewendeten Methode überschätzt (wie dieses wohl bei den Haaranalysen geschah). Oder es kam vielleicht auch fehlerhaftes Labormaterial zum Einsatz (wenn etwa – was vorgekommen ist – mit einer fremden DNA schon kontaminierte Wattestäbchen zur Probeentnahme verwendet werden).

So kann die »*Wahrheits*-findung« über Tathergang und Täterschaft ebenfalls auf eine *Interpretation* der – vielleicht widersprüchlichen – Zeugenaussagen und der Indizien hinauslaufen, eine Interpretation, die jeder Geschworene oder Richter zunächst für sich selbst durchführen muss, um dann zusammen zu einem möglichst irrtumsfreien Urteil zu gelangen. Besonders schwierig kann eine Entscheidung dann werden, wenn man sich nur auf einen Zeugen oder ein Indiz stützen kann. (Deshalb sollte es auch – worauf ich zuvor schon hinwies – eine derart unumkehrbare Strafe wie die Todesstrafe nicht geben.) Zusätzlich mag die Urteilsfindung noch dadurch erschwert werden, dass geschickte Anwälte – für oder wider die Anklage – auch die Beweislast naturwissenschaftlicher Untersuchen gegenüber Richtern und Geschworenen mehr oder weniger als »konstruierte Wahrheit« herunterzuspielen versuchen und damit bei den Letzteren unter Umständen Zustimmung gewinnen, da diese die eingesetzten Untersuchungsmethoden vielleicht nicht so recht verstehen können. Gib es kein Geständnis des Angeklagten, mögen nahe Verwandte, Freunde und Sympathisanten des Angeklagten Zeugen und Indizien von vornherein anzweifeln, gänzlich ablehnen oder völlig ignorieren. Diese Einstellung dürfte ihnen noch leichter fallen, wenn es keinerlei Zeugen der Tat gibt und die Anklage sich nur auf Indizien stützen kann. Angehörige und Sympathisanten des Angeklagten scheint

es in einer solchen Situation leichterzufallen, von der Unschuld des Angeklagten überzeugt zu sein und die Ergebnisse der von der Polizei zuvor durchgeführten Untersuchungsmethoden als Fabrikation oder eben
»Konstruktion« von Wahrheit abzuwerten. [189] Sie mögen dann vielleicht
außergerichtliche Kommentare von Sterndeutern und anderen Arten von
Wahrsagern für zuverlässiger halten als die Ergebnisse wissenschaftlicher
Untersuchungen der Polizei, sofern diese außergerichtlichen »Untersuchungen« die Unschuld des Angeklagten ergeben.

Es scheint auch noch immer so zu sein – wie ich vor Jahren in einer
überregionalen Tageszeitung bemängelt fand [190] –, dass Sachverstän-
dige, die von der Anklage oder Verteidigung bestellt werden, ihre Meinung kundtun können, ohne wissenschaftliche Beweise dafür vorlegen
zu müssen. Sie können sich dabei auf angebliche Erfahrung oder auf
noch nicht veröffentliche Forschung berufen. In dem Artikel wurde
deshalb verlangt, dass Richter eine Ausbildung in wissenschaftlicher
Beweisführung haben sollten, bevor sie Verfahren vorsitzen, die im Wesentlichen von wissenschaftlichen Fakten abhängen. Eine Forderung,
die meiner Ansicht nach in gewisser Weise schon zuvor von einem der
Richter am Obersten Gericht der USA erhoben worden war. [191]. – Man
könnte hinzufügen, dass nicht nur Richter, sondern wir alle – soweit
wie möglich – schon auf der Schule eine gewisse Ausbildung in wissenschaftlicher Beweisführung erfahren sollten. Und sei es nur deshalb,
weil so mancher von uns später die Rolle eines Geschworenen in einer
Gerichtverhandlung einnehmen muss.

Richter und Geschworene sollen losgelöst und unabhängig von Anklage und Verteidigung aufgrund der Beweislage – also objektiv – feststellen, was »wahr« ist. »Wahrheit«, so ließe sich dieser Begriff demnach
definieren, wäre das, was von einem unabhängigen Gericht als »wahr«
anerkannt würde – wäre in dem einen oder anderen Streitfall eine richterliche Entscheidung notwendig. »Wahrheit« ist somit, wie das Wort in
unserer Umgangssprache verwendet wird und wie ich schon in meinem
früheren Brief zu betonen versuchte, ein rein *praktischer* Begriff, sofern
das Wort eben nicht in anmaßender Weise und zur Stärkung eigener

irrationaler Vorstellungen in der Öffentlichkeit zum Einsatz kommt oder mit »Interpretation« verwechselt wird.

Gegen diese Art von Definition – »Wahrheit« sei das, was von einem unabhängigen Gericht als »Wahrheit« anerkannt wird oder würde – könntet Ihr natürlich einwenden, dass Richter und Geschworene, wie gerade angeführt, mangels wissenschaftlicher Kenntnis die Gutachten der sogenannten Sachverständigen nicht richtig beurteilen können und dass Richter und/oder Geschworene manchmal wie »losgelöst« von Beweismaterial und Zeugen ihr Urteil fällten und dass Ankläger und Verteidiger in dem einen oder anderen Fall an der Aufdeckung der Wahrheit nicht sonderlich interessiert scheinen, weil ihnen Täter wie auch Opfer ziemlich gleichgültig sein mögen und sie – um anscheinend die Verhandlung schnell hinter sich bringen zu können – die eine Seite vielleicht zu gut und die andere Seite vielleicht zu schlecht wegkommen lassen; dass es also gerichtliche Verhandlungen gäbe, bei denen man rückblickend den Eindruck gewänne, dass die Wahrheit letztlich »auf der Strecke geblieben sei«, wie man sich in solchen Fällen auszudrücken pflegt. Der gleiche Eindruck – so mögt Ihr zusätzlich einwenden – ergibt sich auch dann, wenn ein Angeklagter in der Allgemeinheit oder zumindest bei bestimmten Gruppen innerhalb einer Bevölkerung große Sympathien genießt und Richter und Geschworene anscheinend davon nicht unbeeindruckt bleiben. [192] Umgekehrt kann natürlich auch die »Abscheulichkeit« eines Verbrechens, ein unsympathisches Äußeres eines Angeklagten und eine »Vorverurteilung« durch die Öffentlichkeit die »Wahrheitsfindung« eines Gerichtes beeinflussen.

Um solchen Einwänden zu begegnen, könnte man das, was »Wahrheit« besagt oder besagen soll, noch etwas weiter einengen. Denkt einmal an die Legende von Kain und Abel, nach der Kain aus Neid seinen Bruder Abel bei der Arbeit auf einem Feld erschlug. Übertragt in Gedanken dieses Geschehen in die Wirklichkeit der Gegenwart, in der es also nicht, wie in der Bibel beschrieben, eine übernatürliche Macht gibt, einen Gott, der den Kain mit einem Zeichen markieren würde, an dem jedermann erkennen könnte, was der Kain getan hat. Stellt Euch vor, dass es auch sonst keine Zeugen dafür gäbe, wie Abel zu Tode kam, dass aber Kain der Tat verdächtigt und angeklagt wird. Versetzt Euch bei dieser Annahme in die Lage von Adam und Eva, den Eltern von Kain und Abel, und geht davon aus, dass beide Söhne – worüber in der Bibel nichts gesagt ist – den Eltern gleich viel bedeuteten. Einerseits dürften Adam und Eva wohl gehofft haben, dass der Mörder von Abel gefunden würde, andererseits mussten sie aber befürchten, dass Kain der Mörder war. Dieses würde bedeuten, dass sie nicht nur einen Sohn, sondern in gewisser Weise beide Söhne verloren hätten. Mehr wohl als ein jeder Richter oder ein jeder Geschworener dürften sie motiviert sein, »die Wahrheit und nichts als die Wahrheit« herauszufinden. Gibt es irgendwelche Zeugen, so werden sie wünschen, dass diese unabhängig voneinander sind. Sie werden vielleicht zusätzlich jeden Beweis – oder angeblichen Beweis –, der für oder gegen Kain spricht, sich genauestens ansehen und sich gegebenenfalls fachmännisch erklären lassen; denn auch ein richterlicher »Freispruch mangels Beweisen« wäre für sie nur dann beruhigend, wenn die Beweislage insgesamt ihnen den schwer lastenden inneren Verdacht nähme, den sie auch schon aufgrund der gegen Kain erhobenen Anklage hegen müssen und der ihnen ihren Sohn Kain vielleicht zum Teil schon entfremdet hat. Um sich eine größtmögliche Gewissheit zu verschaffen, werden unsere »modernen« Adam und Eva nach Kriterien vorgehen, die ich früher schon einmal als Kriterien zur allgemeinen Beurteilung eines Argumentes erwähnte. [96] Sie werden bei jedem vorgebrachten Beweisstück sich erstens fragen, ob dieses relevant, ob es von Belang ist. Zweitens wie viel Erklärungskraft es besitzt und drittens wie in das Gesamtbild der übrigen Beweise oder angeblichen Beweise es sich einfügt. Vor allem aber werden sie sich viertens fragen oder gegebenenfalls erklären lassen, ob die angewandten Methoden zur Untersuchung der Spuren naturwissenschaftlich anerkannt sind. Ob sie zuvor schon an anderer Stelle nachprüfbare und voraussagbare Ergebnisse erzielt haben.

Würde sich ein Elternpaar in der heutigen Zeit in einer Situation wie der von Adam und Eva befinden, dürfte es sich wohl auch wünschen, dass die Vertreter der Anklage wie die der Verteidigung in möglichst nüchterner und sachlicher Sprache vortragen, was ihrer jeweiligen Ansicht nach für die Schuld oder Unschuld ihres angeklagten Sohnes spricht, und dass Anklage und Verteidigung dabei nicht versuchen, bestimmte Gefühle für oder gegen Kain bei Richtern oder Geschworenen zu wecken, nur um dadurch anschließend als »Sieger« hervorzugehen, eine Bezeichnung, wie man sie manchmal bezogen auf Ankläger oder Verteidiger in Berichten über Prozesse finden kann.

»Wahrheit« – so ließe sich vielleicht zusammenfassend sagen – wäre nicht nur das, was Richter und Geschworene gegebenenfalls als »wahr« anerkennen, sondern »Wahrheit muss sich aus solchen Beobachtungen, Aussagen und Untersuchungen zusammensetzen, die ein Elternpaar in einer Situation wie der von Adam und Eva zu der bitteren Gewissheit führen würde, dass von ihren zwei Söhnen, die sie einmal hatten, der noch lebende Sohn der Mörder des toten Sohnes ist. Trotz des Unbehagens, das man manchmal empfinden mag, wenn mit dem Begriff »Wahrheit« nachlässig und sorglos argumentiert wird, möchte ich ihn nicht als einen irrationalen Begriff sehen, sondern eben als einen Begriff, der für unsere menschliche Gesellschaft unentbehrlich ist. Auf das, was dieser Begriff beinhaltet, muss sich nicht nur das Recht vor einem Gericht gründen, sondern auch das Recht in unserem täglichen Zusammenleben. Scherzhaft und etwas polemisch ließe sich vielleicht noch hinzufügen, dass Politiker und Theologen es sind, die den Begriff »Wahrheit« gern für sich in Anspruch nehmen, dass Philosophen ihn gern »begrübeln«, dass er in Rechtsfragen – großen und kleinen – seine eigentliche *praktische* Verwendung findet und dass er naturwissenschaftlich begründet sein muss.

***

Man stößt verschiedentlich auf Berichte über Gesetze, welche einem widersprüchlich und irrational erscheinen. Derartige Berichte kommen vorwiegend aus autoritär regierten Ländern, was wohl zum Teil daran liegt, dass die Regierungen dieser Staaten trotz ihrer absoluten Herrschaft sich den Anschein einer Demokratie geben wollen. Doch auch in demokratischen Ländern findet man Gesetze oder Gesetzesvorhaben, die einen nicht weniger als widersprüchlich und irrational berühren. Sie erregen insofern nur keinen Anstoß in der Öffentlichkeit, weil sich im Grunde niemand durch diese Gesetze direkt beeinträchtigt fühlt. Bestimmte Gruppen jedoch, die in ihnen einen Vorteil für sich sehen, mögen die Verabschiedung dieser Gesetze begrüßen.

So unterliegen Jugendliche zwischen 14 und 18 Jahren, die eine Straftat begehen, in Deutschland und anderen europäischen Ländern der Jugendgerichtsbarkeit. Das scheint durchaus sinnvoll zu sein, da mit Eintritt in die Pubertät die Kriminalitätsrate statistisch gesehen zunächst erheblich ansteigt, dann aber mit Verlassen des Pubertätsalters kontinuierlich wieder abfällt. Man führt dieses vorübergehende kriminelle Verhalten auf den Reifungsprozess zurück, den ein jugendliches Gehirn durchläuft, und spricht deshalb auch von einer »Episodenkriminalität«. Von bildgebenden Untersuchungen wie »Magnetic Resonance Imaging« ist bekannt, dass das menschliche Gehirn während der Pubertät einem erheblichen Umbildungsprozess unterworfen ist. [(193)] Das jugendliche Gehirn ist also noch nicht ganz »reif«, so könnte man sagen, und damit noch nicht ganz »zurechnungsfähig«, um das Tun seines Besitzers entsprechend den Gesetzen der Gesellschaft unter Kontrolle zu halten. Wie verträgt sich aber diese mangelhafte »Zurechnungsfähigkeit« damit, dass in verschiedenen Staaten bei bestimmten Wahlen schon Sechzehnjährige mit abstimmen dürfen? Sind Wahlen nicht so wichtig, dass dafür ein ausgereiftes Gehirn nicht benötigt wird? Jugendliche dürfen also Gesetzgeber mitwählen, obgleich man davon ausgeht, dass sie die Tragweite der von diesen Gesetzgebern erlassenen Gesetze noch gar nicht richtig erfassen können. Man gesteht ihnen eine Freiheit der Älteren zu – nämlich die Freiheit, wählen zu dürfen –, ohne dass man sie gegebenenfalls bei Verstößen gegen Gesetze entsprechend zur Verantwortung zieht, wie dieses bei Älteren geschieht.

Dieser Widerspruch zwischen fehlender oder eingeschränkter Schuldfähigkeit einerseits und Mitbestimmungsrecht – wenn auch nur indirekt – über den Erlass von Gesetzen oder Regeln für die Allgemeinheit findet seine Fortsetzung darin, dass es Bestrebungen geben soll, auch schon

Vierzehn- bis Sechzehnjährigen das Wahlrecht zu ermöglichen. Von bestimmten Organisationen und sogar von einer früheren Ministerin für Soziales kam die Forderung, auch geistig Behinderten das Wahlrecht zu gewähren. [194]* Bemerkenswert dürfte in diesem Zusammenhang sein, dass von verschiedenen Seiten Grundrechte für Menschenaffen gefordert werden [195] und zum Teil wird dieses damit begründet, dass viele Menschenaffen einen höheren Intelligenzstand hätten als viele geistig Behinderte. Setzt man diese zwei Forderungen zusammen, müsste man bei ihrer Erfüllung nicht erwarten, dass demnächst Menschenaffen ebenfalls das Wahlrecht einzuräumen wäre? – Manche Jugendliche und vielleicht auch manche Menschen, die als geistig behindert gelten, mögen über bessere politische Kenntnisse verfügen als so mancher »normale« Erwachsene, der selbstverständlich das Recht hat zu wählen. Aber solange es keine »Wahlberechtigungsprüfung« gibt – die sich in vielerlei Hinsicht wohl auch kaum durchführen ließe –, sollte doch die Berechtigung zu wählen von der vollen Schuldfähigkeit einer Person abhängig gemacht werden.

Wenn der Gesetzgeber allgemein Achtzehnjährige für reif genug hält zu wählen, sollte das doch auch beinhalten, dass Achtzehnjährige bei einer Gesetzesübertretung nach Erwachsenenstrafrecht angeklagt und verurteilt werden. Offensichtlich geschieht dieses aber nicht, und die Mehrzahl der Achtzehn- bis Einundzwanzigjährigen, der sogenannten »Heranwachsenden«, wird noch nach dem Jugendstrafrecht abgeurteilt. [196] Das löst besonders bei spektakulären Straftaten, wie Tötungsdelikten, Unbehagen innerhalb der Bevölkerung aus, die zu einem großen Teil die Straftäter durchaus als Erwachsene sieht und findet, dass die Taten nicht wirklich gesühnt wurden. Es kann einen auch eigenartig berühren, wenn Oberschülern in diesem Alter und Studenten – denen man doch mit dem Abitur die »geistige Reife« bescheinigt haben will – durch die Anwendung des Jugendstrafrechts umgekehrt gleichsam »verminderte Zurechnungsfähigkeit« zugesprochen wird. Müsste man sich da nicht

---

* Im März hat der Deutsche Bundestag mit überwältigender Mehrheit (345:0 bei 240 Enthaltungen) beschlossen, dass geistig Behinderte und psychisch Kranke, die vollständig betreut werden, an Wahlen teilnehmen dürfen.

auch fragen, welche Art von Menschen Gymnasien und Universitäten besuchen dürfen? [(197)] Personen, die durch diese »Heranwachsenden« einen lebenslangen gesundheitlichen Schaden erlitten haben oder von denen ein Angehöriger durch die Tat eines »Heranwachsenden« zu Tode kam, zweifeln dann nicht selten an der »Gerechtigkeit« der Gesellschaft, wenn der Täter mit einer relativ leichten Jugendstrafe »davonkommt«.

Als eine fehlende oder mangelhafte Gerechtigkeit wird von direkt Betroffenen und deren Angehörigen eine Maßnahme gewertet, die im Allgemeinen nur dann ein öffentliches Interesse auf sich zieht, wenn eine bekannte Persönlichkeit irgendwie damit in Zusammenhang steht. Bei dieser Maßnahme handelt es sich um die Miteinbeziehung von Alkoholikern in die Vergabe von menschlichen Lebern zur Transplantation. Diejenigen, die das als ungerecht empfinden, sind Personen, deren Lebern durch eine unverschuldete Erkrankung weitgehend zerstört wurde und die deshalb ebenfalls eine neue Leber oder Teil einer neuen Leber zum Überleben benötigen. Diesen Personen erscheint es als ungerecht und irrational, dass sie im Hinblick auf eine neues Organ unter Umständen Leuten den Vortritt lassen müssen, welche die Zerstörung ihrer Leber durch ihren Lebenswandel selbst herbeigeführt haben. Nun aber werden die Letzteren bevorzugt, da sie aufgrund bestimmter Kriterien ein neues Organ dringender benötigen. Die Zurückgesetzten müssen somit befürchten, überhaupt nicht mehr rechtzeitig eine neue Leber zu erhalten.

Das Empfinden dieser Leute ist verständlich. Es erscheint widersprüchlich, auf jemanden so viel Rücksicht zu nehmen und ihn scheinbar sogar bevorzugt zu behandeln, der sich seinen Schaden selbst zugefügt hat, zunächst wohl durch Leichtsinnigkeit und Nachlässigkeit, dann aber durch eigene Unkontrolliertheit. Doch nach den bisherigen Berichten möchte ich den Ersatz einer durch Alkohol zerstörten Leber nicht so ohne Weiteres als »irrational« bewerten. Die Entscheidung, wer zuerst ein Transplantat erhalten soll, stellt für die entscheidenden Ärzte und Gremien durchaus ein Dilemma dar. Einerseits kann man die Alkoholiker nicht einfach sterben lassen, zum anderen verlangt man von ihnen auch, wenigstens für ein halbes Jahr dem Alkohol »abgeschworen« zu haben, bevor sie überhaupt ein Transplantat erwarten dürfen. Offensichtlich können auch 80 % der für ein Transplantat vorgesehenen – nun ehemaligen – Alkoholiker nach der Transplantation vom Alkohol »unabhängig« bleiben. Berechtigt dürfte aber in diesem Zusammenhang die Frage der »nicht alkoholischen« Transplantationsanwärter sein, warum die Alkoholabhängigen die Zerstörung ihrer Leber so weit haben fortschreiten lassen, bevor sie mit dem Trinken aufhörten, sodass nur noch eine neue Leber sie vor einem baldigen Tod hat retten können. Zum Teil zeigt sich eine Leberschädigung schon früh bei Routineuntersuchungen an der Erhöhung bestimmter Blutwerte, und nach ihrem Alkoholkonsum befragt sind die Alkoholabhängigen von ihren Ärzten sicher zu strikter Abstinenz ermahnt worden. Nach Pressemeldungen wird inzwischen ein Viertel aller Lebertransplantationen zum Ersatz einer durch Alkohol zerstörten Leber durchgeführt (Stand 2016). Die Alkoholiker verdrängen damit nicht nur zum Teil die anderen Transplantationsanwärter für eine Leber, sie erzeugen auch erhebliche Kosten für das Gesundheitssystem, die nicht nötig wären, wenn sie rechtzeitig ihre Trinkgewohnheit unter Kontrolle bekommen hätten. Eine Lebertransplantation kostet bis zu 200.000 Dollar, die dann von allen Teilnehmern der betreffenden Versicherung getragen werden müssen. In Hinblick auf diese Gegebenheiten finde ich es durchaus unangebracht, wenn nicht widersinnig, dass Alkoholabhängigen so viel Sympathie entgegengebracht wird, wie dieses gegenwärtig der Fall zu sein scheint. Vielfach seitens der Ärzteschaft – aber auch schon in der Öffentlichkeit – wird ein Alkoholiker als »alkoholkrank« bezeichnet. (In ähnlicher Weise scheint man auch Drogenabhängige durchgehend als »drogenkrank« bezeichnen zu wollen.) Das Beiwort »krank« soll gewissermaßen Mitleid für diese Personen innerhalb der Gesellschaft erregen, als wäre die Alkohol- oder Drogenabhängigkeit über die Betreffenden wie eine Krankheit hereingebrochen, die sich nicht verhindern ließ.

Niemand käme auf die Idee, einen Pädophilen als »kinderkrank« zu bezeichnen. Abgesehen nun davon, dass das Hauptwort »Kinderkrankheit« schon in einem anderen Sinne in Gebrauch ist – nämlich sich auf eine Krankheit bezieht, die vorwiegend im Kindesalter auftritt –, wäre die Bezeichnung »krank« bei einem Pädophilen wohl wesentlich eher berechtigt, da es sich allen bisherigen Kenntnissen nach um eine echte abnorme Veranlagung handelt, die über den Betreffenden »hereingebrochen« ist. Hier fordern wir und müssen wir auch fordern, dass der Pädophile *seine* »Sucht« kontrollieren lernt. Andernfalls muss er eben weggesperrt werden. – Alkoholiker und Drogenabhängige haben ihren Zustand doch selbst herbeigeführt. Abgesehen davon, dass ihnen geholfen werden sollte, sich von ihrer Sucht zu befreien, finde ich jede darüber hinausgehende »Sympathieeinwerbung« wie etwa mit der Bezeichnung »krank« unpassend – um nicht wieder zu sagen: »irrational«. Wird man uns demnächst auch erzählen, dass Raucher und Übergewichtige eigentlich auch »krank« sind; nämlich »nikotinkrank« und »kalorienkrank«?

Im Hinblick auf Organtransplantationen schlechthin möchte ich Euch noch auf die Zwiespältigkeit aufmerksam machen, der wir dabei ausgesetzt sind und der wir auch nicht entkommen können. Versetzen wir uns in die Lage eines Patienten, der ein Transplantat benötigt, auf ein solches wartet und bei dem eine Lebendspende – wie etwa im Fall von Leber und Niere – auch nicht möglich ist. Auch wenn wir es vielleicht nicht wahrhaben wollten, im Grunde müssten wir uns doch den baldigen plötzlichen Tod eines anderen Menschen wünschen, um dessen Organ eingesetzt zu bekommen. Und es müsste auch noch ein Mensch im sozusagen »besten Lebensalter« sein; denn ein »altes« Organ wünschen wir uns nicht. Als Nichtpatient hoffen wir jedoch andererseits beim Unterschreiben eines Organspendeausweises, dass weder wir noch eine uns nahestehende Person dieser »Mensch im besten Lebensalter« sein möge, der den plötzlichen Tod erleidet, um zu dem ersehnten Spender für jemand anderes zu werden. – Ein anderer Zwiespalt: Je mehr man die Zahl der Verkehrstoten verringern kann, desto weniger Hoffnung könnten sich eigentlich diejenigen machen, die auf einer Warteliste für ein Organtransplantat stehen, schon bald ein Transplantat zu erhalten. Je nachdem, auf welcher Seite man sich gerade befindet – ob als Wartender, als Pflegender, als Operateur, als Unfallarzt oder als Angehöriger der einen oder anderen Seite –, man blendet das jeweils andere wohl aus.

»Bleibe nüchtern und vergiss nicht, skeptisch zu sein«

Ich habe versucht aufzuzeigen, wie weit verbreitet der Hang unter uns ist, sich von irrationalen Vorstellungen und Empfindungen bestimmen zu lassen, und wie sehr unsere Umgangssprache von irrationalen Ausdrucksweisen und von vieldeutigen und verschwommenen Begriffen durchdrungen ist. Zugegebenermaßen lässt sich vieles von diesem Irrationalen – so unterschiedlich es auch sein mag – meist als harmlos einstufen und bleibt auf die Aussage einer Person oder auf Unterhaltungen innerhalb eines kleinen Personenkreises beschränkt, wie etwa die anfänglich erwähnten Briefe über »glückliche« oder »unglückliche« Liebesbeziehungen, die man Julia schickt, jener fiktiven Figur in Verona, oder wenn jemand Milch nicht trinken möchte, sofern diese von Kühen stammt, die mit genetisch verändertem Mais gefüttert wurden, oder auch wenn man an die heilende Wirkung bestimmter Bäder-(Wellness)-Kuren glaubt. Man kann solche Irrationalitäten als geistige Abwegigkeiten abtun. Doch – wie ich zu zeigen versuchte – sind eben nicht alle irrationalen Vorstellungen so harmlos wie diese und auch bei »harmlosen« Irrationalitäten erhebt sich die eingangs von mir gestellte Frage, ob sie nicht das Denken vieler Zeitgenossen »untergraben«, wenn ihre Verkündung in der Öffentlichkeit unwidersprochen bleibt und nicht gesagt wird, dass diese bestimmte Aussage oder auch Verhaltensweise absurd ist.

Wenigstens über die sonderbaren Ideen der »Nationalsozialistischen Bewegung« kann man solches heutzutage lesen oder hören, und diese Ideen scheinen auch nur noch wenige Anhänger zu finden. Ausnahmen bilden wohl die Idee des »Führerprinzips« und die Verschwörungstheorien, die in der Ideologie der »Nationalsozialistischen Bewegung« auch eine wesentliche Rolle spielten. »Führer« oder gar »Diktator« nennt sich heute zwar kein absoluter Herrscher mehr, sondern belässt es bei dem Titel »Präsident«; dennoch steht die Machtfülle dieser »Präsidenten« in manchen Ländern keineswegs der Machtfülle nach, die einst jener »Führer« in Deutschland hatte. Verschwörungstheorien verschiedenster Art entwickeln sich auch immer wieder, nur dass heutzutage nicht mehr alles und jedes Nachteilige den Juden angehängt wird. Also, trotz vielleicht gewisser Fortschritte in einzelnen Bereichen hin zu mehr Rationalität scheint die allgemeine Neigung zur Verkündung und zur Akzeptanz irrationaler Vorstellungen nach wie vor verbreitet und ungebrochen zu sein.

Die sich hier anschließende Frage wäre, wie man dieser Neigung am besten entgegenwirken könnte; vor allem natürlich auch, um solche von Irrationalität bestimmte Bewegungen wie die »nationalsozialistische« im Deutschland der Dreißiger- und Vierzigerjahre gar nicht erst aufkommen zu lassen. Eine Frage, die vielleicht gegenwärtig gerade besondere Aktualität gewonnen hat in Anbetracht der Aktivitäten islamistischer Gruppen in nahezu der ganzen Welt. Gruppen, die erstens der *irrationalen* Vorstellung anhängen, dass nur sie den »rechten Glauben« hätten, und die zweitens daraus den *irrationalen* Schluss ziehen, alle Andersgläubigen töten zu müssen, wofür sie drittens – sofern sie selbst dabei zu Tode kommen – ihrer Vorstellung nach gleich in ein Paradies gelangen, von dem man auch sagen muss, dass es ebenfalls *irrational* ist.

Protokollsprache

»Bleibe nüchtern und vergiss nicht, skeptisch zu sein!«, hatte doch David Hume gesagt und in diesen Worten dürfte zumindest ein, wenn nicht *der* Schlüssel liegen, Irrationalem entgegenzuwirken: dass wir lernen, in unseren Entscheidungen und Handlungen uns nicht allein von unseren Gefühlen bestimmen zu lassen. Gefühlen, die gerade vor oder im Augenblick unseres Entscheidens und Handelns in uns aufkommen oder von anderen in uns geweckt werden, ohne dass wir diese Gefühle einer »nüchternen und skeptischen« Prüfung unseres Verstandes unterziehen, bevor wir handeln. Wenn wir auch im persönlichen und familiären Bereich das Verlangen haben mögen, Ausnahmen von einer solchen Regel zu machen, uns unseren Gefühlen hinzugeben und uns gegebenenfalls einer poetischen und/oder mystischen Sprache zu bedienen, so sollten wir doch im öffentlichen Bereich eine Protokollsprache verwenden, sobald wir über Vorschriften und Gesetze sprechen, die für das Zusammenleben von uns allen gelten oder gelten sollen, innerhalb von Gemeinden und Staaten, innerhalb von Nationen und auch zwischen verschiedenen Nationen und Nationalitäten. Ausnahmen möge es in dieser Hinsicht nur geben – wie ich zuvor schon anführte – für irgendwelche Festreden, wie etwa zur Einweihung von öffentlichen Gebäuden und Denkmälern und vielleicht auch für Leute, die im öffentlichen Blickfeld stehen zur Einführung in und Verabschiedung von einem öffentlichen Amt – einschließlich Begräbnis- und Gedenkfeiern für derartige Personen. Sonst aber sollte sich ein jeder im öffentlichen Bereich doch bitte einer Protokollsprache bedienen, nicht nur bei Anträgen und Vorschlägen für Regeln und Gesetze, die sich an eine breitere Öffentlichkeit wenden, sondern auch bei persönlichen Unterredungen und Aussprachen im kleineren Kreis, wenn es um Angelegenheiten geht, welche die Allgemeinheit betreffen. Man sollte dabei eine Sprache vermeiden, die bestimmte Gefühle und Emotionen, wie Wut auf der einen Seite und Mitleid auf der anderen, bei Zuhörern und Gesprächspartnern zu wecken versucht. Man sollte sich bewusst sein, dass Urteile und Argumente häufig nur auf einer Art von Innenschau beruhen, bei der man seine (subjektiven) Eindrücke und Empfindungen (subjektiv) deutet und mit abstrakten Begriffen wiedergibt, die wiederum auf einer (subjektiven) Interpretation ihrer Bedeutung in der Umgangssprache beruhen.

Eine Protokollsprache ist die Ausdrucksweise, die man jetzt schon von Autoren wissenschaftlicher Arbeiten und von Sachverständigen in Gerichtsverhandlungen erwartet. Eigentlich – so würde ich meinen – sollte man sie auch von den Vertretern der Anklage und von den Verteidigern erwarten, wie ich es zuvor an dem angenommenen Beispiel von Adam und Eva und ihrem Sohn Kain – übertragen in unsere Zeit – anzudeuten versuchte. Die Protokollsprache zeichnet sich in erster Linie eben durch sogenannte Protokollsätze aus, von der Art, wie sie beispielsweise der

Philosoph Rudolf Carnap zum Ausdruck brachte: »Der Beobachter X hat zum Zeitpunkt T an der Stelle L das Phänomen P beobachtet.« [198] Zumindest wohl sollte man eine solche Ausdrucksweise für die Kernsätze oder die Grundlage eines Argumentes wählen. Aufteilen sollte man die Darlegung eines Anliegens, eines Problems oder auch eines Kommentars zu einer Regel oder einem Gesetz ebenfalls nach dem Vorbild eines wissenschaftlichen Artikels oder Vortrages oder auch der Präsentation eines Sachverständigen vor Gericht: Man umreißt mit wenigen Worten das Problem oder Anliegen, präsentiert darauf die Befunde, Beobachtungen oder Berichte, die man für die zu erörternde Frage für wichtig hält, beschreibt dann die Methoden, die zu den erwähnten Befunden geführt haben, und zieht am Ende seine Schlüsse, mit denen man Stellung bezieht zu der anfänglich aufgeworfenen Frage. (Man kann natürlich auch, wenn man seine Argumentation mit wissenschaftlich durchgeführten Untersuchungen begründen will, die Methoden der Untersuchungen vor der eigentlichen Befundschilderung anführen, was aber manchmal für Zuhörer und auch Leser ermüdend wirken kann, wenn diese mit einer solchen Vorgehensweise und dem entsprechenden »technischen Teil« nicht so vertraut sind.)

Bei der anfänglichen Präsentation einer Frage oder eines Problems sollte man sich zunächst einer jeglichen »urteilenden Sprache« enthalten; ebenso auch bei der Schilderung von Beobachtungen, Befunden und der Beschreibung von Methoden, die bei eventuellen Untersuchungen zum Einsatz kamen; selbst dann, wenn man nur als ein Gesprächspartner innerhalb eines kleines Kreises auftritt. Man sollte in diesem Zusammenhang bestimmte Eigenschaftswörter vermeiden wie beispielsweise »bedauernswert«, »unmenschlich«, »menschenverachtend« und ähnliche »urteilende Erläuterungen«, wie sie aber nicht selten von Politikern und Journalisten an den Anfang einer Rede beziehungsweise einer Berichterstattung oder eines Kommentars gestellt werden. Einer »urteilenden Sprache« – so möchte ich argumentieren – darf man sich höchstens erst bedienen, wenn man nach Schilderung der Befunde zur Interpretation derselben kommt: wenn man seine Schlüsse aus den Befunden zieht, um darzulegen, was es eben bedeutet, dass – um bei dem vorherigen Beispiel von Rudolf Carnap zu bleiben – »der Beobachter X zum Zeitpunkt T an der Stelle L das Phänomen P beobachtet hat«. Im übertragenen Sinne: zu welchem Urteil der Redner oder Autor aufgrund der zuvor geschilderten Befunde gekommen ist oder auch die Gruppe oder Partei, die er vertritt. Er sollte das Urteil als Interpretation, als seine persönliche Meinung kennzeichnen oder eben als Meinung der Partei oder Interessengruppe, für die er spricht oder schreibt, und nicht so argumentieren, als ob es sich bei der vertretenen Meinung um ein unumstößliches Naturgesetz handele.

Andererseits sollte aber auch gelten: Trefft Ihr auf einen Redner oder Autor oder auch nur einen Gesprächspartner, der Euch als Zuhörer oder Leser gleich mit einem Urteil über irgendeine Angelegenheit und mit einer Flut emotional aufgeladener Wörter »überfällt« – also gleichsam das Gegenteil einer Protokollsprache –, so solltet Ihr nicht gleich »abschalten«, sondern auch hier »Nüchternheit« bewahren. Euer Gegenüber mag durchaus ein Anliegen vertreten, das auch Ihr letztlich für wichtig erachten mögt, nur dass die Leidenschaft mit ihm »durchging« und er ungeschickterweise seine Empörung über einen von ihm gesehenen Missstand nicht unterdrücken konnte, um so seine Meinung gelassen, ausgewogen und vielleicht sogar auch verständlicher vorzutragen. Berechtigterweise dürft Ihr aber erwarten, dass Euer eiferndes Gegenüber, sei es ein Redner, sei es ein Autor, in der nachfolgenden Aussage oder auf gezielte Fragen auch »liefert« und seine Empörung mit entsprechenden Argumenten gut begründet.

Nüchternes Urteilen

Damit Ihr zu Euerm eigenen »nüchternen« Urteil gelangt – um bei diesem Wort Humes zu bleiben –, solltet Ihr Euch bei jedem mündlichen oder schriftlichen Argument, dem Ihr Euch gegenüberseht, bestimmte Fragen für Euch selbst zu beantworten suchen. Diese Fragen entsprechen in etwa denen, die ich schon in »Zwischen Denkbarem und Glaubhaftem« [96] in einem anderen Zusammenhang dargelegt habe. Sie sind eine Abwandlung von Gedanken, die ich an anderer Stelle [199] über eine Beurteilung wissenschaftlicher Erklärungen fand.

Erstens solltet Ihr Euch fragen, ob die Ansicht des Redners oder Autors auf schon Erwiesenem beruht, auf messbaren Ergebnissen oder zumindest auf unabhängigen nachprüfbaren Befunden oder Beobachtungen, wie sie beispielsweise zu dem Schluss geführt haben, dass wir uns gegenwärtig einer zunehmenden Erderwärmung gegenübersehen. – Oder etwa gründet sich das vorgetragene Anliegen allein auf Intuitionen, auf Gefühlen des Redners oder Autors und ihm gleichgesinnter Personen, wie dieses offensichtlich in der Vergangenheit der Fall war, als man von bestimmter Seite aus nicht müde wurde, den finanziellen Erfolg jüdischer Mitbürger in Deutschland auf ein angeblich betrügerisches Verhalten zurückzuführen?

Des Weiteren, also *zweitens,* solltet Ihr Euch vielleicht fragen, ob die von einem Redner oder Autor angeführten Beobachtungen und Befunde überhaupt relevant sind, ob sie überhaupt einen Bezug haben zu dem von ihm vorgetragenen Anliegen und der daraus gezogenen Schlussfolgerung oder ob hier nicht Dinge miteinander in Beziehung gesetzt werden, die nichts miteinander zu tun haben. Ein Beispiel hierfür wäre die zuvor erwähnte angebliche Beziehung zwischen einer Impfung gegen bestimmte Kinderkrankheiten und einer später auftretenden Entwicklung von Autismus.

Falls die erwähnten Beobachtungen und Befunde, auf denen die Argumentation des Redners oder Autors basiert, noch nicht von unabhängiger Seite nachgeprüft wurden oder vielleicht auch nicht direkt nachprüfbar sind oder *noch nicht* nachprüfbar sind – wie etwa die vorausgesagten katastrophalen Folgen zunehmender Erderwärmung –, so solltet Ihr Euch *drittens* fragen, ob sich die bisherigen Beobachtungen und Befunde zwanglos in die Reihe solcher einordnen lassen, die sich schon als nachprüfbar und voraussagbar erwiesen haben oder zumindest solchen nicht widersprechen. Wurden die neuen Ergebnisse außerdem mit Methoden erzielt, die sich anderweitig schon bewährt hatten, indem sie dort voraussagbare Ergebnisse lieferten? Voraussagbare Ergebnisse, wie Ihr sie von der Anwendung naturwissenschaftlicher Methoden und vom technischen und medizinischen Bereich her kennt, wie sich jedoch Schlussfolgerungen auf nicht naturwissenschaftlichen Gebieten nicht in gleicher Weise ziehen lassen und wie somit derartige Schlussfolgerungen auch nicht in gleichem Maße überzeugend sein können und deshalb weiterhin diskutierbar bleiben müssen; es sei denn, ein Verzug ist nicht möglich und man ist durch bestimmte Umstände gezwungen, auf der Basis der bisherigen Erkenntnisse eine Entscheidung zu treffen.

Will ein Redner oder Autor nicht nur auf ein bestimmtes öffentliches Problem aufmerksam machen, sondern bietet auch eine Lösung dieses Problems an, so sollten die gleichen Regeln gelten wie bei einer Ursachenerhebung. Das bedeutet, auch hier die Frage zu beantworten: Beruht die vorgeschlagene Lösung auf Maßnahmen, die sich an anderer Stelle bewährt hatten, indem sie dort zu den vorausgesagten Ergebnissen führten, wie Nachprüfungen zeigten? – Bei vielen und vor allem eben gesellschaftspolitischen Problemen wird es nicht möglich sein, diese Fragen klar zu beantworten, da zu viele unbekannte Komponenten mit hineinspielen und menschliches Verhalten sich nur schwerlich oder kaum voraussagen lässt. Man wird sich dann auf Maßnahmen einigen müssen, die am besten zu den bisherigen Beobachtungen und Befunden passen und die weitestgehend auf Methoden beruhen, welche in ähnlichen – wenn auch vielleicht nur entfernt vergleichbaren – Situationen erfolgreich waren. Für viele natürliche und gesellschaftliche Entwicklungen, die uns alle betreffen, lassen sich keine überzeugenden Vorversuche durchführen. Wir müssen unseren besten Kenntnissen entsprechend handeln. Auch wenn es – um bei dem vorherigen Beispiel zu bleiben – bei Maßnahmen zur Vermeidung einer weiteren Erderwärmung zu erheblichen gesellschaftlichen Veränderungen kommen mag, haben wir wohl nicht die Möglichkeit, erst einmal nichts zu tun, weil wir dann mit unserer Erde in eine unangenehme Situation gelangen können, die unumkehrbar ist.

Kann ein Redner oder Autor bei einer Ursachensuche, bei einem Problem beziehungsweise einer Lösungssuche für ein Problem nicht auf relevante Messdaten zurückgreifen, so muss er sich hinsichtlich der Ursache auf die seiner Meinung nach bestmögliche Erklärung zurückziehen und hinsichtlich der Lösung des Problems auf die meistversprechende. Aber er sollte betonen, dass dies *seine* Meinung ist, und er sollte dabei auch mögliche Alternativen zur Sprache bringen und darlegen, weshalb er diese Alternativen hinsichtlich der Ursache und hinsichtlich der Lösung des Problems für weniger geeignet hält. Es genügt in der Regel nicht, sich hinzustellen und zu sagen, etwas sei »alternativlos«.

Häufig gilt in Bezug auf die Erklärungskraft bei der Beurteilung für die Ursache und/oder Lösung von Problemen, dass die einfachste Erklärung die beste sei in Anlehnung an den mittelalterlichen Philosophen Wilhelm von Ockham, von dem diese Forderung stammt und deshalb auch »Ockhams Rasiermesser« (»Ockham's Razor«) genannt wird. Doch scheint hier Vorsicht angebracht. »Ockhams Rasiermesser« hat wohl bei der Erklärung naturwissenschaftlicher Erscheinungen seine Berechtigung, auf gesellschaftspolitischer Ebene können aber einfache Erklärungen mehr als fragwürdig sein. Denkt nur daran, dass nicht wenige Leute Verschwörungen von Regierungen oder von bestimmten Gruppen hinter Ereignissen vermuten, die sie nicht verstehen oder erklären können. »Die Juden sind schuld!« war innerhalb der letzten 1000 Jahre eine einfache Erklärung für nahezu jede Art von gesellschaftlichem Ungemach, von Pestepidemien zu Wirtschaftskrisen. Überzeugt scheint man vielfach auch immer noch davon zu sein, dass zur Bewältigung ungünstiger Entwicklungen innerhalb einer Gesellschaft es nur eines »starken Mannes« bedarf, der dann die Belange des eigenen Landes gegenüber anderen Ländern durchsetzt oder im eigenen Land »mit dem Durcheinander endlich aufräumt« und dieses selbstverständlich – das sollte man hinzufügen – ganz in dem Sinne, wie es sich jeder Einzelne der Nach-dem-starken-Mann-Rufenden erträumt.

Eine einfache Antwort auf ein beobachtetes Problem scheint sich manchmal dann anzubieten und wird dankbar angenommen, wenn man bemerkt, dass andere zu gleicher Zeit auftretende Befunde eine zahlenmäßig parallele Entwicklung zeigen, statistisch den gleichen Anstieg und/oder Abfall. Man folgert daraus, dass die verschiedenen Ereignisse in einer Beziehung zueinander stehen müssen, dass also das eine Ereignis durch das andere verursacht wird – oder eben auch umgekehrt. So wollte man beispielsweise vor Jahrzehnten festgestellt haben, dass ein verstärktes Auftreten von Herzinfarkten bei Leuten in sogenannten Führungspositionen auf die verstärkte Belastung dieser Leute bei der Arbeit zurückzuführen sei, und sprach von einer »Managerkrankheit«. Doch – wie man im Englischen sagt: »Correlation is not causation« – »Korrelation bedeutet nicht Verursachung«, und zeitgleiche Häufigkeit im Auftreten von zwei Erscheinungen bedeutet eben nicht, dass die eine Erscheinung die Ursache der anderen sein muss. Die Parallelität kann reiner Zufall sein, wie in der Vergangenheit an zahlreichen Beispielen gezeigt werden konnte [200], oder ein noch unbekannter Vorgang kann die Ursache der einen oder anderen oder von beiden Erscheinungen sein. Im Falle der früher beobachteten »Managerkrankheit« war es allem Anschein nach nicht die »stressvolle« Arbeit, sondern mehr der Nikotinkonsum, der zu dem vermehrten Auftreten von Herzinfarkten bei »Managern« führte. (Wie Ihr vielleicht bemerkt habt, stellt »Correlation is not causation« in gewisser Weise eine Sonderform dessen dar, worauf ich weiter oben hingewiesen habe; nämlich dass in der Argumentation mancher Redner und Autoren die geschilderten Beobachtungen und Befunde nichts mit dem von ihnen vorgetragenen Anliegen oder einer damit verbundenen Behauptung zu tun haben.)

Hinsichtlich wissenschaftlicher Untersuchungen von gesellschaftlichen Entwicklungen und von Problemen innerhalb einer Gesellschaft können wir nicht auf exakte Messdaten zurückgreifen, sondern sind auf Beobachtungen menschlichen Verhaltens oder auf repräsentative Befragungen von Bevölkerungen oder Bevölkerungsgruppen angewiesen, um – falls erforderlich – bestmögliche Entscheidungen zu treffen. In den Berichten über Befragungen wird in der Regel aber nicht erörtert, wie die eigentlichen Fragen lauteten. Man erwähnt sie wohl nicht, weil man der Meinung ist – wohl berechtigterweise –, dass dieses den Rahmen des Vortrages oder Artikels sprengen würde und die meisten Zuhörer oder Leser an diesen Einzelheiten nicht interessiert seien. Es wird deshalb nur das Ergebnis der Interpretation der befragenden Institution mitgeteilt oder aber man erfährt auch nur die Interpretation des Vortragenden oder des Verfassers des geschriebenen Artikels. Man kann sich dadurch selbst kein persönliches Urteil über die Eignung der gestellten Fragen bilden. In der Vergangenheit scheinen nicht selten ungünstig formulierte Fragen zu irreführenden Umfrageergebnissen und damit in der Folge zu Fehleinschätzungen geführt zu haben.

Von einer Interpretation, die also im Grunde nicht mehr ist als eine subjektive Meinung, sollte man erwarten, dass sie mit entsprechender Vorsicht geäußert wird. Wie will man beispielsweise »Menschenfeindlichkeit« gemessen haben, wenn in einer Zeitung zu lesen ist: »Wissenschaftliche Untersuchungen *zeigen,* dass Inhalte [gemeint waren Beiträge im Internet] »menschenfeindlich« sind« [201]? Ich will keineswegs in Abrede stellen, dass Untersuchungen im Hinblick auf das Verhalten der Mehrheit einer Gesellschaft gegenüber einer Minderheit oder gegenüber Zuwanderern wichtig sind, aber sie beruhen weitgehend nicht auf objektiven Messungen, sondern auf subjektiver Interpretation auf gehörten und gelesenen Aussagen und einer subjektiven Interpretation abstrakter Worte wie eben »Menschenfeindlichkeit«. Denn was bedeutet »menschenfeindlich«? Von einem Gesprächspartner, Vortragenden oder Autor sollte man erwarten, dass er erst einmal erklärt, was er unter einem Wort wie diesem versteht. Auf jeden Fall – so möchte ich behaupten – können wissenschaftliche Untersuchungen »Menschenfeindlichkeit« auch nicht »zeigen«, sondern nur auf sie »hindeuten«, sie »nahelegen«.

Wenn es nicht um exakt wissenschaftliche Aussagen geht – worunter ich eigentlich nur mathematisch-naturwissenschaftliche verstehen würde –, solltet Ihr von einem Gesprächspartner, Vortragenden oder Autor erwarten dürfen, dass er Redewendungen wie »Ich bin der Meinung, dass …«, »Muss man nicht daraus schließen, dass …?«, »Muss man das nicht so verstehen … so denken … so sehen …?« oder ähnliche Ausdrucksweisen relativiert. Die betreffende Person würde damit andeuten, dass sie ihre Meinung nicht für eine unumstößliche Wahrheit hält, nicht einmal für ihre letzte Meinung. Sie zeigt damit Bereitschaft zur Aussprache und zum Gedankenaustausch, öffnet sich möglicher Kritik und deutet an, die eigene Meinung zu ändern, sollten überzeugendere Argumente vorgelegt werden. Statt einer derartigen Haltung wird eine Meinung häufig vorgetragen, als handele es sich eben um ein Naturgesetz oder das Ergebnis einer mathematischen Berechnung, über die es nichts zu debattieren gibt. Oder eine Meinung wird vorgetragen »getarnt in einer Sprache, die vorgibt, dass sie mehr ist als eine Meinung und näher an der Wahrheit«, wie Donald B. Calne in seinem Buch »Within Reason« I. C. Jarvie zitiert. Calne lässt Jarvie an der Stelle fortfahren, dass der Betreffende eine so große Vorstellung von sich selbst habe, dass er glaubt, seine subjektive Meinung sei mehr wert als die von anderen. [202]

Wie ich zuvor schon andeutete, sind sich viele Menschen beim Reden und Schreiben anscheinend nicht bewusst, dass ein von ihnen vorgetragenes Argument häufig auf einer reinen Innenschau beruht, bei der man die eigenen (subjektiven) Empfindungen (subjektiv) deutet, um sie dann mit abstrakten Begriffen wiederzugeben, welche wiederum auf der eigenen (subjektiven) Interpretation von deren Bedeutung in der Umgangssprache beruhen. – Abstrakten, nicht anschaulichen Begriffen solltet Ihr besondere Aufmerksamkeit schenken. Sie begegnen uns in der Regel – ich erwähnte es bereits zuvor – als unscharfe, nebulöse und verschwommene Begriffe. Man scheint weit verbreitet von der Annahme auszugehen, dass der Leser oder Zuhörer unter einem abstrakten Begriff das Gleiche verstehe wie man selbst. Wohl nicht selten trifft dieses jedoch nicht zu und in manchen Unterredungen stellt sich dieses – wenn überhaupt – erst nach einer gewissen Zeit heraus. Ich habe zuvor einige Beispiele genannt, bei denen verschiedene Leute den gleichen Begriff unterschiedlich deuteten beziehungsweise verwendeten. Neben »Würde« hatte ich auch »Freiheit« und »Verantwortung« in dieser Hinsicht hervorgehoben. Den gerade erwähnten Begriff »Menschenfeindlichkeit« könnte man hinzufügen; denn auch auf diesen stößt man wiederholt in den Medien. Wegen der unterschiedlichen Deutungsmöglichkeiten abstrakter Begriffe sollten wir eigentlich nicht zögern zu fragen, was unter einem bestimmten Begriff zu verstehen sei, sobald wir den Eindruck haben, dass der verwendete Ausdruck oder Begriff eine gewisse Schlüsselfunktion besitzt in einem vorgetragenen Argument. (Das lässt sich in einem mehr persönlichen Gespräch leichter bewältigen. Bei einer Rede dürfte sich der Vortragende durch eine diesbezügliche Frage manchmal direkt angegriffen fühlen, weil ihn das möglicherweise als eine Art »Sprücheklopfer« vor einem größeren Publikum erscheinen lässt.)

Man mag vielleicht gegen diese meine Forderung Einspruch erheben mit einem Satz des Philosophen Bertrand Russell, der besagt (gemäß meiner Übersetzung aus dem Englischen): »Da alle zu definierenden Begriffe mithilfe von anderen Begriffen definiert werden, ist es klar, dass das menschliche Verstehen sich immer damit zufriedengeben muss, einige Begriffe als verständlich ohne Definition zu akzeptieren, um einen Anfangspunkt für Definitionen zu haben.« [203] – Muss das »menschliche Verstehen« das? – Sollte man nicht immer versuchen, nicht anschauliche, rein gedankliche, also abstrakte Begriffe auf Konkretes zurückzuführen, auf anschauliche Begriffe – dingliche, wenn man so will – oder mit anschaulichen Beispielen zu erläutern, zu sagen, was man unter einem bestimmten abstrakten Begriff verstanden haben möchte? Man sollte eben nicht einfach davon ausgehen, dass der von einem verwendete gedankliche Begriff zur Definition eines anderen gedanklichen Begriffes der Zuhörer- oder Leserschaft vertrauter oder klarer ist als der zu definierende Begriff. Von dem Philosophen Ludwig Wittgenstein soll der Vorschlag stammen, die Bedeutung eines Wortes in ähnlicher Weise zu erklären, wie man sie einem Kind erklären würde. – Wie würdet Ihr also einem Kind das von mir oben erwähnte Wort »Menschenfeindlichkeit« erklären? Oder einen Begriff wie »Menschenwürde«? – Ein Begriff, der für moralische Forderungen in letzter Zeit mehr und mehr als eine Art »Letztbegründung« auftaucht, die man dann nicht mehr hinterfragen darf, so wie es früher einmal mit dem Begriff »Gottes Wille« gewesen zu sein scheint.

174

»Gesunder Menschenverstand«

Ein Begriff, der gern zur Begründung eines Argumentes herangezogen
wird und deshalb auch in Gesprächen, Reden und sogar Parteipro-
grammen wiederholt auftaucht, ist der Begriff »gesunder Menschenverstand«. Auf diesen Begriff beruft man sich wohl mit der Absicht,
dem Zuhörer zu signalisieren, dass man selbst »mit beiden Beinen
fest auf dem Boden steht« und nicht so »abgehobenen« Vorstellungen
anhängt wie angeblich andere mit entgegengesetzter oder zumindest
abweichender Meinung.

Häufig wird »der gesunde Menschenverstand« wie eine Trumpfkarte
in eine Debatte geworfen, anscheinend in der Annahme, dass das vorgetragene Argument dann keiner weiteren Begründung mehr bedarf.
Dabei sollte sich schon zur Genüge gezeigt haben, dass der »gesunde
Menschenverstand« – in der Regel nicht mehr als Intuition – häufig
auf den gegenwärtigen und den früheren Vorstellungen in der Umgebung dessen beruht, der mithilfe des »gesunden Menschenverstandes«
argumentieren möchte, und dass ein »gesunder Menschenverstand« mit
der Zeit durchaus Wandlungen unterworfen ist. Es ist noch gar nicht
so lange her, da sagte der »gesunde Menschenverstand« (der Männer),
dass Frauen nicht genug an geistiger Reife besäßen, um beispielsweise
an Wahlen teilzunehmen. Geht man in der Geschichte weiter zurück, so
kann man den Eindruck gewinnen, dass die Existenz von Hexen durchaus dem »gesunden Menschenverstand« entsprach und diese gemäß dem
»gesunden Menschenverstand« verbrannt werden mussten. Es entsprach
einst auch dem »gesunden Menschenverstand«, dass nicht weiße Menschen minderwertiger waren als weiße Menschen und es deshalb auch
zum »gesunden Menschenverstand« der Europäer gehörte, dass man die
Schwarzafrikaner als Sklaven benutzen konnte. Und wenn man nach
früheren Äußerungen derer geht, die während ihrer »prägenden Jahre«
unter der »Nationalsozialistischen Bewegung« aufwuchsen, so scheint
es, dass die Minderwertigkeit der angeblichen »slawischen Rasse« und
die der angeblichen »jüdischen Rasse« auch schon fast zum »gesunden

Menschenverstand« gehörte oder eben – wie man zur Zeit dieser »Bewegung« auch sagte – zum »gesunden Volksempfinden«.

Bis in jüngere Zeit gehörte es sogar in »westlichen aufgeklärten Ländern« zum »gesunden Menschenverstand«, dass homosexuelle Männer an ihren sexuellen Praktiken zu hindern und bei Zuwiderhandlung einzusperren waren oder – das sollte wohl »modernerem« Denken entsprechen – sich einer »Hormontherapie« zu unterziehen hatten. So erging es in Großbritannien einem der wohl bedeutendsten mathematischen Genies des letzten Jahrhunderts: Alan Turing. Dieser hatte nicht nur wesentliche Beiträge zur Computerentwicklung geleistet, sondern durch die Entschlüsselung des Enigma-Codes des deutschen Militärs auch wesentlich zur Niederwerfung Nazideutschlands im Zweiten Weltkrieg beigetragen. Sarkastisch könnte man sagen, dass »der Dank seines Vaterlandes« darin bestand, dass ein Gericht ihn 1954 dazu verurteilte, sich gleichsam einer hormonellen »Entmännlichungsbehandlung« zu unterziehen. Im Verlauf dieser Behandlung nahm Turing sich das Leben.

Unter der Herrschaft der »Nationalsozialistischen Bewegung« wurden männliche Homosexuelle in Konzentrationslager eingesperrt. In der Bundesrepublik Deutschland blieb das Verbot der männlichen Homosexualität zunächst weiterhin bestehen. Abgesehen wohl von der Anwendung des »gesunden Menschenverstandes« gab es zur Begründung des Verbotes im Jahre 1962 auch ein Regierungspapier. Dieses Papier finde ich bemerkenswert für die Anhäufung bestimmter abstrakter Begriffe, die gewissermaßen als Schlüsselbegriffe für eine Argumentation zur Beibehaltung eines Verbots der Homosexualität herangezogen wurden: »Wo die gleichgeschlechtliche Unzucht um sich gegriffen und großen Umfang angenommen hat, waren die Entartung des Volkes und der Verfall seiner sittlichen Kraft die Folge.« [204] Hier hätte man damals eine Erklärung beziehungsweise eine Art Veranschaulichung verlangen sollen. Ich habe immer noch den Eindruck, dass man Argumente wie diese im Zusammenhang mit der Einführung von Gesetzen und Regeln weiterhin kritiklos hinnimmt, besonders wenn sie auf pathetische Weise formuliert werden, sei es in einem verbietenden oder auch in einem befürwortenden Sinne. Sollte man nicht in der Verbotsbegründung bei Begriffen wie »Entartung des Volkes« und »Verfall seiner sittlichen Kraft« sofort die Frage stellen: »Was bitte verstehen Sie hier unter ›Entartung‹? – Was bitte unter ›Verfall‹? Was bitte unter ›sittlicher Kraft‹?«? Und man sollte dann vielleicht gleich die Frage hinzusetzen: »Und wie hat man das alles gemessen? – In Zentimetern, Gramm oder Sekunde?« Wahrscheinlich würde bei dieser zweiten Frage das Gegenüber einen dann mitleidig anlächeln und antworten, dass man derartige Begriffe doch nicht »messen« könne. Darauf sollte man seinerseits ungerührt erwidern, dass etwas, was sich nicht messen lässt, auch nicht auf eine derart absolute Weise verkündet werden sollte, schon gar nicht, wenn die Beurteilung – wie in diesem Fall – einer gänzlich unbegründeten Gefühlsannahme des oder der Autoren entstammt und einschneidende Folgen für andere haben kann, wie eben Gefängnisstrafen und Verlust der Arbeitsstelle bei homosexuellen Männern. Denn nur für Männer galt dieses Gesetz, worin auch noch eine gewisse Irrationalität zum Ausdruck kommt. Man muss irgendwie überzeugt gewesen sein, dass die »gleichgeschlechtliche Unzucht« unter Frauen nicht zur »Entartung eines Volkes« führen würde. Vielleicht meinten die Autoren, dass Frauen nicht so wichtig seien für die »sittliche Kraft eines Volkes«. – Man darf wohl sagen, dass »Entartung des Volkes« und »Verfall der sittlichen Kraft« derart verschwommene und im Grunde auch nichtssagende Ausdrücke sind, dass sie in einem Gesetzestext oder Kommentar zu einem Gesetz keine Verwendung finden sollten. Inzwischen wurde diese Passage von 1962 wohl auch ersatzlos gestrichen, da die ganze Idee eines Verbots der Homosexualität als absurd erkannt wurde. Ob die angeführten fraglichen Begriffe, die auch wesentlich an die in der Zeit der »Nationalsozialistischen Bewegung« üblichen Wortwahl erinnern, ebenfalls aus dem Sprachgebrauch gefallen sind, dessen wäre ich mir nicht so sicher. Es entzieht sich aber meiner Kenntnis.

Es muss jedoch nicht alles, was als »gesunder Menschenverstand« angesehen wird, infrage gestellt und verworfen werden; denn »gesunder Menschenverstand« dürfte es wohl sein, der uns manchmal über sprachliche Paradoxien ohne großes Kopfzerbrechen hinweghilft, wie etwa in der bekannten Paradoxie mit dem »Oxford Barbier«. Wenn wir hören, dass dieser Barbier »nur jeden Mann im Ort rasiert, der sich nicht selbst rasiert«, so grübeln wir nicht lange nach, von wem wohl der Barbier rasiert wird, sondern gehen davon aus, dass mit der Aussage »jeder *andere* Mann« gemeint ist, der sich nicht selbst rasiert, auch wenn dieses nicht ausdrücklich betont wird. (Natürlich ist es nicht ausgeschlossen, dass der Barbier von seiner Frau rasiert wird oder in die nächste Ortschaft geht oder fährt, um sich dort rasieren zu lassen.)

Gegensätzliche Werte gegeneinander abwägen

Etwas anders verhält es sich mit einigen anderen abstrakten Begriffen, auf die ich zum Teil schon zuvor in einem anderen Zusammenhang eingegangen bin. Dieses sind abstrakte Begriffe, die wohl frühzeitig bei der Entwicklung einer Sprache entstanden sein müssen, um bestimmte Werte zu bezeichnen, die sich damals wie heute als unentbehrlich für das menschliche Zusammenleben erwiesen haben dürften. Das sind neben »Wahrheit« etwa Werte wie »Freiheit«, »Gleichheit«, »Gerechtigkeit«, »Sicherheit«. Sie besagen allein stehend, ohne erkennbaren Zusammenhang eigentlich wenig oder nichts. So, wie es nicht *die* »Wahrheit« gibt, sondern nur »Wahrheit von etwas« oder »Wahrheit über etwas«, so sollte man bei der Erwähnung von »Freiheit« fragen: »Freiheit? In welcher Hinsicht?« Bei »Gleichheit«: »Gleichheit? In welcher Hinsicht?« Und ähnlich bei anderen Begriffen mit gesellschaftlicher Bedeutung, wie eben auch »Gerechtigkeit« und »Sicherheit«.

Falls Ihr das Folgende etwas abgenutzt findet, so möchte ich mich dafür entschuldigen. Ich würde jedoch das Gefühl haben, unvollständig geblieben zu sein, wenn ich an dieser Stelle nicht etwas mehr auf die Thematik bestimmter gesellschaftlicher Werte einginge. Ich denke, man muss sich darüber klar werden, was jeder der von mir zuvor erwähnten Werte in einem bestimmten Zusammenhang beinhaltet oder beinhalten kann. Im Hinblick auf »Freiheit« wird dieses schon in den verschiedenen demokratischen Verfassungen benannt, wenn eben »Redefreiheit«, »Glaubensfreiheit«, »Bewegungsfreiheit« und andere »Freiheiten« besonders erwähnt werden. Es ist aber wohl wichtig zu erkennen, dass einige der für das gesellschaftliche Zusammenleben bedeutsamen Werte in Widerspruch zueinander geraten können und eine Abgrenzung solcher Werte gegeneinander schwerfallen kann, wie dieses immer wieder bei der Diskussion über »Freiheit« und »Sicherheit« deutlich wird: Vermehrte Sicherheit kann einerseits nur durch vermehrte Überwachung erreicht werden. Vermehrte Überwachung schränkt aber andererseits die Freiheit des Einzelnen ein. Ohne Sicherheit aber letztlich auch keine Freiheit. Wir sollten uns damit abfinden, dass die Grenzen bestimmter gegensätzlicher Werte des Gemeinschaftslebens zwischen den verschiedenen Parteien und Interessengruppen immer wieder neu ausgehandelt werden müssen und es wohl nie eine dauerhafte endgültige Lösung geben kann, schon gar nicht eine, die alle Seiten befriedigen würde. – Problematisch ist in einer Gesellschaft beispielsweise auch die Beurteilung der Gleichwertigkeit unterschiedlicher Arbeiten und die Frage nach »gerechter Entlohnung«: Was bei der Herstellung eines Produktes ist ein »gerechter Lohn« für Arbeiter oder Angestellte, die an der Herstellung eines Produktes beteiligt sind, und was ist ein »gerechter Preis« für den, der dieses Produkt kauft? Und was ist ein »gerechter Verdienst« für diejenigen, welche die Produktionsmittel, wie Maschinen und Rohstoffe, zur Verfügung stellen, damit das Produkt hergestellt werden kann? – Eine weitere Frage wäre, ob es gerecht ist, Erbschaften zu besteuern und, wenn ja, ab welcher Größe und in welchem Umfang.

Ähnlich wie Kinder über die Bedeutung des Begriffes »Wahrheit« in jungen Jahren lernen, kann der Begriff »Gerechtigkeit« schon frühzeitig im Kindesalter eine hervorgehobene Rolle spielen, wenn bei mehr als einem Kind in der Familie es darum geht, einen Streit zwischen Geschwistern zu schlichten. Während man sich bei »Wahrheit« wohl meistens noch auf Sinnesdaten berufen kann – zum Teil auch auf gemeinsam »Wahr-genommenes« oder sogar auf Messbares und Nachprüfbares –, beruht »Gerechtigkeit« mehr oder weniger gänzlich auf Empfindungen, die von Person zu Person und von Kulturkreis zu Kulturkreis Schwankungen aufweisen können. Im Allgemeinen muss »Gerechtigkeit« aber auf einen Kompromiss zwischen den Ansichten verschiedener Personen oder Interessengruppen hinauslaufen. Während bei einem Streit unter Geschwistern im Kindesalter noch einem Elternteil die Aufgabe zufällt, ein möglichst »gerechtes Urteil« zu sprechen, indem der betreffende Elternteil sich wechselseitig in die Position der einen oder anderen Seite versetzt, muss in der Erwachsenenwelt dieses von einem eingesetzten Schlichter oder berufenen Richter übernommen werden. Beachten müssen aber alle »Rechtsprecher«, dass nicht derjenige unbedingt recht hat, der am lautesten oder am »gekonntesten« klagt.

Doch trotz wiederholt auftretender Zweifel, ob eine Entscheidung »gerecht« ist oder nicht, und trotz gewisser Schwankungen zwischen einzelnen Personen und Kulturkreisen scheint es hinsichtlich des menschlichen Gerechtigkeitsempfindens auch weitgehende Übereinstimmung zu geben. So gab es vor nicht so langer Zeit fast einen Aufschrei innerhalb der Bevölkerung Deutschlands, als der Leiter einer Behörde aufgrund begangener Fehler zwar von seinem damaligen Posten abberufen, dafür aber auf einen höheren und besser bezahlten Posten versetzt, also gleichsam befördert wurde. [205] – In der Vergangenheit hatten auch schon systematische Untersuchungen mithilfe des sogenannten »Ultimatumspiels« (engl. »Ultimatum Game«) gezeigt, dass Leute bereit sind, sogar Nachteile hinzunehmen, wenn es darum geht, unsoziales Verhalten anderer, sogenannter »Trittbrettfahrer«, gegenüber einer Gemeinschaft zu bestrafen. [206]

Wir sollten uns stets bewusst sein, dass Demokratie auf Kompromissen beruht, dass sie eine Kompromissgesellschaft ist und nicht eine Gesellschaft, in der bei bestimmten Angelegenheiten eine Mehrheit eine Minderheit nach Gutdünken dominieren darf, anstatt auf sie zuzugehen und auch ihr gewisse Rechte und Vergünstigungen einzuräumen. Bei allen Auseinandersetzungen in der Öffentlichkeit über die Bedeutung und Abgrenzung von Begriffen, die für Werte für unser Zusammenleben stehen, sollten wir also nicht vergessen, uns hierbei – um dieses noch einmal zu betonen – einer Protokollsprache zu bedienen und nicht zu versuchen, Gefühle und Emotionen zu wecken; vor allem nicht gegenüber Dritten, damit diese für uns Partei ergreifen.

Die amerikanische Unabhängigkeitserklärung weist darauf hin, dass alle Menschen gleich seien und unveräußerliche Rechte besäßen, zu denen eben »Leben, Freiheit und Streben nach Glück« gehörten. Darüber, was »Leben« ist – jedenfalls wann menschliches Leben beginnt und wann es endet oder enden darf – und was »Freiheit« beinhaltet, müssen wir alle gemeinsam entscheiden beziehungsweise die von uns gewählten Vertreter einer gesetzgebenden Versammlung, ob innerhalb der einzelnen Staaten oder der Menschheit insgesamt, wie in der UN-Vollversammlung. Die Entscheidung darüber, was »Glück« bedeutet, bleibt jedem Einzelnen von uns überlassen, und ihm bleibt es auch überlassen, danach zu streben. Nur sollte das Streben nicht zu Lasten anderer gehen. Wann ein solcher Zustand gegeben ist, wann also jemand auf Kosten einer Gemeinschaft lebt – oder vielleicht auch leben darf wie etwa bei einer starken Behinderung –, darüber sollten wieder die von uns gewählten Gesetzgeber entscheiden beziehungsweise die von diesen eingesetzten, aber sonst unabhängigen Richter.

»Schöpfer«

Die Rechte auf »Leben«, »Freiheit« und »Streben nach Glück« werden in der amerikanischen Unabhängigkeitserklärung noch auf ein übernatürliches Wesen zurückgeführt, einen »Schöpfer«, der eben alle Menschen gleich geschaffen habe. Diese Bezugnahme auf einen »Schöpfer«, einen »Gott« – mit anderen Worten –, dürfte wohl darauf beruhen, dass vor mehr als 200 Jahren die sogenannten Gründungsväter der Vereinigten Staaten von Amerika oder die überwiegende Mehrzahl von ihnen von der Existenz eines solchen »Schöpfers« überzeugt war und den Begriff häufig als eine Art »Letztbegründung« verwendete, so wie man es heutzutage – ich erwähnte dieses bereits – anscheinend ersatzweise mit dem Begriff »Menschenwürde« versucht.

Obgleich in den demokratischen Ländern der Welt wohl alle Bürger den Werten »Leben«, »Freiheit« und »Streben nach Glück« zustimmen dürften, wird der irrationalen Vorstellung, dass diese eine Gabe eines übernatürlichen Wesens, eines »Schöpfers« oder »Gottes« seien, dagegen nicht mehr einheitlich oder übereinstimmend beigepflichtet. Es lässt sich für diese Idee kein Beweis finden, und deshalb sollte auch jeder Bezug oder Hinweis auf ein derartiges übernatürliches, irrationales Wesen aus den grundlegenden Gesetzen entfernt werden. Es sollte sich in der heutigen Zeit von selbst verstehen, dass religiöse Begriffe oder Aussagen, die irgendwie »religiös belastet« oder »religiös gefärbt« sind, bei öffentlichen Aussprachen nichts zu suchen haben, sofern es bei diesen Aussprachen um Gesetze und Regeln für das Zusammenleben von *allen* Bewohnern eines Landes oder einer Staatengemeinschaft geht. (Was daher *nicht* – das möchte ich hier nebenbei klarstellen – die im oberdeutschen Sprachraum übliche Grußformel »Grüß Gott« mit einschließen muss, die auch Euch bekannt sein dürfte. Ich denke, da wird auch kein Nichtgläubiger »seelischen Schaden« nehmen, wenn er so begrüßt wird.) Religiöse Begriffe beziehen sich auf Wesen und Räume, die – objektiv betrachtet – nur in der Gefühls- und Gedankenwelt jener Person bestehen, die sich über sie äußert. Es sollte auch nicht auf der Basis von Berichten argumentiert werden, die für Außenstehende, Menschen mit einer anderen Weltsicht, nichts weiter sind als Legenden, die vor Hunderten oder Tausenden von Jahren entstanden sind, man könnte auch sagen: erfunden wurden. So, wie etwa die Geschichte, dass der Sohn eines allmächtigen Gottes vor etwa 2000 Jahren auf der Erde gewesen sei oder dass etwa 600 Jahre danach Botschaften von einem Gott durch eine ebenfalls übernatürliche Gestalt, einen Engel, einem einzelnen Mann überbracht wurden.

Es gibt kein Wissen – jedenfalls kein rationales – über eine »Erschaffung« dieser Welt und kein Wissen über die drei »Ds«, wie ich sie etwas salopp nennen möchte, über das *Davor*, das *Danach* und das *Daneben*; dass wir also nicht wissen, was *vor* unserem Universum gewesen ist, was *nach* unserem Universum kommen wird und was *neben* unserem Universum sich befindet, ob es da noch weitere Welträume gibt. Wir besitzen auch kein Wissen über den Sinn des Lebens, und so muss sich ein jeder selbst über dieses wie auch die drei »Ds« seine eigenen Vorstellungen bilden oder – wenn er eben möchte – sie von anderen übernehmen, was in der Regel die Eltern sein dürften. Notgedrungen aber werden diese Vorstellungen wohl immer irrational sein, und niemand sollte deshalb diese seine persönlichen Vorstellungen in die Allgemeinheit bringen, wenn über Gesetze und Regeln gesprochen wird, die für jedermann zu gelten haben. Andererseits – um dieses wieder zu betonen – sollte es jedem freigestellt sein, seinen irrationalen Ideen über Leben und Welt in seinem Privatbereich ungehindert nachzugehen, wenn ihm diese Ideen ein inneres Bedürfnis nach Antworten auf wissenschaftlich unbeantwortbare Fragen befriedigen. Er soll diese Vorstellungen auch mit seiner Familie in seinem Zuhause oder mit Freunden und Gleichgesinnten in entsprechenden Versammlungsräumen wie Kirchen, Moscheen, Tempeln uneingeschränkt pflegen dürfen.

Selbstverständlich sollte es jedermann auch möglich sein, im Sinne einer freien Meinungsäußerung seine irrationalen Vorstellungen im öffentlichen Bereich vorzutragen und für sie zu werben, zu »missionieren«, sofern ihm dieses für sein geistiges und »seelisches« Wohlbefinden wichtig ist. Er sollte dann aber auch Widerspruch und Kritik akzeptieren. Andere Menschen mögen die für ihn anscheinend so klare Gewissheit für absurd halten und seine Werbeversuche und das Zurschautragen seines Glaubens als Anmaßung empfinden, da seine Worte und sein Verhalten doch beinhalteten, dass seine Vorstellungen von letztlich Unbeweisbarem besser seien als die ihren.

In verschiedenen Religionen scheinen auch bestimmte rituelle Handlungen für die Anhänger dieser Religionen wichtig zu sein, wie etwa das Beten in einer bestimmten Haltung vor bestimmten Bildern und Symbolen oder das Beten in eine bestimmte Himmelsrichtung. Geschieht dieses in der Öffentlichkeit, lässt sich auch dagegen nichts einwenden (solange natürlich der allgemeine Verkehr nicht behindert wird). Doch auch dann sollten diese Gläubigen es hinnehmen, dass andere derartige Handlungen und die gezeigten Symbole eigenartig oder sogar amüsant finden und diesbezügliche Bemerkungen von sich geben. Die davon betroffenen Gläubigen sollten sich in einer derartigen Situation nicht über die Verletzung ihrer persönlichen Gefühle und religiösen Werte empören. Jemand, der seine religiösen Ansichten in die Öffentlichkeit trägt und sie öffentlich betont, sollte auch bereit sein hinzunehmen, dass beispielsweise jemand anderes – was ich einmal gehört habe – ein in einem öffentlichen Raum angebrachtes Kruzifix als »verzierten Kleiderhaken« bezeichnet oder das Kopftuch, das muslimische Frauen auch in westlichen Ländern seit den Achtzigerjahren des letzten Jahrhunderts zunehmend tragen, mit einer »security blanket« kleiner Kinder vergleicht, ein vielleicht nicht einmal unpassender Vergleich, während die im Deutschen gebräuchliche Übersetzung von »security blanket« mit »Nuckeldecke« hier doch unpassend für diese Art von Damenkopftuch wäre und schon verunglimpfend klingt.

In einem Zeitungsbeitrag [207] hat der Philosoph Julian Nida-Rümelin die »Zurückdrängung des klerikalen Einflusses auf politische Entscheidungsprozesse« gefordert, was – wie Ihr Euch denken könnt – meiner Ansicht nach nachdrücklich unterstützt werden sollte. Darüber hinaus vertrat Nida-Rümelin in dem gleichen Artikel die Auffassung, dass »die Demokratie nicht nur Staatsform, sondern auch Lebensform ist«, und er fährt fort: »Sie beruht auf einer Kultur gleicher Anerkennung, gleichen Respekts, gleicher Freiheit und zugleich schränkt sie kulturelle und religiöse Praktiken auf ihre Kulturverträglichkeit ein.« – Ich denke, man sollte überhaupt jeden Versuch eines klerikalen Einflusses auf politische Entscheidungsprozesse nicht nur zurückdrängen, sondern gänzlich zurückweisen. Doch schon einfache sachliche Kritik an Aussagen, in denen mit religiös besetzten Wörtern argumentiert wird, gilt häufig bereits als intolerant, als unanständig, als angebliche Missachtung der religiösen Überzeugung anderer. In manchen Ländern ist auch jegliche Kritik an einer Aussage mit einem bestimmten religiösen Inhalt von vornherein als angebliche »Gotteslästerung« durch entsprechende Gesetze verboten.

Man muss generell Zurückhaltung üben, selbst anscheinend dann, wenn es sich um Absurditäten wie jene zuvor erwähnten handelt, dass beispielsweise »Gott« jemanden an die Regierung eines bestimmten Landes gebracht habe oder dass »Gott« an einen glaube, wenn man auch selbst nicht an ihn glaubt.

In gewisser Weise erinnert die allgemeine Zurückhaltung gegenüber jedweder Kritik an öffentlich zur Schau gestellter oder öffentlich geäußerter Religiosität an die Zuschauer in dem Märchen »Des Kaisers neue Kleider« von Hans Christian Andersen: Genauso wie der Kaiser nackt herumläuft, ohne dass jemand von den Zuschauern etwas zu sagen wagt, wagt anscheinend auch niemand öffentlich zu sagen, dass eine bestimmte Handlung im Grunde grotesk ist oder eine bestimmte Äußerung nichtssagend oder sogar lächerlich, wenn die betreffende Handlung in einem anscheinend religiösen Zusammenhang erfolgt oder in der betreffenden Aussage bestimmte Wörter wie etwa »Gott«, »Heiland« oder »der Gottgesandte« zu vernehmen sind. Insofern darf man fragen, ob Religion nicht ein Einfallstor oder sogar *das* Einfallstor für Irrationalität in unsere andererseits rationale Welt ist. Da rationales Denken im Zusammenhang mit religiösen Äußerungen und religiösen Handlungen unterdrückt werden muss und eine mit religiösen Begriffen durchsetzte irrationale Sprache nicht nur geduldet, sondern sogar anerkannt wird, wird dadurch andererseits nicht auch die Annahmebereitschaft für nicht religiöse Irrationalität gefördert? Ich möchte durchaus eine Beziehung sehen zwischen einer öffentlich behüteten oder staatlich geschützten Irrationalität auf der Ebene des Religiösen und einer Irrationalität, die auf der Ebene des Politischen und Gesellschaftlichen wieder und wieder in Erscheinung tritt.

Wenn jemand Untersuchungen exakter Wissenschaften, Naturwissenschaften also, in Abrede stellen will, da sie seinen religiösen Ansichten widersprechen, so kann er dieses in seinem Privatbereich für sich selbst oder unter Gleichgesinnten tun, aber er sollte mit dieser Auffassung dort nichts zu suchen haben, wo es in einer öffentlichen Auseinandersetzung um die Belange der Allgemeinheit geht, wie etwa der, dass Schüler in der Schule nach dem jeweils gegenwärtigen Stand der Wissenschaften ausgebildet werden und nicht auf der Grundlage irgendwelcher religiöser Texte.

Allem Anschein nach sind wir auf der Welt von einer Anerkennung derartiger Prinzipien noch weit entfernt, in den USA vielleicht sogar noch weiter entfernt als in Europa. Vor allem aber sind wir weit davon entfernt in Ländern mit einer muslimischen Mehrheit, in denen viele Muslime sich zusätzlich nicht damit abfinden können, andersgläubigen Landsleuten auf Augenhöhe zu begegnen. Solange Andersgläubige als Besucher, Geschäftsleute, militärische Berater oder Gastarbeiter im Lande sind, werden sie geduldet. Doch man findet es anscheinend nicht hinnehmbar, Andersgläubige als Mitbewohner im Land zu haben und ihnen die gleichen Rechte einzuräumen, also gleichberechtigte Bürger des gleichen Staates zu sein. Man hält sie stattdessen in einer niedrigeren Position, vor allem was die Religionsausübung betrifft, die sich bei diesen Andersgläubigen sowieso nur in einem nicht öffentlichen Bereich abspielt. Es scheint, als würde das Zugeständnis einer gleichberechtigten Religionsausübung für nicht muslimische Glaubensrichtungen und eine weitgehend neutrale Gesetzgebung den Wahrheitsanspruch des Islam untergraben und zu starke innere Zweifel an der angeblichen Wahrheit dieser religiösen Überlieferung bei ihren Anhängern hervorrufen. Verdeutlich wird diese Einstellung in manchen muslimischen Ländern auch noch durch eine weltliche Bestrafung für den Abfall vom Islam und den Fanatismus islamistischer Gruppen, die es offensichtlich als einen Auftrag von »Gott« ansehen, Andersgläubige zu töten.

Andersgläubige totzuschlagen, um dadurch – wie ich vermute – Zweifel an der »Wahrheit« des eigenen Glaubens zu unterdrücken, dürfte wohl letzten Endes keinen Erfolg haben. Man könnte argumentieren, dass Christen dieses schon im Mittelalter mit Nichtchristen, vor allem Juden, versucht hätten und dann im 16./17. Jahrhundert auch untereinander, als Katholiken und Protestanten aufeinander losgingen. Inzwischen sind – so darf man wohl sagen – Christen untereinander und auch Andersgläubigen gegenüber toleranter geworden. Wohl keine Deutung von religiösen Begriffen, die überliefert sind und noch ihre Anwendung finden, ist frei von Widersprüchlichkeit. Nehmt nur einmal den Glauben an »Verdammnis« und »Hölle«, in welcher der »Teufel«, auch »Satan« genannt, und seine Helfershelfer die »Sünder« quälen sollen. Letztere sind anscheinend hauptsächlich solche Verstorbenen, die zu Lebzeiten vom »rechten Glauben« abgefallen waren, und diejenigen, welche die Rituale des Betens, Fastens etc. nicht beachteten. Obgleich sogar in einer protestantischen Schrift – erschienen in der Mitte des letzten Jahrhunderts – noch zu lesen war, dass »im Neuen Testament eine Theologie ohne Satanologie nicht denkbar ist« [208], muss man aus Umfragen schließen, dass in Europa 1999 der Glaube an eine »Hölle« in vorwiegend protestantischen Staaten gering ist, höher dagegen in vorwiegend katholischen Staaten und sehr hoch (90 %)in dem muslimischen Staat Türkei. [209]

Vielleicht sind »Hölle« und »Verdammnis« überhaupt geeignete Beispiele, an denen sich Widersinnigkeit und irrationale Vorstellungen etablierter Religionen aufzeigen lassen. Christen lernen »Liebe deinen Nächsten wie dich selbst.« [210] und im Islam ist in den Hadithen eine ähnliche Aussage des Propheten Mohammed überliefert, sich auf »Brüder« und »Nachbarn« beziehend. [211] Was aber ergäbe sich, wenn nach Abhaltung des »Jüngsten« oder »Letzten Gerichts«, das kommen soll und das auch ein wesentlicher Bestandteil christlicher und muslimischer Glaubenslehre zu sein scheint, »Gott« zu den »guten« mit dem »Paradies« belohnten »Seelen« sagen würde: »Wer von euch, die ihr doch gelernt hat, liebet euern Nächsten wie euch selbst, ist bereit, anstelle eines der Sünder in die Hölle zu gehen?«? Gilt dann das Gebot der Nächstenliebe nicht mehr? Könnte man dann das »göttliche« Gebot der Nächstenliebe missachten, das zumindest in der Form einer gegenseitigen Respektierung unter uns Menschen für unser »irdisches« Zusammenleben durchaus wichtig und sinnvoll ist? – Ich führe dieses hier an, um Euch auf die meiner Meinung nach absurden Vorstellungen von »Hölle«, »Verdammnis«, »Paradies« und »Jüngstem Gericht« hinzuweisen. Aber vielleicht trösten sich diejenigen, die an solche Entitäten, an das Vorhandensein von etwas Derartigem glauben, mit der inneren Überzeugung, dass ein richtender »Gott« so etwas niemals fragen würde. Das wäre natürlich möglich, und es bleibt durchaus ihnen überlassen, diesen wie auch andere widersprüchliche Inhalte mit ihrem restlichen Glauben in Einklang zu bringen. Nur sollten sie eben nicht andererseits versuchen, auf der Grundlage solcher Glaubensinhalte ihren nicht religiösen Mitmenschen Vorschriften zu machen oder sie sogar direkt oder indirekt zu tyrannisieren.

Abwechselndes Ein- und Ausblenden nicht miteinander vereinbarer Vorstellungen

Es dürfte wohl ganz allgemein keine Vorstellung vom Sinn des Lebens und dieser Welt geben, die völlig widerspruchsfrei ist und damit keine Zweifel übrig lässt. Man sollte sich damit abfinden. – Man wird dann vielleicht auf der Grundlage eines meist unbewussten sich abwechselnden Ein- und Ausblendens bestimmter sich eigentlich widersprechender Vorstellungen innerhalb des eigenen Weltbildes weiterleben und davon ausgehen, dass der »Nächste« das Gleiche versucht und dass er entsprechend tolerant ist und einem selbst nicht mit Bekehrungseifer und Wahrheitsanspruch begegnet. Für mich kam eine derartige Einstellung in gewisser Weise in den Worten zum Ausdruck, die ich einmal von einem Theologen im Radio hörte, als er sagte: »Ich *weiß* nicht, ob es einen Gott gibt, *hoffe* aber, dass dies der Fall ist!« (Die Hervorhebungen sind von mir.) [212] Bemerkenswerterweise – jedenfalls für mich – war dieses auch noch dazu ein katholischer Theologe. Die Einstellung, die in diesem Satz zum Ausdruck kommt und die eben die Möglichkeit nicht ausschließt, dass auch der Nichtgläubige recht haben könnte, ist bei der Mehrzahl der an einen Gott oder an Götter Glaubenden noch eine Seltenheit wie eben auch die Einsicht, dass man sich gegenseitig tolerieren muss, sofern es einem auf ein friedliches Zusammenleben auf diesem Planeten ankommt.

Es gibt Hinweise darauf, dass wir Eindrücke und Fragen auf zweierlei Wegen in unserem Denken verarbeiten (»dual-process accounts of reasoning«). [213] Es gibt sogar Untersuchungen mit Elektronenspintomografie (»Functional Magnetic Resonance Imaging«), dass die Verarbeitung in getrennten Hirnbereichen abläuft, die in gewisser Weise miteinander konkurrieren, sich aber auch gegenseitig beeinflussen können. Man hat diese zwei Bearbeitungsbereiche als System 1 und System 2 bezeichnet. System 1 ist wohl evolutionär älter und – man könnte sagen – mehr gefühlsbetont und findet sich auch bei Tieren. System 2 arbeitet mehr überlegend, abwägend, analytisch und gilt bis jetzt als allein auf den Menschen beschränkt. [213] Um die Arbeit beider Systeme verständlich zu machen, wird darauf hingewiesen, dass beispielsweise mehr komplizierte Rechenaufgaben das System 2 benötigen, während das System 1, mehr spontan reagierend, sich solcher Aufgaben annimmt, die unmittelbar einleuchtend erscheinen. Dabei muss die Betonung manchmal auf »erscheinen« liegen. [214] Ein beliebtes Beispiel zur Erklärung dieses letztgenannten Vorgehens ist offenbar das folgende: Ein Schläger und ein Baseball kosten 1,10 Dollar. Der Schläger kostet 1 Dollar mehr als der Ball. Wie viel kostet der Ball? – Anscheinend antworten viele oder die meisten der Befragten spontan »10 Cents«. Diese Antwort ist natürlich falsch, was jedem, sobald ihm das gesagt wird, nach kurzer Überlegung (Einsatz von System 2) auch klar wird.

Mir scheint, dass viele der spontanen sprachlichen Äußerungen und Handlungen, die ich zuvor kritisch angeführt habe, auf den alleinigen Einsatz von System 1 durch die Sich-so-Äußernden oder So-Handelnden zurückzuführen sind. Vor allem dürfte dieses auf verallgemeinernde Aussagen zutreffen. Man hat dabei einfach nicht – so könnte man sagen – von seinem System 2 Gebrauch gemacht. Von System 2 muss man auch Gebrauch machen, wenn man die Worte Humes »Bleibe nüchtern und vergiss nicht, skeptisch zu sein!« befolgen möchte. Eine zu erwartende Hemmung von System 1 durch den Einsatz von System 2 – also gleichsam ein Zurücktreten und sich den eigenen ersten Eindruck bewusst machen – soll sich durchaus in Untersuchungen habe nachweisen lassen. [213] Mehr noch – und damit bin ich schon wieder bei der Religion – aus weiteren Untersuchungen will man den Schluss gezogen haben, dass die Beschäftigung mit Aufgaben, die von Personen analytisches Denken verlangen – also einen längeren Einsatz von System 2 –, »religiösen Unglauben« fördern. Jedenfalls will man das mit entsprechenden Fragen im Anschluss an das Lösen analytischer Aufgaben festgestellt haben. [215] Ich möchte religiösen Unglauben hier keineswegs als etwas Erstrebenswertes hinstellen, habe ich mich doch zuvor und auch schon früher [96] zu Betont-Nichtgläubigen ebenfalls skeptisch geäußert. Nichtsdestoweniger scheinen diese Ergebnisse darauf hinzudeuten, dass viele der religiösen Glaubenssätze sich auf Empfindungen zurückführen lassen, die wir – oder zumindest viele unter uns – bei verstärkter Überlegung für uns selbst nicht aufrechterhalten würden. Gut vielleicht für jeden Gläubigen selbst, dem dieses gelingt, und gut für ihn wohl auch, wenn es ihm gelingt, verschiedene Glaubensinhalte, die Außenstehenden als widersprüchlich erscheinen, selbst als übereinstimmend zu empfinden, mit den eigenen Glaubensvorstellungen in Einklang zu bringen oder aber durch wechselndes Ein- und Ausblenden widersprüchlicher Glaubensinhalte – anders lässt sich das wohl nicht erreichen – einen inneren Zwiespalt zu vermeiden.

In einem Magazinartikel fand ich einen Bericht über die Soziologin Nancy Ammerman [216], die erzählte, dass sie zu Hause über die Entstehung der Welt in der kreationistischen Darstellung der Bibel unterrichtet wurde, dass also die Welt von einem Gott vor weniger als 10.000 Jahren erschaffen wurde und der Mensch von diesem Gott von Anfang an mit den gleichen anatomischen, physiologischen und geistigen Eigenschaften ausgestattet wurde, mit denen er sich auch in der heutigen Zeit auf der Erde bewegt. Im College lernte Nancy Ammerman die Evolutionslehre kennen und sie gab an, dass für eine lange Zeit beide Ansichten »fröhlich« – »happily«, wie zu lesen war – nebeneinander in ihrem Denken und Fühlen existierten.

Letzteres klingt ähnlich wie jenes, was man auch von einigen Naturwissenschaftlern annehmen muss. Umfragen zufolge – ich erwähnte diese bereits – kann sich anscheinend die Mehrheit der Naturwissenschaftler nicht für religiöse Vorstellungen erwärmen. [217] Eine beträchtliche Anzahl von Naturwissenschaftlern jedoch soll sich in den gleichen Umfragen zu ihren religiösen Vorstellungen bekannt haben. Diese zweite Gruppe von Naturwissenschaftlern braucht offensichtlich den religiösen Glauben für ihr »inneres Wohlergehen«, ist aber imstande, ihr wissenschaftliches Denken von ihren religiösen Empfindungen zu trennen oder beide miteinander in Einklang zu bringen, damit beide nebeneinander in ihrer inneren »Geisteswelt« bestehen können, ähnlich vielleicht, wie es die Soziologin Nancy Ammerman über ihre College-Zeit berichtet, als sich in ihrer damaligen »Geisteswelt« Kreationismus und Evolutionslehre »happily« nebeneinander halten konnten.

In gewisser Weise erinnert mich das Verhalten der religiös eingestellten Naturwissenschaftler auch an die Begebenheit mit dem Zinsgroschen, über die man im Matthäusevangelium des Neuen Testaments lesen kann: Als Jesus gefragt wurde, ob man dem römischen Kaiser Zins – also Steuern – zahlen sollte, deutete Jesus auf das Bildnis des Kaisers auf einer Münze und sagte: »Gebt dem Kaiser, was des Kaisers ist, und Gott, was Gottes ist!« [218] Ich möchte diese Worte nicht als eine Verteidigung des gerade erwähnten Kreationismus verstanden wissen, wohl aber als eine Verteidigung eines religiösen Glaubens allgemein. Ich möchte von der Mehrheit der religiös eingestellten Naturwissenschaftler annehmen, dass sie der Wissenschaft das »geben«, was man von ihnen im Zusammenhang mit ihrer wissenschaftlichen Arbeit erwarten darf, nämlich – wieder mit Humes Worten – »nüchternes und kritisches« Denken. Im privaten Bereich folgen diese Wissenschaftler aber in einem – wie ich vermute – mehr oder minder weiten Rahmen dem, was ihrem Glauben entsprechend ihr religiöses Bekenntnis von ihnen verlangt. Eine derartige oder ähnliche Einstellung möchte man sich im Grunde von allen Gläubigen und ihren offiziellen Führern wünschen: Was auch immer sie ihren Vorstellungen entsprechend ihrem »Gott« oder ihren »Göttern« schuldig sind, mögen sie diesem »Gott« oder diesen »Göttern« in ihrem Privatbereich »geben«, im öffentlichen

Bereich jedoch sollten sie der (menschlichen) Gemeinschaft das geben, was dieser Gemeinschaft am meisten dient, nämlich ein Denken, frei von irgendwelchen irrationalen Vorstellungen und vermittelt mit einer klärenden und nicht verklärenden Sprache.

Ich habe durchblicken lassen, dass ich persönlich religiöse Lehren, die auf einer Wahrnehmung eines göttlichen oder sonstigen übernatürlichen Wesens basieren, nicht nur für irrational, sondern für schlicht abwegig halte und gleichermaßen irgendwelche moralischen Forderungen an die menschliche Gesellschaft, wenn diese Forderungen sich auf eine angebliche Wahrnehmung eines übernatürlichen Wesens berufen mit einem angeblichen Auftrag dieses Wesens. Menschen, die an etwas Derartiges glauben, kann man allerdings nicht beweisen, dass es keine übernatürlichen Wesen gibt, ob in der Einzahl als ein »Gott« oder in der Mehrzahl als »Götter«, »Geister« oder »Heilige«. Man kann diesen so glaubenden Menschen auch nicht beweisen, dass solche Wesen – in menschlicher oder anderer Gestalt – niemals auf der Erde anzutreffen sind, sondern dass sie nur der Fantasie oder Intuition anderer Menschen entstammen. Sollte jedoch jemand von Euch, meine Lieben, von der Existenz eines oder mehrerer übernatürlicher Wesen überzeugt sein, so möchte ich hier keineswegs versuchen, ihn oder ihr diese Überzeugung auszureden. Ähnlich wie die Kunst, wie Malen, Musizieren, Skulpturieren und Dichten, sehe ich Religion als eine Art Rückzugsgebiet, in dem wir durch beide, Kunst und Religion, oder auch nur durch einen von beiden Trost finden können, wenn wir an dem anscheinend sinnlosen Leben und der anscheinend sinnlosen Welt verzweifeln mögen.

Wenn wir oder wenigstens die meisten von uns Religion oder religiösen Glauben für unser »inneres Leben«, eben unser »inneres Wohlergehen«, benötigen, so benötigen wir alle gemeinsam – und haben auch schon immer benötigt – für unser »äußeres Leben«, unser »äußeres Wohlergehen«, genaue Beobachtungen und Kenntnisse in den exakten Wissenschaften wie Physik, Chemie und Biologie. Für unser Leben in der Gemeinschaft, sozusagen unser »gemeinschaftliches Wohlergehen«, müssen wir dann noch die Interpretationswissenschaften heranziehen, wie etwa Psychologie, Soziologie, Ökonomie und auch die Geschichtswissenschaft. Den Wert auch der Letzteren möchte ich gerade in Anbetracht der Ereignisse hervorheben, auf die ich zuvor im Zusammenhang mit der »Nationalsozialistischen Bewegung« eingegangen war. Der Nutzen einer Geschichtsforschung wird verschiedentlich mit der Begründung angezweifelt, man könne aus der Geschichte nichts lernen. Aber Geschichtsforschung ist doch nicht nur die Befriedigung einer bestimmten Art von Neugier, sondern auch gemeinschaftlich gesammelte Erfahrung. Wie wir aus unseren persönlichen Erfahrungen lernen – auch wenn dieses nur eine persönliche Interpretation von persönlich Erlebtem ist und sich nicht exakt messen lässt – sollten wir nicht gleichermaßen aus kollektiven Erfahrungen lernen können? Erfahrungen, die wir als Gemeinschaft oder Volk oder als menschliche Gesellschaft überhaupt *gemeinschaftlich* gemacht haben. Es scheint mir, dass ein Nichtlernen aus der Geschichte weniger an der Art des Sammelns und Interpretierens gemeinschaftlicher Erfahrungen durch die Historiker liegt als vielmehr an der Unkenntnis oder Nichtbeachtung dieser Erfahrungen und der mangelnden Bereitschaft vieler von uns, daraus die entsprechenden Lehren zu ziehen, auch wenn sich über die Interpretation der Zusammenhänge der verschiedenen Ereignisse häufig streiten lässt. Auf Letzteres hat in gewisser Weise der englische Historiker Arnold J. Toynbee hingewiesen, der gesagt haben soll: »Geschichte muss immer wieder neu geschrieben werden, nicht weil neue historische Tatsachen bekannt werden, sondern weil sich der Standpunkt des Betrachters ändert.«

***

Insgesamt habe ich vielleicht in diesem Brief ein etwas düsteres Bild von unserer menschlichen Gesellschaft gezeichnet, was ein von Vernunft bestimmtes Verhalten anbetrifft. Einen kleinen »Hoffnungsfunken« kann ich Euch vielleicht doch noch bieten, dass wir mit unserer menschlichen Gesellschaft nicht wieder in ein Chaos abgleiten – auch angesichts kommender Herausforderungen, wie der ständig zunehmenden Erdbevölkerung und der ständig zunehmenden Erderwärmung. Ich erwähnte schon am Anfang im Zusammenhang mit der menschlichen Bereitschaft, sich einer Mehrheit anzupassen, die Untersuchungen von Solomon Asch in den Fünfzigerjahren des letzten Jahrhunderts, die gezeigt hatten, dass offensichtlich besonnene junge Männer (College-Studenten) unter dem Druck einer Mehrheit bereit sind, gleichsam »Weiß« als »Schwarz« zu bezeichnen. [9] Was ich in jenem Zusammenhang nicht erwähnt habe und was weitere Untersuchungen von Solomon Asch ergaben: Befand sich unter denjenigen, die vom Versuchsleiter zuvor angewiesen worden waren, die falsche der drei Linien als gleich lang mit der einzelnen Linie zu bezeichnen, auch nur ein Abweichler – wurde die Versuchsperson in dem Sinne nicht allein gelassen –, so sank die Häufigkeit, mit der die Versuchsperson der Mehrheit folgte und die falsche Linie wählte um drei Viertel des vorherigen Wertes.

Ähnlich ermutigend wie dieses Ergebnis würde ich auch das Ergebnis einer Untersuchung von Michael Macy und Kollegen werten, über das ich in einer Kolumne von Michael Shermer in »Scientific American« las [219]: Wenn in einer Computersimulation einer Gesellschaft einige Skeptiker verstreut unter »wahren Gläubigen« (»true believers«) agieren konnten und es gute Möglichkeiten des gegenseitigen Gedankenaustausches gab, so konnten die Skeptiker verhindern, dass unpopuläre Normen (»unpopular norms«) in dieser Gesellschaft die Oberhand gewinnen konnten. – Es scheint also doch, dass es sich durchaus lohnen kann, seine Stimme innerhalb einer Gesellschaft zu erheben und irrationalen Vorstellungen entgegenzutreten, um dadurch eine sich als bedrohlich abzeichnende Entwicklung eventuell abzuwenden; eine Entwicklung wie etwa jene, die damals in den Zwanziger- und Dreißigerjahren des letzten Jahrhunderts in Deutschland ihren Lauf nahm.

Es grüßt Euch vielmals

Euer R. F.

Zitierte Literatur

1.) Die Zeit, 8.10.1998

2.) Shermer, M.: The Believing Brain, Times Books, Henry Holt and Company, New York, 2011, S. 89

3.) Deutsches Ärzteblatt108, Heft 14, S. C638/639, 8.4.2011

4.) Wie etwa die Rundfunk- und Fernsehzeitung Hörzu zu Beginn eines jeden Jahres.

5.) MSN-Nachrichten 18.05.2014

6.) Aust, S.: Hitlers erster Feind. Der Kampf des Konrad Heiden. Rowohlt 2016, S. 59

7.) Isaacson, W.: Steve Jobs (2011). Zitiert nach Shermer, M., Scientific American, March 2012, S. 72

8.) Der Tagesspiegel 24.05.2016

9.) Asch, S. F.: Opinions and Social Pressure, Scientific American Vol. 193, No 5, Nov. 1955, S. 31–35

10.) Falkenburger, F.: Abstammung des Menschen (Paläontologie) und Menschenrassen. In: Das große Bildungswerk, Bd.1: Naturwissenschaften, Westphal, W.H., Hrsgb., Bertelsmann-Lesering 1954, Spalte 1015

11.) Günther, H.F.K.: Die Rassenkunde des deutschen Volkes. Auflage von 1924, S. 19 (Als ich mir dieses Seiten in einer Bibliothek kopierte, habe ich es leider versäumt, den Verlag zu notieren. Es dürfte wohl J. F. Lehmann, München, gewesen sein.)

12.) ebd., S. 148

13.) ebd., S. 146

14.) Stern, F.: Kulturpessimismus als politische Gefahr. Klett-Cotta 2005, S. 388

15.) Mosse, G.L.: Die Geschichte des Rassismus in Europa. Fischer Taschenbuch Verlag 1997, S. 131

16.) ebd., S. 127–132 (Bezieht sich auf Houston Stewart Chamberlain und den jüdischen Schriftsteller Otto Weininger.)

17.) ebd., S. 128

18.) ebd., S. 122

19.) Chamberlain, H.S. Zitiert nach Fischer, F.: Krieg der Illusionen. Droemer Vlg., Düsseldorf 1969, S. 66

20.) Rosenberg, A. Zitiert nach Gamm, H.-J.: Das Judentum. Campus Vlg., Frankfurt/M., New York 1981, S. 80

21.) Chamberlain, H.S. Zitiert nach Mosse: Die Geschichte des Rassismus in Europa. Fischer Taschenbuchverlag 1997, S. 128

22.) Bergmann, W.: Die Geschichte des Antisemitismus. C.H.Beck Vlg. 2002, S. 6

23.) Falkenburger, F.: Die Abstammung des Menschen (Paläontologie) und Menschenrassen. In: Das große Bildungswerk, Bd.1: Naturwissenschaften, Westphal, W.H., Hrsgb., Bertelsmann-Lesering 1954, Spalte 1012

24.) Mosse, G.L.: Die Geschichte des Rassismus in Europa. Fischer Taschenbuchverlag 1997, S. 93

25.) Besser, M.: Die Juden in der modernen Rassentheorie. Jüdischer Vlg. GmbH 1911, S. 13/14

26.) Mosse, G.L.: Die Geschichte des Rassismus in Europa. Fischer Taschenbuchverlag 1997, S. 113 ff.

27.) ebd., S. 115

28.) ebd., S. 103/104

29.) Müller-Hill, B.: Tödliche Wissenschaft. Rowohlt 1984, S. 168

30.) Mosse, G.L.: Die Geschichte des Rassismus in Europa. Fischer Taschenbuchverlag 1997, S. 53

31.) Stern, F.: Kulturpessimismus als politische Gefahr. Klett-Cotta 2005, S. 129

32.) ebd., S. 102

33.) Hitler, A. in Mein Kampf. Zitiert nach Zentner, C.: Adolf Hitlers Mein Kampf, List Vlg., 1974, S. 142

34.) Siebarth, W.: Hitlers Wollen. Zentralverlag der NSDAP, Franz Eher Nachf., München, 1942, S. 132

35.) Zitiert nach Falkenburger, F.: Abstammung des Menschen (Paläontologie) und Menschenrassen. In: Das große Bildungswerk, Bd.1: Naturwissenschaften. Westphal, W.H., Hrsgb., Bertelsmann-Lesering 1954, Spalte 1032

36.) Mosse, G.L.: Die Geschichte des Rassismus in Europa. Fischer Taschenbuchverlag 1997, S. 160

37.) Beispielsweise nach einer Umfrage der Wiener Zeitung Der Standard. Zitiert in Der Tagesspiegel vom 10.03.2013

38.) Benito Mussolini. Zitiert nach Fest, J.C.: Hitler. Eine Biographie. Ullstein Vlg. 1973, S. 150

39.) Stern, F.: Kulturpessimismus als politische Gefahr. Klett-Cotta 2005, S. 131

40.) Fest, J.C.: Hitler. Eine Biographie. Ullstein Vlg. 1973, S. 151

41.) Wie #39. Die Worte »nur in der Presse vorhanden« sollen von Richard Wagner stammen. (Anm. 9 bei Stern auf S. 409)

42.) Zitiert nach Stern, F.: Kulturpessimismus als politische Gefahr. Klett-Cotta 2005, S. 96

43.) Fest, J.C.: Hitler. Eine Biographie. Ullstein Vlg. 1973, S. 145

44.) Stern, F.: Kulurpessimismus als politische Gefahr. Klett-Cotta 2005, S. 347

45.) Grunberger, R.: The 12-Year Reich. A Social History of NAZI Germany 1933 - 1945. Da Capo Press, New York, 1995, S. 72

46.) Hermann Rauschning. Zitiert nach Herbst, L.: Hitlers Charisma. Die Erfindung des deutschen Messias. Fischer Taschenbuchverlag 2011, S. 28

47.) Fest, JC.: Hitler. Eine Biographie. Ullstein Vlg., S. 205-207

48.) ebd.

49.) Wippermann, W.: Top Secret. Die großen Verschwörungstheorien und was dahinter steckt. Herder Vlg., Freiburg, Basel, Wien 2007, S. 75

50.) ebd., S. 81

51.) Goebbels, J.: Tagebücher , Bd. 5, 1943-1945, Reuth, R.G. (Hrsg.), Piper Vlg., München, 1992, S. 1933 (Zitiert nach Wikipedia)

52.) Zitiert nach Höhne, H.: Der Orden unter dem Totenkopf. 1936. (Aus einer englischen Übersetzung von mir zurückübersetzt.)

53.) Abdel-Samad, H.: Der islamische Faschismus. Eine Analyse. Droemer Vlg., 2014

54.) Antoni Macierewicz. Zitiert nach Der Tagesspiegel 13.11.2015

55.) Robert F. Kennedy jr. Zitiert nach Specter, M.: Denialism. How Irrational Thinking Hinders Scientific Progress, Harms the Planet and Threatens Our Lives. The Penguin Press, New York, 2009, S. 73

56.) Donald Trump. Zitiert nach Scientific American, Nov. 2016, S. 6

57.) Jochen Flasbarth, Staatsekretär in der Bundesregierung von Deutschland, zitiert nach Der Tagesspiegel, 18.02.2015

58.) Markus Söder, der spätere Ministerpräsident des Bundeslandes Bayern, nach Deutschlandfunk am 28.06.2009

59.) Hutchison, W.D. et al.: Areawide Suppression of European Corn Borer with Bt Maize Reaps Savings to Non-Bt Maize Growers. Science 330, 2010, S. 222-225

60.) International Agency for the Research on Cancer, März 2015

61.) z.B. Der Tagesspiegel 25.05.2016

62.) Fokus online 11.10.2013

63.) Magazin des World Wide Fund of Nature, #4, 2012, S. 64

64.) Schmeil, O.: Tierkunde , Bd.1, Vlg. Quelle & Meyer, Heidelberg, 1951, S. 33

65.) Stern, F.: Kulturpessimismus als politische Gefahr. Klett-Cotta 2005, S. 94

66.) Joseph Goebbels, Propagandaminister des Dritten Reiches.

67.) Zitiert nach Wippermann, W.: Top Secret . Herder Vlg. Freiburg, Basel, Wien, 2010, S. 77

68.) Atlanta Journal/Constitution 21.8.1999

69.) Der Abgeordnete Ilja Seifert im Deutschen Bundestag während einer Debatte am 14.04.2011

70.) Günther, H.F.K.: Die Rassenkunde des jüdischen Volkes. IX. Kapitel: Die Judenfrage. Auflage von 1930

71.) Atlanta Journal 16.04.2000

72.) Zitiert nach Stern, F.: Kulturpessimismus als politische Gefahr. Klett-Cotta 2005, S. 115

73.) Talhelm, T. et al.: Large-Scale Psychologiccal Differences Within China Explained by Rice versus Wheat Agriculture. Science 344, 2014, S. 603

74.) General Eisenhower. Zitiert nach Bacque, J.: Der geplante Tod. Deutsche Kriegsgefangene in amerikanischen und französischen Lagern 1945-1946. Pour le Mérite, 2008, S. 43

75.) Der AfD-Politiker Alexander Gauland über den Fußballspieler Jerome Boateng. Zitiert nach Der Tagesspiegel vom 29.05.2016, die Worte der Frankfurter Allgemeinen Sonntagszeitung wiedergebend.

76.) Offizielle Stellungnahme der Bundesregierung der Bundesrepublik Deutschland. Zitiert nach Der Tagesspiegel vom 31.05.2016

77.) Der Norweger Anders Behring Breivik zündete eine Bombe im Regierungsviertel von Oslo, die acht Menschen tötete und richtete anschließend in einem sozialdemokratischen Jugendlager auf der Insel Utöya im Oslofjord ein Blutbad an, bei dem nochmals 68 Menschen zu Tode kamen.

78.) Moeller van den Bruck. Zitiert nach Stern, F.: Kulturpessimismus als politische Gefahr. Klett-Cotta 2005, S. 344

79.) Abdel-Samad, H.: Der islamische Faschismus. Droemer Vlg. 2014, S. 154

80.) Abraham Lincoln zitiert nach Der Tagesspiegel 11.10.2016

81.) Hofer, W. (Hrsgb.): Der Nationalsozialismus. Dokumente 1933-1945. Fischer Bücherei, Bd.172, 1957, S. 23/24

82.) Zitiert nach Oehme, W. und Caro, K.: Kommt Das Dritte Reich? Ernst Rowohlt Vlg., Berlin 1930. Faksimile-Ausgabe Eichhorn Vlg., Frankfurt am Main 1984, S. 66

83.) Adolf Hitler in einer Rede am 12.04.1923. Zitiert nach Siebarth, W.: Hitlers Wollen. Zentralverlag der NSDAP, Franz Eher Nachf., München 1942, S. 121

84.) Aus einer Frontzeitung. Zitiert nach Hofer, W., Hrsgb.: Der Nationalsozialismus. Dokumente 1933-1945. Fischer Bücherei, Bd. 172, 1957, S. 281

85.) Wewetzer, H.: Die Menschenwürde ist antastbar in Der Tagesspiegel, 03.06.2008

86.) Zitiert nach Spiegel Online, 04.08.2011

87.) Berliner Zeitung, 06./07.08.2011

88.) Zitiert nach Mindener Tageblattvom 24.10.2001

89.) Zitiert nach Hofer, W., Hrsgb.: Der Nationalsozialismus. Dokumente 1933-1945. Fischer Bücherei, Bd. 172, 1957, S. 35

90.) Rafael Correa, damaliger Präsident von Ecuador. Zitiert nach Der Tagesspiegel 07.08.2013

91.) Kommentar im Deutschlandfunk am 07.02.2014

92.) Stern, F.: Kulturpessimismus als politische Gefahr. Klett-Cotta 2005, S. 94

93.) Ryback, T.W.: Hitlers Bücher. Seine Bibliothek - sein Denken. Fackelträger Vgl., Köln, 2010, S. 21

94.) Stern, F.: Kulturpessimismus als politische Gefahr. Klett-Cotta 2005, S. 115

95.) Robinson, D.N.: Freud's Debt to Darwin. In: The Great Ideas of Psychology. Tonbandserie der Teaching Company, Springfield, VA, 1996

96.) Friedrich, R.: Zwischen Denkbarem und Glaubhaftem. Frieling-Verlag, Berlin, 2010

97.) American Scientist, May/June 2009, S. 205

98.) Berliner Ärzte, #9, 2013, S. 11

99.) Scientific American, June 2014, S. 10

100.) Berliner Zeitung 29.12.2011

101.) Siebarth, W.: Hitlers Wollen. Zentralverlag der NSDAP, Franz Eher Nachf., München, 1942, S. 191

102.) Riefenstahl L.: Triumph des Willens. Film 1934

103.) Der Tagesspiegel 19.10.2015

104.) Kardinal Rainer Maria Woelki. Zitiert nach Der Tagesspiegel 26.02.2017

105.) Frühere Vorsitzende der Evangelischen Kirche Deutschlands Margot Käßmann in einer Rede auf dem Evangelischen Kirchentag 2011.

106.) National Public Radio (USA)   in einem Bericht über ein Massaker an einer High School in Columbine, Colorado, am 21.04.1999

107.) Deutschlandfunk 20.03.2011

108.) Atlanta Journal, Februar 1999

109.) Grunberger, R.: The 12-Year Reich. Da Capo Press, New York, 1995, S. 453

110.) Der Weihbischof von Linz Gerhard Maria Wagner nach Berliner Zeitung vom 02.02.2009

111.) The New York Times: Mexicans See a Call to Prayer in Quake Damage to Churches. Juni 1999

112.) Mike Huckebee zu Fox News am 16.12.2012

113.) Atlanta Journal 21.07.1996

114.) Lieutenant General William Boykin nach International Herald Tribune 20.06.2003

115.) Der Patriarch von Moskau zur Wahl Wladimir Putins zum Präsidenten Russlands laut Deutschlandfunk am 09.11.2012

116.) Stern, F.: Kulturpessimismus als politische Gefahr. Klett-Cotta 2005, S. 94

117.) Martin Sasse, evangelischer Landesbischof von Thüringen (1934). Zitiert nach Klee, E.: Das Personenlexikon zum Dritten Reich. Edition Kramer, 2003, S. 519

118.) ebd. Unter Leutheuser, S. 369

119.) Spiegel Spezial, #1: Die Machtergreifung. 2008, S. 99

120.) Lehndorff, H. Graf v.: Ostpreußisches Tagebuch. Bieberstein, München, 1961, S. 93

121.) Lukács, G.: Die Zerstörung der Vernunft. Der Irrationalismus von Schelling bis Hitler. Aufbau-Vlg. Berlin und Weimar, 1988

122.) Zitiert nach Zentner, C.: Adolf Hitlers Mein Kampf. List-Vlg. 1992, S. 28

123.) ebd. S. 29

124.) Spiegel Spezial, Geschichte#1. 2008, S. 67

125.) Spiegel#40. 2011, S. 154

126.) Kardinal Meisner. Zitiert nach Spiegel #14. 2011

127.) Kardinal Faulhaber. Zitiert nach Klee, E.: Das Personenlexikon zum Dritten Reich. Edition Kramer 2003, S. 144

128.) ebd. S. 479

129.) Fischer Lexikon der Christlichen Religion. Simmel, O. und Stählin, R., Hrsgb., Fischer Bücherei K.G. Frankfurt a. M. 1957, S. 113

130.) Atlanta Journal/Constitution9.1.1999

131.) Die Bibel: 1. Mose, Kap. 9, Vers 7

132.) Zitiert nach Spiegel #12, 2011

133.) Zitiert nach Berliner Zeitung17.03.2011

134.) International Herald Tribune 06.07.2002

135.) Nach Flach, K. in Spiegel #45, 2015, S. 151-154

136.) Science 321, 2008, S. 1448

137.) Conn, P.M. und Parker, J.V.: The Animal Research Wars . Palgrave, McMillan, New York, 2008, S. 105

138.) ebd. S. 104

139.) ebd. S. 54

140.) ebd. S. 109 (auf Carl Sagan verweisend)

141.) ebd. S. 145

142.) Der Tagesspiegel 24.12.2013

143.) Webseite der Ärzte gegen Tierversuche.

144.) Goodman & Gilman's The Pharmacological Basis of Therapeutics. Brunton, L.L., Chabner, B.A. und Knollmann, B.C., Hrsgb., 12th Edition, McGrawHill Medical 2011, S. 1248

145.) Conn, P.M. und Parker, J.V.: The Animal Research Wars. Palgrave, McMillan, New York, 2008, S. 120

146.) Deutsches Ärzteblatt 112 (Juli 2015), S. 451

147.) Singer, P.: Animal Liberation. Avon Books, INC, New York, 1990, S. 57
148.) Science 282 (1998), S. 1417
149.) Singer, P.: Animal Liberation. Avon Books INC, New York, 1990, S. 57
150.) Conn, P.M. und Parker, J.V.: The Animal Research Wars. Palgrave, McMillan, New York, 2008, S. 117
151.) Singer, P.: Animal Liberation. Avon Books INC, New York, 1990, S. 19
152.) ebd., S. xiii
153.) Wrangham, R. und Peterson, D.: Demonic Males. Apes and the Origin of Human Violence. A Mariner Book/Houghton Mifflin Company. Boston, New York, 1996, S. 148
154.) Conn, P.M. und Parker, J.V.: The Animal Research Wars. Palgrave, McMillan, New York, 2008, S. 110
155.) Singer, P.: Animal Liberation. Avon Books INC, New York, 1990, S. 65
156.) Der Spiegel2011, S. 127/128
157.) Singer, P.: Animal Liberation. Avon Books INC, New York, 1990, S. 233
158.) Nach Wikipedia
159.) Singer, P.: Animal Liberation. Avon Books INC, New York, 1990, S. 223
160.) ebd., S. 5
161.) ebd., S. 7
162.) Gebhardt, M.: Als die Soldaten kamen. Deutsche Verlagsanstalt, München, 2015
163.) ebd., S. 242
164.) Sandel, M.J. in New England Journal of Medicine 351, 2004, S. 207-209
165.) Science 330, 2010, S. 158
166.) Tallack, P.: Wie ein Baby entsteht. Nymphenburger Vlg. 2010, S. 44

167.) Müller, H.E. in Deutsches Ärzteblatt 110, Heft 12, 22.03.2013, S. C499 (Leserbrief)
168.) Schockenhoff, E. in Berliner Zeitung 09.05.2007
169.) Böckenförde, E.-W. in Deutsches Ärzteblatt 100, Heft 19, 09.05.2003, S. C 981 - C 984
170.) Lauer, H.: Wörterbuch der Antike. 4. Auflage, Alfred Kröner Vlg., Stuttgart, 1956, S. 701
171.) Kriesi, W.von: Exit. Zitiert nach Berliner Zeitung 15.04.2005
172.) International Herald Tribune 05.04.2002
173.) Der Tagesspiegel 21.04.2015
174.) Buckhout, R.: Eyewitness Testimony. Scientific American 231, #6, 1974, S. 23
175.) Internatinal New York Times 14.5.2015
176.) Simons, D.J. und Chabis, C.F.: Gorillas in Our Midst. Sustained Inattentional Blindness for Dynamic Events. Perception 28, 1999, 1059, S. 177
177.) Loftus, E.F.: Creating False Memories. Scientific American, Sept. 1997, S. 71
178.) Atlanta Journal/Constitution: Science struggles with ›evil‹, 11.05.2001
179.) Der damalige Richter am Obersten Gericht der USA Antonin Scalia. Scientific American, Jan. 2006, S. 82
180.) Hassemer, W.: Warum Strafe sein muss . Ullstein Vlg. 2009, S. 83
181.) Heidegger, M.: Vom Wesen der Wahrheit. 7. Auflage. Vittorio Klostermann Vlg., Frankfurt a. M., 1986
182.) Popper, K.M. z.B. in Auf der Suche nach einer besseren Welt. Serie Piper, 7. durchgesehene Auflage, März 1994, S. 59
183.) Rundfunk- und Fernsehzeitschrift Hörzu über Hans Neuenfels zu einer Sendung im Rundfunksender Berlin-Brandenburg 24.04.2014, 19:04 Uhr
184.) Hazen, R. in dem Begleitheft zu einem Tonbandvortrag in der Reihe Great Principles of Science. The Teaching Company 1999, Part I, S. 2

185.) Wladimir Putin zur russischen Annexion der Krim von der Ukraine. Der Tagesspiegel 10.05.2014

186.) Hitler, A.: Mein Kampf. Zitiert nach Oehme, W. und Caro, K.: Kommt das Dritte Reich? Ernst Rowohlt Vlg., Berlin, 1930. Faksimile-Ausgabe, Eichhorn Vlg., Frankfurt a. M., 1984, S. 66

187.) Scienfic American, Nov. 1997, S. 114

188.) Zitiert nach Klotz, I.M.: Postmodernist Rhetoric Does Not Change Fundamental Scientific Facts. In: The Scientist 22.07.1996, S. 9

189.) Wie sich z.B. in ähnlicher Weise die Mutter des überlebenden Attentäters des Boston Marathon 2013 vor laufender Kamera äußerte.

190.) Dreger A. in The New York Times 12.01.1999

191.) Breyer, S.: Science 280, 1998, S. 537/538

192.) Dieses kann beispielsweise in dem Prozess gegen den ehemaligen Footballspieler O. J. Simpson eine Rolle gespielt haben, der 1995 angeklagt wurde, seine ehemalige Frau und deren Freund ermordet zu haben. Er wurde freigesprochen, was offensichtlich innerhalb der afroamerikanischen Bevölkerung der USA sehr gefeiert wurde.

193.) z.B.: Giedd, J.H.: The Amazing Teen Brain. Scientific American, June 2015, S. 20-25

194.) Der Tagesspiegel 06.05.2014

195.) z.B.: Giordano Bruno-Stiftung mit einer Petition an den Deutschen Bundestag am 23.04.2014

196.) Hassemer, W.: Warum Strafe sein muss. Ullstein Vlg. 2009, S. 273

197.) Ich beziehe mich hier auf wenigstens zwei Vorfälle, die sich in Berlin ereigneten und bei denen Oberschüler Leute mehr oder weniger grundlos krankenhausreif geschlagen haben.

198.) Zitiert nach Störig, J.: Kleine Weltgeschichte der Philosophie . 5. Auflage, Kohlhammer, Stuttgart 1955, S. 482

199.) Copi, I.M. und Cohen, C.: Introduction to Logic. MacMillan Publishing Company, New York, 1994, S. 534

200.) Vigen, T.: Spurious Correlation. Hachett Books, New York, Boston, 2015

201.) Berliner Zeitung 14.09.2011

202.) Calne, D.B.: Rationality and Human Behavior. Pantheon Books, New York, 1999, S. 207

203.) Zitiert nach Copi, I.M. und Cohen, C.: Introduction to Logic . MacMillan Publishing Company, New York, 1994, S. 165

204.) Zitiert nach Der Tagesspiegel 24.11.2014

205.) Dieses bezieht sich auf die Abberufung des Präsidenten des Bundesamtes für Verfassungsschutz in Deutschland, Hans-Georg Maaßen, und seine Versetzung auf den Posten eines Staatssekretärs im Innenministerium im September 2018. Diese Versetzung, die einer Beförderung gleichkam, wurde aber wieder zurückgenommen und Hans-Georg Maaßen in den einstweiligen Ruhestand versetzt.

206.) Sigmund, K., Fehr, E., Novak, M.A.: The Economics of Fair Play. Scientific American, January 2002, S. 82-87

207.) Der Tagesspiegel 23.11.2015

208.) Simmel, P.O. und Stählin, R. (Hrsgb.).: Fischer Lexikon Christliche Religion. Fischer-Bücherei KG, Frankfurt a. M., 1957, S. 72

209.) Wikipedia, Stichwort: Hölle.

210.) Altes Testament: 3. Mose, Kap. 19, Vers 18 und Neues Testament: Matthäus, Kap. 22, Vers 39

211.) Wikipedia, Stichwort: Nächstenliebe.

212.) Deutschlandfunk am 22.05.2014

213.) Evans, J.ST.B.T.: In two minds: dual process accounts of reasoning. Trends in Cognitive Sciences, Vol.7, 2003, S. 454-459

214.) Frederick, S.: Cognitive Reflexion and Decision Making. Journal of Economic Perspectives, Vol.19, Fall 2005, S. 25-42

215.) Gervais, W.N. und Norenzayan, A.: Analytic Thinking Promotes Religious Disbelief. Science 336, 2012, S. 493-496

216.) Harvey, C.B.: A World Apart. Emory Magazine, Vol. 63, #2, June 1987, S. 15-22
217.) Scientific American, September 1999, S. 88-93
218.) Neues Testament: Matthäus, Kap. 22, Verse 19-22
219.) Shermer, M.: Scientific American, March 2013, S. 69